家的进化论

《第一财经》杂志·未来预想图 / 赵慧 主编

人民东方出版传媒
People's Oriental Publishing & Media
东方出版社
The Oriental Press

WELCOME。

TEAM · EDITORIAL & DESIGN

撰稿人 Correspondents
邢梦妮 Xing Mengni（Reading）
曹中 Cao Zhong（Wuxi）
顾笑吟 Gu Xiaoyin（Shanghai）
陈紫雨 Chen Ziyu（Tokyo）
唐慧 Tang Hui（Aachen）
钟恩惠 Zhong Enhui（Shanghai）
程绚 Cheng Xuan（Shanghai）
徐子淇 Xu Ziqi（Rotterdam）
李梦郁 Li Mengyu（Chengdu）
刘舒婷 Liu Shuting（Shanghai）
罗雪仪 Luo Xueyi（Guangzhou）
黄婉华 Huang Wanhua（Guangzhou）
唐昕怡 Tang Xinyi（Shanghai）
姚周菁 Yao Zhoujing（Shenzhen）
陈君怡 Chen Junyi（Shanghai）
杨舒涵 Yang Shuhan（Jinhua）
王玮祎 Wang Weiyi（Tokyo）
肖涵予 Xiao Hanyu（Shenzhen）
董思哲 Dong Sizhe（Shanghai）
陈若冰 Chen Ruobing（Shanghai）
甘若兰 Gan Ruolan（Edinburgh）
吕姝琦 Lü Shuqi（Kunming）
吴沁茗 Wu Qinming（Montpellier）
刘佳润 Liu Jiarun（New York）
胡一帆 Hu Yifan（Shaoxing）

专栏作者 Column Writers
许晔 Xu Ye（Nottingham）
铃木纪庆 Suzuki Noriyoshi（Tokyo）

摄影 Photographers
佐佐木谦一 Sasaki Kenichi（Tokyo）
Fabian Ong（Singapore）
章宇栋（London）
EVAN LIN（Taipei）

未标注版权图片来自视觉中国及 Getty Images。

—
本书为《第一财经》杂志
"未来预想图"项目 品牌书系列·第五册
Branding Book Series No.5
Dream Labo Project of YiMagazine

主编 Editor in chief
赵慧 Zhao Hui

—
编辑 Editor
肖文杰 Xiao Wenjie

—
视觉总监 Creative Director
戴喆骏 Dai Zhejun

—
设计总监 Design Director
徐春萌 Xu Chunmeng

—
新媒体设计总监
New Media Design Director
王方宏 Wang Fanghong

—
资深美术编辑 Senior Designer
景毅 Jing Yi

—
图片编辑 Photo Editor
王安娜 Wang Anna

—
插画 Illustrator
于玚 Yu Yang

—
图片后期制作 Photo Art
李靓 Li Liang

—
品牌经理 Branding Manager
俞培娟 Yu Peijuan

加入撰稿人团队，
请联系：
dreams@cbnweek.com

CONTENTS

〔004〕　　PRE———重新关注家

家的想象力

〔012〕————中国居民住宅形态如何一步步变化？
〔024〕————"LDK"成为公寓的标准，然后呢？
〔030〕————与家有关，新浪潮来袭
〔052〕————〔Case 1〕灵活的宜家，应对不断变化的"家"
〔060〕————〔Case 2〕家具品牌 USM 和 Vitra：殊途同归的融合者
〔068〕————〔Case 3〕装修这份工作如何变得更标准、更体面？

研究里的家

〔078〕————数据里的家：中国家居设计五大趋势
〔084〕————住宅，不只属于住户
〔094〕————〔Case 4〕Never Too Small：家从不会太小
〔111〕————与家有关的职业人

我们的家

〔122〕————〔格温内尔·尼古拉斯〕设计自己的家让人激动
〔127〕————〔姜思达〕我对"不顺眼"的东西很敏感
〔130〕————〔Fabian Ong〕摄影师的家"空无一物"
〔134〕————〔一木和坚硬〕玩具制作师之家
〔136〕————〔曾伟绫〕这里是台北最美违章建筑群
〔140〕————〔希拉里·伯德〕房车是我的家
〔144〕————〔泽田嘉农〕自己建造的家
〔146〕————〔熊伟〕家里的书法元素无处不在
〔149〕————〔当当〕我的家是迷你物的收藏室
〔152〕————〔苏一格〕与二手家具相遇

新·集体计划

〔156〕————〔Case 5〕无印良品为什么看上了日本"老公房"？
〔167〕————〔Case 6〕巴比肯社区：谁在塑造这个社区"乌托邦"？

冲出家门：谁在塑造第三空间

[184] ———— 什么是第三空间？
[196] ———— [Case 7] MIA MIA：如何以一己之力激活社区？
[206] ———— [Case 8] 还记得吗？温暖的便利店之光
[214] ———— [Case 9] 分开一些，生活会更好吗？

社区的力量

[218] ———— [Case 10] 大鱼营造：我们如何做社区营造
[244] ———— [Case 11] 新社区设计：成都巷子里如何营造社区空间
[258] ———— 李迪华：设计师不是社区改造的引领者

被塑造的社区

[268] ———— [Case 12]［甲方］社区更新者——下北泽翻新计划
[281] ———— [Case 13]［乙方］社区保卫者——高圆寺守护计划

发现社区文化

[290] ———— [Case 14] 用一本地方志，探索地方生活的新可能

PRE

重新关注家

text / 赵慧

经历疫情之后,我们把视线重新拉回了身边——家,以及社区。

这似乎是一场艰难的转变。我们曾经关注各种新型的商业空间,也关注新浪潮冲击下的各种产业,它们都具备同一个特征——外向而有活力,但让我们收回视线的原因,是我们不得不长时间重新审视我们的居住空间,以及构成这些小型居住空间的社区网络。原来它们如此重要。

社交网络上曾经出现过不少对上一辈住宅样貌的反思与自嘲,跳脱那些杂乱的美学规则与审美,把它放入一个更长期的视野来观察,我似乎也能理解,那是那一代人在既有资源之下满足生活需求的最佳方案——即便是如今,我们虽然拥有更多物质选择,但也会在装修质量与标准上不断试错、反复烦恼,若干年后,说不定今天的生活风格,也有可能是未来眼中的"趋同"与"毫无个性"呢。

这就给了我们一个思路,让历史线索成为这段阅读旅程的开端。在让不同年龄的读者们描述眼中的家之后,立刻引入了历史研究视角,看看中国居民住宅是如何变迁的;近代亚洲范围,中国与日本的住宅形态充满相互借鉴影响之处,但又各有特色,所以我们也重点分析了日本住宅中"厅房/LDK"这种模式在近代的发展。

与家有关的变革正在剧烈发生。有多少曾被抵触的东西,成了"似乎试一下也未尝不可"的新潮流,继而内化到新的居住生活形态里。在日本这样曾追捧工作空间结构规则不可侵犯的国家,也不得不在疫情中接受"在宅勤务"(在家里工作)的妥协方案,公司们紧接着发现了这么做的好处,想要把握效率,那就适配考勤软件,优化会议制度,然后更多公司发现,天呐,不需要这么多办公空间之后,可以省一大笔办公室租金啊!这个灵活办公制度如今已经在不少公司固定了下来。

所以如今在日本,更多人重新定义了生活方式——当不少工作可以远程完成、不需要每日通勤时,有人想要换更舒适的房子,以更好地陪伴家人与宠物,有人甚至想搬到自然环境更好的森林或海边,或者至少"两据点生活"。

在中国,数字游民、斜杠青年这类曾被认为"心思不够稳定"的角色,也慢慢流行起来。谁规定只能用一种工作与生活方式度过人生呢?既有教育系统竞争压力过大,本身就缺乏对兴趣的培养与挖掘,当这个寻找自我的人生阶段不得不推后到"有一定经济能力、可以对自己的选择负责"之时,很多人的世界才逐渐真正打开,慢慢丰富起来。

赵慧

"未来预想图"主编，
《第一财经》杂志编委

这也是我们特别想了解、观察的新状态。这些状态，既可以基于某些模糊的喜爱，也可以是试错后清晰的认知，这个状态之下的人与家，都充满了独特的色彩。我们尊重这些选择：无论它是空无一物，还是充满个人收藏，是乱得只有自己喜欢，还是有某些打动自己的努力与小心思——它不同于那些复制于社交网络的别人的记忆，它是属于自己的家。

接下来，我们把视线从个体的家往外延展一点，进入"社区"这个领域。

不少人在过去几年里体会过"远亲不如近邻"这句话的价值。社区小店与居民网络，在危急时刻会成为人们凝聚抵抗危机的有效渠道。我曾看过很多日本建筑师在经历"3·11"大地震之后，开始更多关注以临时住宅、社区建筑为起点的建筑领域，也有一些创意人士、专业人士，将创业思维应用到受灾地与遭遇更多社会问题压力的地区，重新审视"小地方的经济振兴"。很多年以前，我虽然尊敬他们的努力，但多少有些不能理解——更能展现创意活力之处，难道不是在机会更多的地方吗？但如今，我也逐渐和他们一样有了类似的想法，毕竟，当危机与灾害发生时，我们只有从身边开始，从小地方开始，搭建起一个更好的"附近"，才能有构筑未来的希望。

所以我们在这本书里花了不少篇幅和上海社区营造组织"大鱼营造"深入讨论它所做、能做的各种努力。这些努力有成功也有失败，甚至可能存在它自身组织架构上的问题，这些在未来都仍需要探讨与解决方案，但我们尊重这些努力的价值。只有这类组织的努力让更多人看见，发现原来可以这样探索的可能性，才会有更多力量参与到对社区价值的挖掘与耕耘当中。

我们也不吝于探讨不同社区案例的新形态。这些例子也许是可复制的，也许是带有当地社区特色的。但我们特别期待，一个个本地社区的居民，在读完这些故事之后，能有意愿、有动力构筑一个自己喜欢的社区——可以是一家成为枢纽的小店，可以是一册社区观察的地方志，甚至是，努力参与理想社区样貌实现的过程中。

与我们之前几本书中竭力保持冷静观察的视角略有不同，我们仍然客观，但这是一次更温暖的阅读旅程。我很喜欢建筑师隈研吾在反思住宅的本质时的那个形容：家是"与现实对立的最小单位"。它并非以现代资本主义营造出的"近代家庭的幸福感"为主题，而是要守护直面现实的人们，人们会在"家"这个住宅里寻求恰当而柔软的支撑。

祝读者们阅读愉快。Ⓜ

我们收集了人们对家的想象。
让这些温暖的愿望，
成为我们阅读的开端吧。

这里可以看到不同人对家的愿景。
未来预想图编辑部制作了一个和「家」
有关的 playlist，伴你阅读。

我从小便不喜欢拘束的感觉,喜欢自由的家。所以我会想象把家里朝外的一整面墙变成玻璃,抑或塑造一个大阳台,完成我探索世界的梦想。

——Sirius @深圳, 13 岁

我希望家里有一个飘窗,可以一个人缩在里面远离喧嚣解剖自己,最好是晚上关上灯缩在那儿,运气好了还可以看到大雪,超级治愈。

——lml @鄂尔多斯, 22 岁

未来的家里要有一个能看见星空的休息间,有一台古典的留声机和自己收藏的书籍和照片,还要有一个天文望远镜,我希望那是一个类似于个人博物馆的空间。

——木目 @武汉, 18 岁

我的家无论大小都一定要用音乐填满,墙上立的是唱片和 CD,理想状态下能有一个供我 jam(即兴)的地方。我希望家里流动的是空气、水、音乐和爱意。

——Sherry @成都, 23 岁

我是一个独居伦敦的大学生,我的宿舍里堆满了草稿纸、书和可乐瓶,我对家的幻想就是希望冰冷的宿舍有家的感觉。

——毕叶 @伦敦, 22 岁

我希望家里是全智能的,一回家就会自动开灯,音响会说欢迎回家,扫地机器人会和独自在家的猫一起玩。

——江澜 @太原, 24 岁

刚搬进来的时候,我特意空无一物地住了几天。我很仔细地感受,我在做每一件事的时候需要什么。比如我经常找不到剪刀,于是在可能用到的地方都放了一把剪刀;比如我不爱收纳,所以我只做区域的分类;再比如我会用各种各样的袋子来装垃圾,这样垃圾不在的时候桶也就不在了。

——他塔拉 @美国马萨诸塞州剑桥市, 24 岁

家是温暖、热爱和实用的混合体。

——猫头鹰是大侠 @上海/苏州, 30 岁

我的"梦中情家"是我和猫的专属小天地。我有狂拽酷炫电竞房,猫有跑酷专用爬架墙,阳光洒进房间,能看清空气里四处飘散的猫毛。

——赵可可 @上海, 27岁

我的家要有我思想的流动,它既是我的个人图书馆,也是我的冥想室,我的创作天地。

——Yalin @深圳, 33 岁

我希望家里"空无一物"。整洁的木地板无所谓新旧,一张床、一张桌、一个衣架、一些绿色,一个我。

——Daniel @盐城, 28 岁

我非常希望有一个私密的空间,这个楼上只有我一个人有钥匙,任何人都进不来,小朋友们敲门才能进来,这让我觉得非常有安全感。彼此之间很近,但又是分隔开来的。

——以前我叫小虾米 @绍兴, 33 岁

interview
唐昕怡 姚周菁 黄婉华 陈君怡

illustrator
https://icon-z.com/ 生成

audio editor
董思哲

希望能在闹市区有一间小小的公寓，装修成我喜欢的样子，要烟火气时可以打开窗子听人声鼎沸，或是下楼吃一碗热腾腾的捞面，社恐时关上窗边喝热牛奶边静静看着雨中闪烁的霓虹灯。
——裴思齐@广西，30多岁

我们在装这个房子的时候，对自己的要求是不能像家，要像商业空间。我就属于那种喜欢去酒吧、咖啡馆（的一类人），那何不把家里变成酒吧或者像咖啡馆一样，住就住酒吧里，不要太爽啊。
——AMOS@上海，38岁

我23岁的时候还在住集体寝室8人间，我希望未来家里很宽敞，除了能有厨房、卫生间之外，家里还有音乐，有镜子，有能给我跳舞的空间，现在50岁了，仍然希望家里有一个专门的地儿给我一个人听音乐、跳舞、抄经，做自己想做的事儿。
——福殊@成都，50岁

这是熟悉的家
它就在那里
不仅伴随我们
也伴随着
我们在不同时空里的家人
这也是不熟悉的家
变化悄然发生
我们用新的生活方式与习惯
挑战与颠覆着
自己对家的定义

01° PART

家的想象力

012	中国居民住宅形态如何一步步变化？
024	"LDK"成为公寓的标准，然后呢？
030	与家有关，新浪潮来袭
052	〔Case 1〕灵活的宜家，应对不断变化的"家"
060	〔Case 2〕家具品牌 USM 和 Vitra：殊途同归的融合者
068	〔Case 3〕装修这份工作如何变得更标准、更体面？

PART 1 家的想象力

中国居民住宅形态如何一步步变化？

text／许晔

你可能会发现，我们的家宅其实从未真正私人化，而是持续地与公共领域相互纠缠、彼此跨越。

中国的住宅形态是如何发展至今的？从坊市、合院，到里弄、胡同，再到工人新村与"三室两厅"，我们试着厘清这个脉络，看看住宅类型和不断变化的"家"的概念是如何随着社会政治和文化的变化，在不同的时间和地点被不断重新定义的。

很久以前，我们采取以宗族大家庭为基础的院落式居住方式

从封建社会早期直至唐代，多层次的"里坊"制度一直是中国城市的行政单位与空间制度。 周代 25 家为"里"，其后不同历史时期，从 50～110 户不等，"里"是当时社会的基本组织单元，也逐渐成为城市的居住单位。

在当时的划分之下，**"市"为商业区，"坊"为居住区，市场活动与生活区被严格地限制在不同的城市空间区域内，"坊"与"市"间各有墙，严格分离。** 各坊间也有围墙相隔，不准随便迁居。一重重墙垣组成了城市空间上相互隔离的骨架，城墙、城郭与坊墙是一种强烈的社会—空间控制（social-spatial control）手段，同时也主导了城市空间性格。**这种封闭的居住空间格局逐渐发展，在唐代达到顶峰。**

两宋之际，人口增长、经济商业发展、社会交际活跃，"坊市革命"后封闭的里坊制逐渐被打破，转变为开放式的"厢坊制"居住空间结构。 市制也得以瓦解，居住和商业空间混合并置，2～6 公顷的长方形"坊"内民宅院落罗列，其间有植物、商贩、酒楼、寺庙、道观、浴场、戏场，坊内填充精彩丰富的社会生活。

大街小巷的畅通交通网络也逐步形成，城

许晔
诺丁汉大学建筑学博士候选人，
研究方向为住宅与城市

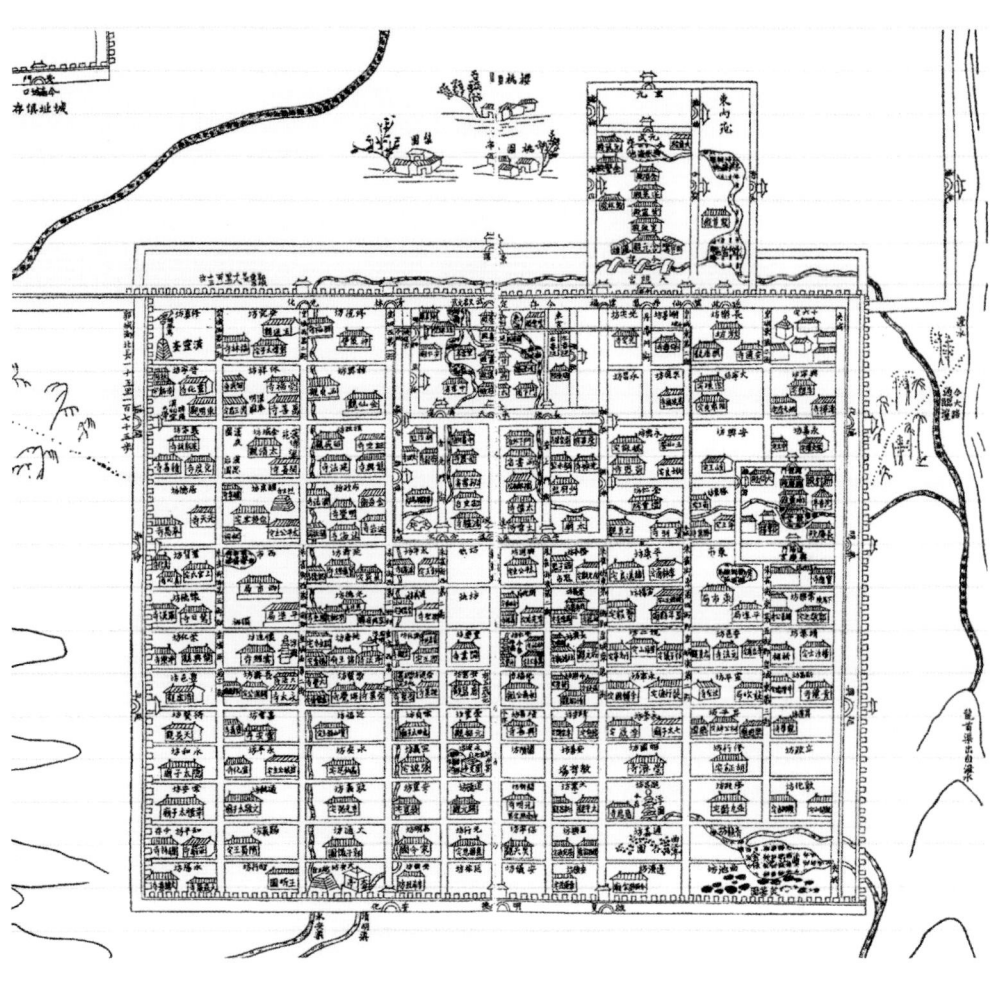

从这张唐代长安城区域分布图（清代王森文绘）里，我们可以地清楚地看到当时城市里的空间分布。"市"为商业区，"坊"为居住区。

PART 1 家的想象力

市日常生活从坊巷蔓延至市街。家与城市的关系紧密、边界模糊可变,家庭生活和工作开始交织在一起,沿街巷常有"前店后居"或"下店上居"的模式。北宋市井情境如张择端所绘《清明上河图》中描述的,汴梁熙攘的商贸活动与院落人家交错而立。**"城"与"市"自此连接,逐渐演变成我们熟悉的"城市"形态近貌。**

与此同时,中国古代不同地区和不同民族的实践经验和知识积累产生了多样而动态的住宅形式和家庭结构,呈现了多元的"中国性"。其中,**城市居住形式以基于宗族家庭生活的"合院住宅"最具广泛性和代表性。**

"合院住宅"早在新石器时代中晚期即已萌芽;到了西周,凤雏遗址中可见分别用于社交礼仪活动和主人日常起居的两进院落,以及其他非核心家庭成员居住的东、西厢房,显示出家庭内部的等级秩序;至春秋战国到魏晋南北朝,合院住宅渐被视为理想或标准的住宅形式;经过隋唐至明清的进一步发展,合院住宅愈发成熟,其建筑格局多遵循"中轴对称"和"深进平远"两大原则,即以一至多组四面围合的建筑纵向排列,坐北朝南,一条明显的中轴线两旁对称地布置辅助房屋,形成一个或多个深邃院落。

"合院住宅"的演变具有鲜明的地域特征,除了以北京为代表的北方四合院,南方形式更为丰富,包括江浙的"四水归堂"、广东等地的客家"围龙屋"、云南的"一颗印"等。建构方面,传统住宅的基本建造体系以"掘土为穴"和"构木为巢"为原型,进而演变为木构框架作为结构支撑和空间分割体系,加之土构(包括夯土、垒石、砌砖等)作为空间围合墙体的组合。此建造体系的变形包括防卫性的围合式土构高墙及附

01

02

在中国，不同地区的合院住宅有不同的表现形式。除了以北京为代表的北方四合院（01），还有在江浙一带常见、因四周房檐向天井汇聚雨水而得名的"四水归堂"（02），也有广东等地客家人抵御外患、聚族而居的"围龙屋"（有圆形、方形、半圆等多种表现形态，在各地也有不同叫法，在福建则称其为"土楼"）（03），以及外围高墙少窗、各房间均面向天井开门的云南的"一颗印"（04）等。

03

04

PART 1 家的想象力

于其内的木构楼屋，如福建土楼。

在前现代中国的语境下，以宗族家庭为基础的院落住宅中的公共和私密的概念和边界不同于现代概念。首先，"私"的概念与占有/归属相关，不仅是占有财物，更重要的是男权社会中男主人对家庭中女性的占有，强调身体的归属，这是家庭得以成立的结构基础。

其次，早期合院住宅最重要的空间特征是防卫严密、内向稳定、秩序井然，这与封建时期严密的礼制规范相吻合。但是，随着里坊制的瓦解，住宅和城市的关系逐渐密切，到了明清时期，住宅承担了许多公共活动和社会交往的职能，而非现代意义的私密避世之所。住宅中最具社会性和复杂性的空间是"厅"。"厅"日常保持门扇开启的状态，是公共事务（如宴饮、交际、表演、殡葬、供奉等）开展的重要场所。**"厅"在社会与家庭、城市与住宅间起到了中介作用，这也意味着城市住宅成为公共网络的节点。**

再次，纵然，从前院、厅堂到内宅，这一系列纵向的空间划分和物质隔断，区别了其社会性、公共性的程度；住宅的前后、内外也界定了家庭成员的领域边界，体现了性别隔离，女性的活动常被限制于内宅，但这并不是固定的且不可跨越的，在不同生活场景下，物理的或社会的领域边界都是可变的。住宅空间内的院落与花园，就在打破礼仪秩序、模糊内外前后关系方面起到了重要作用。

最后，在明清合院住宅中，院落、厅堂与内宅之间可渗透的、可变化的边界展现了家庭对社会角色和使用情境的不同回应，住宅空间既参与家庭内部结构的建立和运作，也对外开展公共交往、参与社会事务，由此，住宅成为城市社会空间延续与活跃的组成部分。

迈向近现代之后，我们开始了以弄堂为生活、工作中心的混合式居住

1840年鸦片战争开始后，国门被迫打开，新的社会关系和文化环境挑战了传统居住礼仪和家庭模式，住宅形式和生活方式开始向现代模式发展。

在城市层面，近代中国通商口岸城市的居住空间结构由几个分别由不同国家控制的城市租界以及"华界"构成，各区域功能相对独立，自成一统。它们互相叠合，共同形成近代半殖民地半封建城市特有的"多区拼贴"的居住空间结构。

这些区域之间虽有隔离，有文化、利益上的互斥，但也有互动，有一定的整体性。以上海为例，不同群体居住状态和贫富对比强烈，近郊、码头、工业区边缘是城市贫民自发搭建的棚户区；租界内是外国商人、外交官、传道士居住的花园住宅和公园、赛马场、教堂。起初清朝政府为减少纠纷，禁止华人在租界租住，但这种居住隔离很快被打破，频繁的战争和农村的萧条迫使中国居民逃往租界，这些人主要是由小商贩、办公室职员和产业工人组成的中下层阶级。

在快速城市化过程中，飙升的人口居住需求促进了一种新的住宅类型的出现——里弄。里弄成为上海人在其后一个多世纪中（19世纪70年代—20世纪90年代）主要的日常生活空间。到了20世纪中叶，里弄占到城市住宅的四分之三，它连接起城市中各个异质的区域,使城市建成环境和生活方式呈现出一定的整体性。**作为第一种在市场机制下产生的混合了本土和西方居住模式的大众商品住宅类型,里弄住宅在中国城市居住史上扮演了重要角色。在其特定的历史背景下孕育了一种由传统向现代过渡的城市居住文化。**

里弄住宅按年代和形制分为两种主要类型:第一种是石库门里弄,包括多间平面的早期石库门里弄以及双开间或单开间平面的后期石库门里弄。比起后一种,早期石库门的居住模式更多地源于更本土和传统的居住理念和价值体系。

早期石库门里弄产生于19世纪70年代初,集中在英法租界内,总体布局参照了西方联排住宅模式,由于土地和资金有限,住区规模都较小,每个住区约30个住宅单元。由于交通便利,空间灵活,早期石库门里弄的集中区域逐渐成为城市商业活动的中心。一些住区几乎所有单元,无论沿街与否,都被各种商业活动占据,如零售、诊所、金融服务等,纯居住单元很少。

从20世纪初开始,上海房地产行业迅猛发展,由于资金的涌入,后期石库门里弄的开发规模扩大,往往有数百个单元,有了总弄和支弄的区分。后期石库门里弄与城市的关系也十分密切,商业与居住功能相结合、工作与生活状态混合是其显著特点,在里弄尺度表现为"外铺内里",在住宅尺度表现为"前店后宅""下店上宅"。这些店铺的性质和规模与附近居民的消费水平和生活方式相吻合。在这些街区最见的商店中,有出售粮食、煤炭、棉布和杂货、热水、调味品、小吃、水果、酒、肉和蔬菜等商品的商店。也有商店提供裁缝、理发、修理生活用品、兑换货币等服务,还有洗衣店、茶馆、公共澡堂等。除了沿街店铺外,弄内还有一些小型工厂和中小学校。

住宅单元平面上,早期石库门脱胎于传统民居中三合院或四合院的形式,一般为三间两厢、两间一厢或者五间两厢,主要部分为二层,后部附属房则为单层。在平面布局上有一条明显的中轴线,常对称布局。进门后首先是一个方正的天井。正对天井的是客堂,有可拆卸的落地长窗。客堂用于中国传统起居中最重要的聚会、宴请等礼仪活动。客堂的两侧为次间,天井两侧为左、右厢房。客堂后面为通向二楼的横置单跑木扶梯。再后,为后天井和单层的厨房、储藏间等附属用房。

此时,住在厚重大门和高墙之后的主要是乡绅财主,早期石库门满足了他们对中国家庭传统生活方式和居住观念的怀念,又满足了他们对现代城市条件的需求。

20世纪初期,由于人口的急速增长,早期石库门已不能满足居民住房的需要,出现了更为紧凑实用、房价适度降低、适应小家庭居住的后期石库门里弄,其用地面积和房屋面积仅为早期的四分之一。由于当时权贵大家庭已逐渐被劳动生产型小家庭代替,三开间等传统形式逐渐被单开间和双开间代替,且后面附屋由平房改为后厢房和亭子间。

早期石库门的承重结构大多是江南民居中最常见的立帖式木构架外加砖墙围护,后期变成砖墙承重,仅屋顶是木结构的。在弄口、过街楼、门窗等位置开始大量出现砖砌拱券。钢筋混凝土也被大量采用,在亭子间及晒台等部位使用钢筋混凝土楼板。

PART 1 家的想象力

第二种是新式里弄。虽然仍沿袭了类似石库门住宅的住区结构，但一些重要的特点与之前有所区别，新式里弄的生活方式被认为是更多地源于西方居住文化。

总体布局上，住宅的通风、朝向受到更多重视，一般是横向联排式。新式里弄的一个明显特征是，功能混合的程度开始降低，过去住区边界的沿街商铺大量减少甚至完全消失。新式里弄呈现为一种不太重视城市一体化、强调自身自主性和自由度的特征。在其后发展出的花园式里弄和公寓式里弄中，工作与居住更是几乎完全分离，展现出一种现代意义上家居的私密性。

新式里弄的另一个特征是，在建筑平面上以单开间居多，居室进深较浅，以改善朝向和通风。单元平面根据生活方式较自由地进行平面布置。石库门这一形式被淘汰了，封闭的天井变成了开敞或半开敞的绿化庭院。内部空间根据使用目的被更清晰地定义，如门厅、起居室、餐厅、厨房、用人房、卧室和浴室等，显示出强烈的功能逻辑。此外，建筑采用钢筋混凝土结构，内部设施齐全讲究，卫生间设有厕所和浴缸，有的有私人车库。

基于历史学和类型形态学相结合的解读，可以发现这两种类型在建筑单元层面和住区层面的变化。从居住区结构与大的城市街区的关系来看，<u>石库门里弄普遍采用"外铺内里"的二元结构，通过土地混合使用的模式，使那些口袋式的住宅融入快速现代化的城市环境中，新式里弄则创造了更为纯粹的居住环境，很少或没有作为里弄与城市之间"中介"的商铺</u>。这说明，人们正从基于宗族与家庭的院落式居住转向以弄堂为生活与工作中心的混合式居住。

纵然这两类有区别，但里弄居民们总体上都具备许多因同步密集化而产生的弄堂生活经验，这是里弄居住的精髓。居民将弄堂这一过渡空间变成了一个共享的客厅和多功能空间，并通过这一空间创造了一种特殊的地方居住文化。弄堂不再只是一条简单狭窄的交通道路，而是作为调停者，灵活地调解和跨越私人与公共、内部与外部关系的模糊领域。类似的以巷道空间为中心的模糊共用式居住状态，在北京胡同中也可见到。

集体住宅：住在工人新村的旧时记忆

新中国成立后，在社会主义计划经济体制下，中国发展了一套复杂的城市住宅福利体制。这一时期，国家推行"先生产，后生活"的政策，住宅规划设计的核心目标就是控制住宅造价与标准。工人新村是这一特殊历史时期社会与空间的独特代表。

在 20 世纪 50 — 90 年代，出现过一批工人新村建设潮流。这批住宅由政府出资为工人建造，统一投资、建造、分配、管理。最初，工人新村的居民主要是与国家战略需求相关的大型国企中有显著成绩、工龄较长的一线工人，往往是党员、劳动模范或先进工作者。<u>通过建造新的理想居住区，选拔理想的居民，树立新的生活规范，一种新的社会主义集体的生活方式在新村中被创造出来，为基层社会的社会主义改造树立了范本。</u>

国家通过新村把个体从"传统大家庭"的生活中分离出来。在新村的空间设计和社会管理层面采取了一系列措施，以培育新的集体主义生活方式.

首先，**以"日常生活集体化"为目标，新村住宅中严格限制私人空间，**人均居住面积均低于 4 平方米；相比之下，**室外的公共空间却很充足，**设有宽敞的前院后院、集会广场、公园等。新村建设之初，建筑密度很低，不遵循土地开发利益最大化原则。结果是大量的家庭活动在室外空间展开：洗衣服、晒被子、缝纫、做饭。天热的时候，个别住房拥挤的家庭连吃饭、睡觉都习惯在院子里。当时，住在新村里的家庭规模是 3～6 人，狭小的私人空间和相对宽敞完善的共用设施促进了日常生活集体化的趋势。

这种集体生活在 20 世纪 60 年代人民公社时期达到高潮，当时国家建设部号召城市住区已完成"家务劳动社会化"的转变。新村通过居委会开始动员退休工人和家庭妇女走出家庭，为新村工人集体生活服务。他们组成了洗衣、做饭、缝纫、育儿、读报等各种服务组，解决了双职工家庭的后顾之忧，重构了女性的社会身份，也进一步强化了集体化的生活。

与此同时，单位又倡导对工作和国家的强烈责任感，倡导在遇到事业和家庭的冲突时，应该毫不犹豫地放弃家庭，舍小家保大家，先生产后生活。于是，个体从千千万万个亲缘组织、家庭组织中走出来，他们模糊了工作和休息的界限，主动长时间加班，有时候晚上就睡在单位，对家庭的照顾十分有限。虽然居住状态稳定，但此时个体和集体的关系十分亲密，而个体和家庭的关系相对松散。

当集体化进程完成后，一系列社会变革陆续发生，新村中居民的生活又发生了巨变。首先是"知识青年上山下乡"，在学校、居委会和单位的三重压力下，工人新村和教师新村家庭中初高中毕业的子女都有一两人下乡。"文革"结束后，知识青年们通过各种途径试图返回上海。他们离家时是单身，归来却已成家，有些还带着年幼的子女。此时新村中的家庭大部分是主干家庭*，多代同居的现象很普遍，还有一部分联合家庭和非完整家庭。此时新村中的人均居住面积比新中国成立初期更低。改革开放后，工人新村中的许多职工下岗了，没有了经济来源，家庭的生活陷入困境。无论是在政治、经济还是社会地位方面，他们都成了社会的中下层。

国家和单位的突然撤离，降低了集体对个体的那种既是束缚又是保障的影响。当个体必须以一己之力探索由陌生人组成的、充满不确定因素的社会时，家庭成为最可靠的资源、最值得信任的保险机制，其重要性急剧攀升。个体开始回归家庭，代际依附和家庭互助变得紧密化。

*主干家庭

指的是由父母和一对已婚子女（及已婚子女的子女）组成的家庭。

PART 1 家的想象力

同时，缺乏经济和社会资源的下岗工人不得不依靠社区网络来维持日常生活。这些社区网络包括亲属、单位同事、邻居提供的生活帮助和就业信息，以及新村周边价格便宜的生活服务（菜场、餐馆、理发店、浴室等）。居委会也成了救助下岗职工家庭的重要机构，其行政化程度降低，服务功能增强。

这个阶段，**新建的住宅主要是小户型独用公寓、二室户、二室一厅和三室一厅公寓。大多数平面遵循了"合理设计"的要求，基于住房供应中一套一户的长期愿景。较大面积的公寓最初依然是多户合用，尽管每套住宅在实际使用中仍经常被两户或多户合用，有典型的"合理设计，不合理使用"的特征，然而，它有助于在普通家庭中引入现代生活的基本概念。**

居民们对狭小的房屋进行了不同程度的改造：底楼居民往往占用院落和天井，将其作为浴室或者房间，顶楼居民会突破屋顶，搭建阁楼，中间层居民则尽量占据走廊和储藏间等公共空间，外廊型住宅的居民会搭建简易厨房盒子。多代同居家庭会在卧室内用木板搭建上铺或者将卧室分隔为更小的房间，以勉强提高一点空间利用率和私密性。

此时，新村工人变成了市场经济的"多余人"。个体和集体的关系逐步松散。他们对社区的依赖也更看重实际获得的利益或者信息，不再会为了社区集体利益而作出自我牺牲。个体和家庭的关系变得逐渐紧密，但在互相依赖的同时，家庭内部矛盾也不少，包括居住条件紧张、继承房产和赡养老人的争执等。

1978 年之后，中国政府提出住房改革政策，随之，也出现了一场"住宅属性是商品还是福利"的争论。它深化了人们对住宅的认识，住房商品化改革将住房的实物福利分配方式转变为工资分配方式，住房投资与建设体制也开始发生变化。

熟悉的日常：
分区明确的商品住宅占领市场

1992 年邓小平发表南方谈话后，中国城市房地产开始迅速发展。此后几年，随着政府加大推行住房体制改革的力度，中国城市住宅进入了一个新的市场化、产业化的大发展时期。不仅住宅的建设量空前增大，住宅的空间形态和居住观念也发生了深刻的变化。

1995 年至今的中国大城市的普通住宅， 在平面类型上呈现出高度的空间趋同性和历时稳定性。**其核心的户型结构是一个"入口—客餐厅—卧室"串联的树形路径的空间模式，** 而且普遍户型庞大。普遍户型在空间形态上的主要特征还包括：模糊双厅（客厅与餐厅），而且厅多为南北贯通；2～3 间卧室集中布置，并以短走廊连接；入口多有缓冲空间（玄关或走廊）。

这种户型的原型可以追溯到 1929 年德国建筑师汉斯·舒马赫（Hans Schumacher）设计的"贯穿式"住宅。"贯穿式"住宅将曾居于中心的交通走廊变成开放的起居空间，空间的形态因此变为厅/房的对立。直到近一个世纪后的今天，贯穿式平面仍被广泛采用，各种二元对立在整个住宅单元的空间结构上反复被建构，如公共/私密、动/静、干/湿、洁/污、昼/夜等。这些划分承载着对领域和价值的叙述，但它们并不出自中国传统的思维模式，

里弄是上海在快速城市化过程中的重要生活空间表现,图为上海外滩附近的里弄。

而是一种西方传入的现代性的建构。

在这种思维的影响之下,"分区明确"已经成为空间组织的基本律令。如果一个空间在分区逻辑之外,它就是错误的、多余的。这个法则的教条性在于,它将生活完全割裂为一系列对立的内容,那些难以归类的行为会被排除在外。而且,"分界线"本身的历史性、偶然性也被遮蔽;另外,它将活动与空间的关系静态化,特定的活动限制在特定的空间中,生活样式的多样性和不确定性被限制。而在现实生活中,人的活动会有"蔓延",空间单元的"之间"可能比空间单元本身更具活力。

PART 1 家的想象力

01　　　　　　　　　　　　　　photo／许晔

建于 1952 年的上海曹杨一村是中国第一个工人新村，这种住宅形态，也是当时中国探索并培育新的集体主义生活方式的表现（01）。

在目前中国城市常见的标准化住宅，显示出匿名、标准化的特性。图为位于北京市广渠路的一个住宅小区，这种形态也可能出现在中国任何一个城市里（02）。

02

这个阶段的商品住宅，针对的是以核心家庭为代表的家庭结构和日常生活状态。20世纪90年代后的城市家庭规模日趋小型化和多样化，虽然单亲家庭、单人家庭等不完全家庭的比例也在增加，但最主要的类型是核心家庭。

与此前的熟人关系构建的集体住宅相比，市场化的高层或多层板楼和塔楼住宅显示出匿名、标准化的特性。就城市尺度来看，工作场所远离了家庭空间，新城居住区和办公区也分开了。聚焦到居住区域，人们终于不用再几户合住，个人生活空间增大了，每个家庭成员都获得了一定的隐私空间，私人生活的观念强化，个人主义提升到了新的高度。人们的生活方式也变得更加多样化，大众媒体亦在此时广泛进入，不受约束的闲暇得到重视，消费主义和享乐主义趋向出现。

乍一看，商品房内的家宅似乎放弃了"公共"职能，只保留"私人"职能，家庭与城市的关系疏离，变得更私人化了。尤其是在集体生活时代被压抑的居住尊严和私密性，在商品住宅时期被过度强调，直至固化。但实际上，此时公共领域的权力力量和意识形态并非从家宅消失，而是更深层次地进入了家宅内部。从20世纪末至今，"三室两厅"的商品房布局几乎无任何突破和变革，其设计过程放弃了建筑学探索，固化在了社会制度、土地财政、城市管理法规、地产市场策略的统一框架下的一个单一布局，继而又通过大众媒介反复宣传这种居住文化，将城市居民塑形为合格的住宅消费者。在这个"标准化"生产体系里，住宅和商业社会的其他消费现象紧密相连、互相支持，构成了一个巨大的幸福生活之梦。

以互联网平台为基础，居住状态呈现虚拟化倾向

随着移动互联时代的到来，家宅、社区和人们的居住状态都发生了深刻的变化。当代人——尤其是年轻人——和外部的联系往往以时空跳跃的方式建立，无论是虚拟的数字网络还是现实的城市地点的集合，都更多地依赖价值认同的社群网络，而非本地生活圈。再加上互联网和物流的兴盛，传统社区公共设施的依赖人群趋于老龄化、弱势化，并在快速萎缩。

新冠肺炎疫情暴发以来，与人们身体和健康最密切相关的私人事务亦越来越多地从我们相对熟悉和亲密的家庭环境中移出，进入到提供医疗服务与实施数字跟踪的公共环境。同时，数字和通信技术允许工作场所"受控地侵入"（managed intrusion）到家庭空间中；购物、教育和其他服务也进一步从公共空间进入家宅。在此背景下，人与人的关联在虚拟空间中更进一步加速构建，基于工作、社交或娱乐的线上互动正在重塑我们的生活和工作经验。个体的隐私也逐渐被技术工具化，如智能手机的设置。

因此，物理和虚拟空间之间的并置、结合和跳跃成为当代日常生活的关键情境。今天的家宅领域成了一个多中心的、不断变化的网络，由物理和虚拟空间、家庭和城市空间共同构成。在依托城市空间的公共领域几乎崩溃的极端情况下，例如疫情隔离期间，家宅承担了传统公共领域的大部分角色，就像置于我们之间的桌子，既把人们分隔开，又将他们聚拢在一起。这样一个开放动态的"家"既是一个建筑原型，也是我们要面对的新的日常生活。Ⓜ

PART 1 家的想象力

"LDK"成为公寓的标准,然后呢?

text/铃木纪庆 王玮祎　translator/赵慧

如果将研究视线集中在现代生活形态上,很多人会对日本的公寓分区概念颇有兴趣。"LDK"的诞生与发展,也是标准化住宅发展过程中的产物。但居住空间的创新就止步于此了吗?

这是同润会公寓系列里最有名的青山公寓。当时,这些公寓成为展现新型生活方式的代表居住空间。因建筑老化,青山公寓于 2003 年被拆除,2006 年在原址兴建起由安藤忠雄设计的表参道之丘(Omotesando Hills),在它的东侧,安藤忠雄使用部分原有青山公寓建材,重建了继承青山公寓风格的"同润馆"用作店铺空间。

铃木纪庆
(Suzuki Noriyoshi)
编辑,建筑、设计领域记者,房产评论家。毕业于武藏野美术大学建筑学科。曾任 Japan Interior Design、ICON 杂志编辑,2000 年创立建筑、设计信息研究企划公司 Suzuki e-WORKS,著有《20 世纪建筑指南》《日本商业空间设计史 1980—2020》《日本住文化再考》《与建筑师中村好文一起设计"小厨子"》等。

采用现代生活方式之后,提及日本长期居住型城市住宅的代表,"同润会公寓"是一个绕不开的案例。关东大地震之后的第二年(1924 年),为救助受灾者,日本内务省成立了财团法人同润会,它的资金主要源于赈灾基金。为恢复灾后生活,同润会在 1926—1936 年之间建了一系列集合住宅,分布在东京、横滨等处,共有 16 座公寓 2795 户,这就是同润会公寓。

由于地震时的大多数死伤都是火灾等次生灾害造成的,所以同润会公寓都采取了钢筋混凝土结构。在设计建造时,它的定位也并非"针对罹难者的临时住宅",而是提出了"可长久居住的公寓住宅"的概念:有充满绿意的中庭,有适配多人家庭、单身住户等不同家庭形态的住宅方案。住宅内则设置了电力、煤气、下水道、冲水马桶等多种现代生活设备。这些要素,都引起了当时的"摩登男孩""摩登女孩"的关注,同润会公寓也成为当时新兴生活方式的代表住宅。

第二次世界大战结束后,供人们居住的住宅仍然存在大量缺口。此时,为了有效率地大量生产住宅,东京大学建筑学科吉武研究室提出了三类公营住宅标准设计,其中,吉武泰水、铃木成文设计的"51-C 型"住宅,提出了"食寝分离"的概念,在 10.37 坪(约合 35.37 平方米)狭小空间内,让厨房(Kitchen)与餐厅(Dining)单独成一间,同时保证了父母与子女居住在不同的寝室(2 Rooms),成为此后广泛应用的"2DK"类型住宅的原型。

此后,针对住宅建设、租赁、管理的特殊法人——日本住宅公团将这个住宅类型标准化生产,配以不锈钢厨房水池等设备,以 13

25

PART 1 家的想象力

一个"51-C 房型"的基本布局

和室 （6叠，约10.9平方米）	玄关	共用部分： 楼梯间
和室 （4.5叠，约8.2平方米）	厨房/餐厅	浴室/厕所等
说明：住户面积 约40平方米。	阳台	

资料来源：根据公开信息整理。

建筑师槙文彦设计的"代官山 Hillside Terrace"是一个综合了集合住宅、店铺、办公楼的复合设施。这些建筑群也塑造了代官山区域的街区开发规范。图为 A·B 栋（01）。

建筑师前川国男于 1958 年设计了东京"晴海高层公寓"。这是日本住宅公团首次挑战带电梯的 10 层高层住宅。前川国男在这个项目里实践着他在现代生活基础上社区与城市的空间构想（02）。

01　　　　　　　　　　　　photo/wiki, CC BY-SA 3.0,未修改
https://commons.wikimedia.org/w/index.php?curid=10405749

03 photo/Isao Inbe

04 photo/Isao Inbe

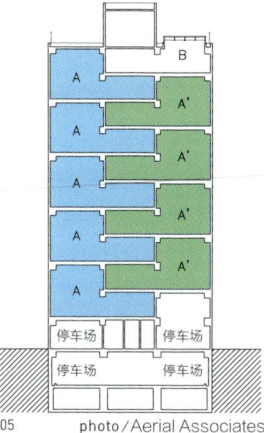

05 photo/Aerial Associates

建筑师谷内田章夫于1997年设计的"ALTO B"公寓的内外观（03—04）与剖面示意图（05）。它打破了"nLDK"的设计格局，让不少人开始愿意尝试非传统的居住形态。这也许是新一轮生活方式变革的开始。

02 photo/wiki

坪（约合42.98平方米）的标准面积，在全日本推广开来。以此为基础，民间的住宅开发商则加上了"L"（Living）的客厅概念，推出了"2LDK"（意为2间寝室+客厅+餐厅+厨房）、"3LDK"等房型，居住面积也逐渐增至70平方米左右，形成了南向阳台、北向大门与公用走廊这种南北细长的公寓构造。即便此后经历了经济高速增长期与泡沫经济时代，这类房型也都一直沿用至今。

标准化住宅快速铺开的背后，是工业化装修产业的支撑。以厨房为例，日本建筑材料公司骊住集团（LIXIL）在1956年开发了不锈钢冲压加工技术，让一体成型不锈钢水槽得以量产，控制住了公营住宅餐厨空间的成本。1957年后，日本几乎所有公营住宅都导入了这种一体式水槽。

另一个标志性的产品是一体式卫浴。此前日本城市居民习惯在公共浴室（钱汤）洗漱，公营住宅则将浴室带进了城市住宅内部。一体式卫浴的首次登场是在东京新大谷酒店，这是为1964年东京奥运会而兴建的酒店，由日立化成工业和东洋陶器（也就是现在著名的TOTO）合作开发。随后，TOTO就把这个产品推向了住宅市场，完全内部组装的模式也迎合了预制住宅的施工逻辑，逐渐在日本范围内普及。

在流水线化的装修产业的支持下，日本的住宅从此就像汽车一样，能够大批量、快速地复制。

当然，也有一些不太一样的公寓在这段时间陆续出现。建筑师前川国男继承了现代主义建筑师勒·柯布西耶的设计DNA，他于1958年设计了东京"晴海高层公寓"，每3

PART 1 家的想象力

01

02

日本公寓里的一体式厨房,相比于骊住集团最早开发的不锈钢水槽,它的设计进化不少,但仍然保有预制生产的特点(01)。

1964年东京奥运会时,一体式卫浴首次出现在酒店中。这种占地面积小、功能全、可以预先生产的卫浴设施十分适合大规模量产,此后迅速在日本住宅中流行起来。2021年日本再次举办夏季奥运会和残奥会,一体式卫浴也被应用在奥运村中(02)。

层 6 户为一个单位，每 3 层设置一个走廊，颇有马赛公寓的意味。1969 年，建筑师槙文彦设计的"代官山 Hillside Terrace"（ヒルサイドテラス）第一期完工，这是一个综合了集合住宅、店铺、办公楼的复合设施。此后二三十年，"代官山 Hillside Terrace"一直开发到第 7 期（包括 Hillside West）。这些建筑群也塑造了代官山区域的街区开发规范。

在 20 世纪 80 年代，日本出现了时尚与文化热潮，人们开始追捧设计师品牌（Designer's & Character's, DC）。这股热潮逐渐从时尚领域蔓延到料理、设计等领域，在 20 世纪 90 年代后半到 21 世纪前几年，"建筑师设计的公寓"也成为人们追捧的热潮。

这次热潮兴起的契机之一，当数建筑师早川邦彦在 1985 年设计的位于东京中野的公寓"Atrium"（アトリウム），那里每个住户都可以看到中庭，建筑界认可它，是因为它提出了城市公寓里的社区新形态，后来它则作为人气电视剧的主人公生活的公寓而成功"出圈"。

另一个影响要素，有可能是 1998 年 1 月至 2003 年 5 月 *Brutus* 杂志上刊登的专栏"Brutus 房地产"，每次都会介绍不同的建筑师设计的房屋。也有人认为，这些报道对"建筑师公寓热潮"起到了巨大的作用。

改变传统"nLDK"设计的，还有居住者本身的需求。比如，进入 20 世纪 90 年代后，面向单身人士的单间型布局（1R）迅速激增，占到了新建房屋市场的 60%。面向家庭的住宅中，空间也变得更灵活，比起一整间宽敞的大客厅，越来越多的人愿意在其中分出一个"缓冲区"。有的户型图上出现了"nLDK+S"的设计，其中的"S"是服务室（Service Room），指的是无法被算作起居室的额外小空间，可以被当作储藏室、客房，或者爱好室。另一种空间设计则是将屋内的设施搬到公共空间。居住人独立的空间只有卧室，其他功能则在整个公寓楼的公共空间满足。

真正对这股"建筑师公寓热潮"起决定性影响的，则是建筑师谷内田章夫于 1997 年设计的"ALTO B"。每户面积几乎都超过 100 平方米，天花板高 5 米。如果观察公寓剖面图就会发现，为了用尽容积率，设计师安排左右住户在剖面上采用 L 形构造，镶嵌着相互往上堆砌：厨房、寝室、浴室安排在一楼，集中在中央部分；客厅则使用挑高后的双层空间，靠近外侧墙体。这种像工作室（Studio）一样的设计，被认为打破了一直以来公寓"nLDK"这类狭窄、缺乏设计感的空间构造，吸引了很多设计师、建筑师、摄影师等创意人士入住。

回过头来看，同润会虽然被称为日本近代公寓住宅的开端，但在此之前，日本的"公寓"是江户时代（1603—1867 年）的"长屋"，迄今仍可在东京佃岛等地发现这类建筑踪迹——它们在战时经历过空袭火灾，但依旧残存。以前，这类住宅是人们抱团居住的社区（共同体），现在则随着社区的消融与互联网的普及，公寓与独栋住宅正在构成新的共同体。21 世纪之初的建筑师公寓热潮，提升了公寓的设计性与居住性。在其影响下，普通独栋住宅与商品化住宅的质量也得到了提升。 Ⓜ

（本文基于铃木纪庆《日本住文化再考》以及王玮玮的报道《日本房地产开发商的小户型极简史》综合撰写）

PART 1 家的想象力

与家有关，新浪潮来袭

text／邢梦妮 曹中 罗雪仪 刘舒婷 唐慧 徐子淇　illustrator／于玚

你想过"两据点生活"吗?
更坚决一些的话,一定要住在城市吗?
或者,干脆漂在外面呢?
你的家是社交网络上的样板间,还是融入了自己想要的生活?
我们研究了全球四个与家有关的新浪潮,它们正塑造出新的生活方式。

PART 1 家的想象力

(Trend 1)
两据点生活

当乡村和城市变得没什么区别,一些人开启了双城生活。
渐渐地,有人找到了自己去第二个"据点"的意义。

"生活在两个区域,等于享受双倍的人生。"这句颇具诱惑力的话,来自日本地方政府联盟"全国两地域居住等促进协议会"。从 2021 年 4 月成立开始,不到两年,日本全国已经有三分之一的省、市、县政府加入这个联盟。

不少媒体也爱关注这种新生活方式,推出了"两据点生活"报道特辑。在社交网络 instagram 上,"两据点生活"(二拠点生活)这个日语标签已经有 4.9 万次使用记录。

住在荷兰,却到比利时上班——在欧洲,"两据点"也不是什么新鲜事。国际组织"欧洲联盟"(简称"欧盟")鼓励人们在 27 个成员间自由流动。2017 年,欧盟委员会通过了《促进欧盟边境地区的增长和凝聚力》决议,旨在减少居民跨境通勤的复杂手续和成本,促进边境地区合作。现在,欧洲一共有 200 万人跨境生活,占欧盟总人口的 1%。

而日本之所以会出现推动两据点生活的组织,也因为这是不少日本人生活状态的"现在进行时"。根据 2021 年 8 月日本猎头公司瑞可利(RECRUIT)的调查,在 2479

位受访的东京居民中,2.3% 的人已经在实践两据点生活,有意愿的受访者也占到了 40.7%,其中将近一半已在开始做准备了。

日本政府在 2014 年围绕"地域振兴"提出了一系列改革政策。在此之后,小城市和乡村多了不少工作机会,一些地方还专门为育儿家庭安排了优惠政策。日本乡下生活成本低,自然环境好,但工作收入不高。两据点的生活方式提供了一种新的可能性——拿着大城市的收入,去乡下享受生活。

远程办公是不少人开始计划两据点生活的契机。日本政府内阁府在 2022 年 7 月的调查显示,全国 6481 名受访者中超过三成平时会远程办公。而住在东京的受访者中,会远程办公的人比例更是达到了一半。

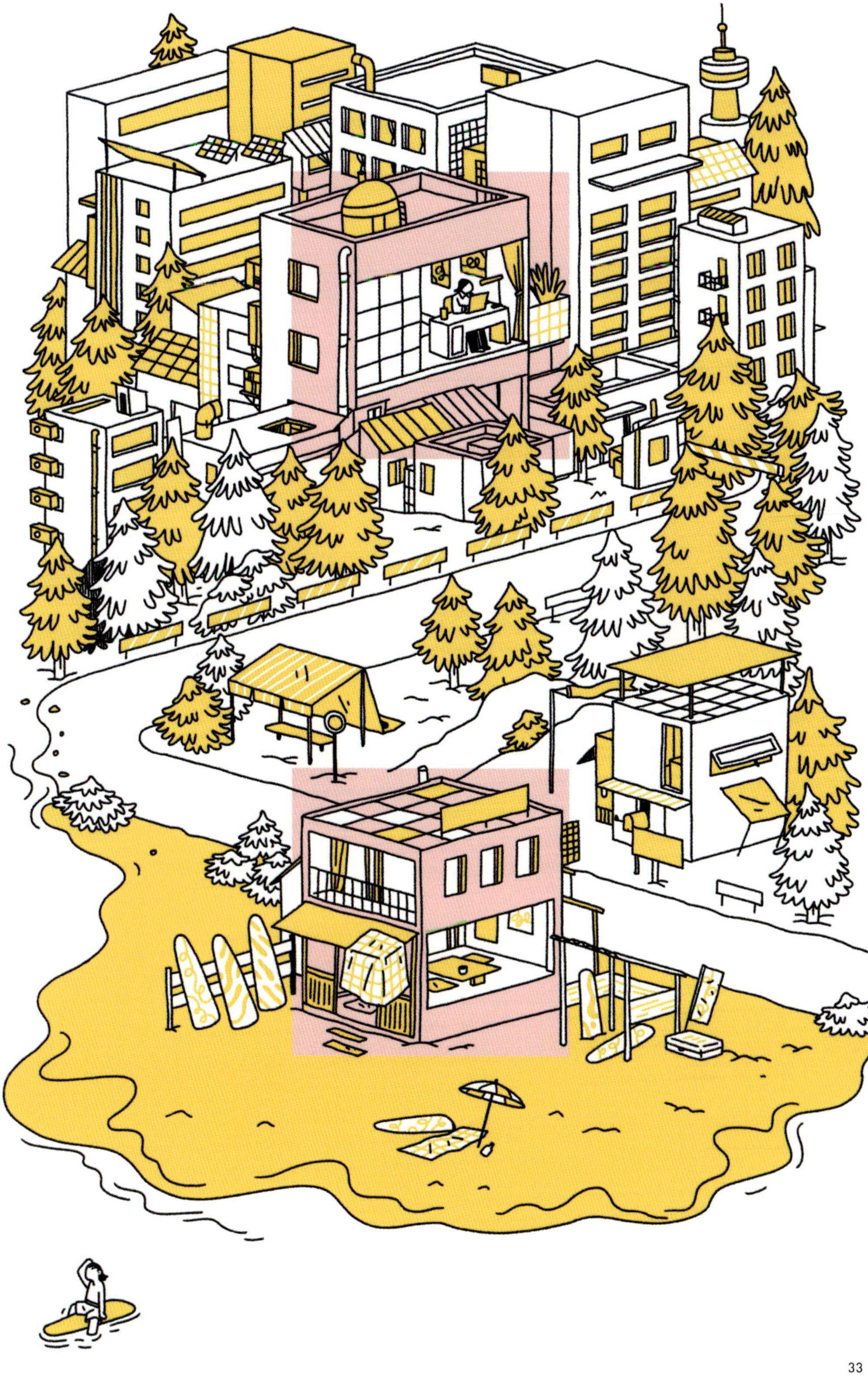

PART 1 家的想象力

高柳祐人曾经是东京的一家人力资源公司的职员，负责开发新业务。在和求职者打交道时，他发现有些人的强项也许更适合发挥在小城市或者农村。2014年到2016年，他走访了日本20多个地区，为东京求职者谋求机会。于是，他遇到了在长野县富士见町开公司的津田贺央。

津田贺央曾经是日本电器巨头索尼公司的员工。2015年，他搬到富士见町，开了一家名为 Route Design 的设计咨询公司。他一周有一半时间在东京为索尼工作，剩下的时间来富士见町经营自己的事业。Route Design 和当地政府一同策划了共享办公空间"富士见森林办公室"。

受津田贺央的启发，高柳祐人鼓起勇气和上司申请远程办公。当时，只有一些需要带孩子或照顾老人的员工会申请远程办公，单身的他没有什么特殊理由。于是，高柳祐人告诉上司，自己要去东京之外开拓业务，去当地深入体验他们需要什么样的人才。

2017年，高柳祐人过上了两据点生活。周一到周三在东京总部工作，周四、周五在"富士见森林办公室"远程办公，同时和那里的伙伴们做一些副业。两年后，他辞去东京的工作，全职加入 Route Design，为富士见町当地的中小企业做人才引进和市场营销方面的服务。不过，他不定期地要去东京会见客户。因此，他保留了东京的住处。

增加一个据点意味着增加一份成本。高柳祐人每个月要缴纳近20万日元（约合1万元人民币）的房租，其中东京的房租占了三分之二。在东京和富士见町之间乘坐特快列车，往返一次的费用则为1万日元（约合500元人民币）。

为了解决住房和通勤两大问题，日本铁路公司 JR 西日本联合兵库县丹波篠山市、京都府南丹市、滋贺县高岛市，推出了"JR 西日本×沿线自治体居住体验"活动。这三座城市均在 JR 西日本运营的铁路线沿线，乘坐电车一小时左右就可以直达大阪或京都。

2022年4月，这个居住体验活动开启了第二年度的招募。三座城市提供可以租赁的老房子，其中有的提供1~3个月的短租选项，最多则可以住6~10个月。当地政府会提供一些住房补贴，还会为短租房准备好家具和电器，JR 西日本则提供乘车优惠：在居住期间，乘坐 JR 通勤可享受40%的返点。

JR 西日本的活动为人们创造了尝试两据点生活的窗口。但高柳祐人认为，要真正实践这样的生活方式，还是需要找到自己和两个地区的"连接点"。"两据点生活不过是手段罢了，还是明确自己要去另一个地方做什么最重要。"他说。

photo／黎利斯

黎利斯在上海的家，
望出去是上海的城市高楼。

黎利斯可能就是那个找到了"连接点"的人。她是土生土长的上海人，酷爱潜水，常常往海边跑，海南万宁是她的度假首选地。2020年，受疫情影响，中国各大航空公司推出了"随心飞"服务——只要购买一张会员卡，在一段时间内能不限次数地兑换机票，也就意味着，频繁往返两地的交通成本低了很多。由此，黎利斯开始了她的"上海—万宁"两据点生活。

PART 1 家的想象力

01

黎利斯在万宁的住所有一扇很美的窗户，外面是自然海景（01）。
去不了海边的时候，黎利斯（左）也在江苏宜兴教授潜水课（02）。
photo／黎利斯

刚开始，黎利斯在上海还有工作，一般会在双休日飞去万宁，偶尔多待几天。那段生活体验让她逐渐在万宁找到了一些归属感。当时万宁的游客还很少。她补充说："但有趣的人很多，渐渐地，有朋友，有熟悉的地方，就开始觉得自己在海南不是游客了。"

后来她辞去工作，留在海南。她先是借住在朋友的民宿，后来又在神州半岛租房待了半年。这段时间，黎利斯在万宁当自由潜教练，和朋友一起创办了自由潜水俱乐部"ELITE Freediving Academy"。那时候她还很乐于参加当地好玩的聚会和活动，认识新朋友。

尽管在万宁生活，黎利斯还是会时不时回上海。上海有她最熟悉的社交关系，也充斥着她想参与的文化艺术活动。她喜欢上海这座城市的多样性，而那些社群和价值观念在万宁难以得到满足，这也是她选择开启双栖生活而不是直接迁居万宁的原因之一。

2021年，黎利斯又回归职场。原因也很现实，她需要一份稳定的收入。尽管做潜水教练也可以补贴生活，但国内的自然水域潜水环境变幻莫测，很难有全年稳定的授课环境——除非在海洋馆，但不去海洋馆是她的底线。她意识到，"稳定的经济来源是坚守底线的一种方式"。

这一次，她找工作的方向也比较明确——弹性工作、不用坐班、有一定的创造空间。所以她加入了一家允许远程办公的海外互联网公司。她先回上海适应了一段时间，2022年6月，在上海疫情解封后，黎利斯回到了万宁。但她表示心态有了很大变化。采取远程工作的形态，意味着她必须更自律。她有意识地建立在万宁的生活秩序——早起冲浪，回来工作，中午或者傍晚去锻炼一下，上上瑜伽课，如果浪头好，再去海边"冲一下"，不再参加任何一个新鲜的、认识人的活动。

黎利斯在上海、万宁的双城生活正在互相补充、校正，她在试图磨合出理想的生活方式。

02

PART 1 家的想象力

(Trend 2)
离开城市

迁徙者们不仅改变了自己的生活，
也在重塑当地的公共生活。

在地球的另一端，越来越多的德国人选择搬回乡村生活。以前，逃离城市的理由无非租金太贵、房间太小，这一次情况却有所不同。

自 2021 年起，柏林最北端的小镇弗洛奈尔（Frohnau）的房产中介就生意兴隆，有的客户甚至直接在电话里强调"有 130 万欧元的预算"。根据柏林人口与发展研究院 2021 年的研究，人们正在流入乡村和小镇——这与十年前的趋势刚好相反。位于柏林东南部的小镇施奈菲尔德（Schönefeld）已成为全德国人口流入比例最高的地方：每 1000 名居民中有 45 位是乔迁者。

疫情迫使许多企业和政府加速数字化进程。德国信息和电信行业协会（Bitkom）统计发现，疫情前后，在家办公的受访员工从 3% 跃升至 45%，三分之一的人会继续在家工作。另一个原因在于，农村比以前方便多了，从信息基础设施的角度来说，与城市没太大区别。

2017 年，因为不想再忍受城市的拥挤和喧闹，卡辛·古特弗里德（Karin Gottfried）回到了家乡绍尔兰（Sauerland），她曾在大城市生活了 15 年。疫情暴发后，不断有朋友向她打听乡村生活，甚至真的带着全家搬来了这里。她意识到这是一个机会。

很快，卡辛搭建了网站"主场优势"（Heimvorteil），提供当地工作和生活的信息。她还邀请已经搬来的人们写文章、录播客，分享经验，鼓舞更多有相同想法的人们。她正努力寻找一个合适的地方为社群建立共享办公空间。

卡辛不是唯一的开拓者。位于柏林和莱比锡之间的乡村共享办公空间 Coconat 就是这样一个例子。人们依然可以像在城市那样联网工作，但他们多了许多享受生活的方式：素食菜单、吊床、瑜伽、种苹果和乡间徒步。Coconat 团队认为，乡村共享办公空间吸引的群体甚至比城市更加多元，这里会有很多个体经营者。

这些乡村迁徙者不仅改变了自己的生活，通过积极重塑当地的公共生活，他们也改变了社区本身。我们还需要更长时间的观察。但毫无疑问，乡村会变得更有活力，而它与城市的界线将会更加模糊。

PART 1 家的想象力

01

02

03

在当地政府和岛民的帮助下,唐崎翔太找到了一栋平房,其中客房有大约 65 平方米,最多能住 10 个人(01—03)。
photo/唐崎翔太

2020 年，24 岁的唐崎翔太决定要搬到日本濑户内海的小岛上——他是岛上最年轻的岛民。

2019 年，唐崎翔太研究生毕业，回到老家大阪找了一份家具行当的工作。那是一家有 50 年历史的企业，他并不适应传统作风，还受到了严重的职权骚扰。"看到街上的桌椅都会想起上司的脸。"几近崩溃的唐崎翔太辞掉工作，回家休养了两个月。

唐崎翔太并不是不想工作，而是害怕再回到一个组织里，"万一再遇到不讲道理的领导怎么办？"对他来说，剩下的只有创业这一条路。

唐崎翔太想起了祖父的故乡——赞岐广岛，小时候他和家人来过这里几次。赞岐广岛位于日本四国岛和本州岛之间。乘坐公交，不到 40 分钟可以环岛一圈。赞岐广岛往东大约 30 千米就是濑户内国际艺术祭的举办地。相比之下，这里没什么有名的景点，岛上只有 150 人居住，九成是 65 岁以上的老年人。唐崎翔太说，剩下一成的年轻人在做一些"不可思议的工作"。

广濑修平就是其中的一员。2016 年，他把哨片制造工作室"广濑管乐器研究所"搬到岛上，为的就是在日本本地种植更适合做原材料的芦竹。妻子祖父母的老家在赞岐广岛，土壤和气候正好适合种植芦竹。他得以在这里安静地打磨哨片。

唐崎翔太也在赞岐广岛找到了空房子。向岛上的老爷爷讨教了三个月之后，唐崎翔太开始种植当地的特色辣椒。他的田地面积约 300 平方米，比一个标准篮球场略小，打理起来不算费劲，最忙的时候，每天花 3 小时就足够了。他在博客网站 note 上写作记录小岛生活，还找了一份政府兼职，每年能有 150 万日元（约合 7.5 万元人民币）的收入。第一年他靠卖辣椒和兼职为生。

唐崎翔太本科和研究生读的都是与旅游相关的专业，他想去实践知识。于是，他花了半年时间打扫自己的家，在 2021 年 7 月开了名为"海畔"的民宿。他每天早上五点起床，趁着天不热打理田地。如果当天有客人，他还要在七点之前准备早饭，上午收拾客房，下午坐在电脑前处理工作。每过三周，他会乘船去两次丸龟市区，买一些肉和日用品，蔬菜则靠自己种，邻居也会不时地分一些给他。

夏季的民宿生意最好，入住的大多是带孩子的家庭。其他时间段独自旅行的女性居多。唐崎翔太说，客人们主要是想来看海，还有一些是用谷歌地图搜到了"海畔"，从旅游网站预约的反而是少数。

二十年前开始，日本开始出现"半农半 X"的生活方式。意思是种能够自给自足的粮食，再做些别的"X"来实现自我价值。唐崎翔太觉得，从收入比例上来看，"一农九 X"才够现实。民宿开业之后的半年里，销售总额大约 100 万日元（约合 5 万元人民币），是卖辣椒收入的两倍。将来，他计划缩减耕种面积，也辞掉市政府兼职，将民宿作为自己主要的收入来源。

唐崎翔太的理想生活是每年工作 9 — 10 个月，剩下两三个月休假、旅行。他不打算赚大钱，2020 年日本男性平均年收入为 532 万日元（约合 26 万元人民币），而他每年只想赚 350 万日元（约合 17.5 万元人民币），这已足够他在岛上过上好日子。

PART 1 家的想象力

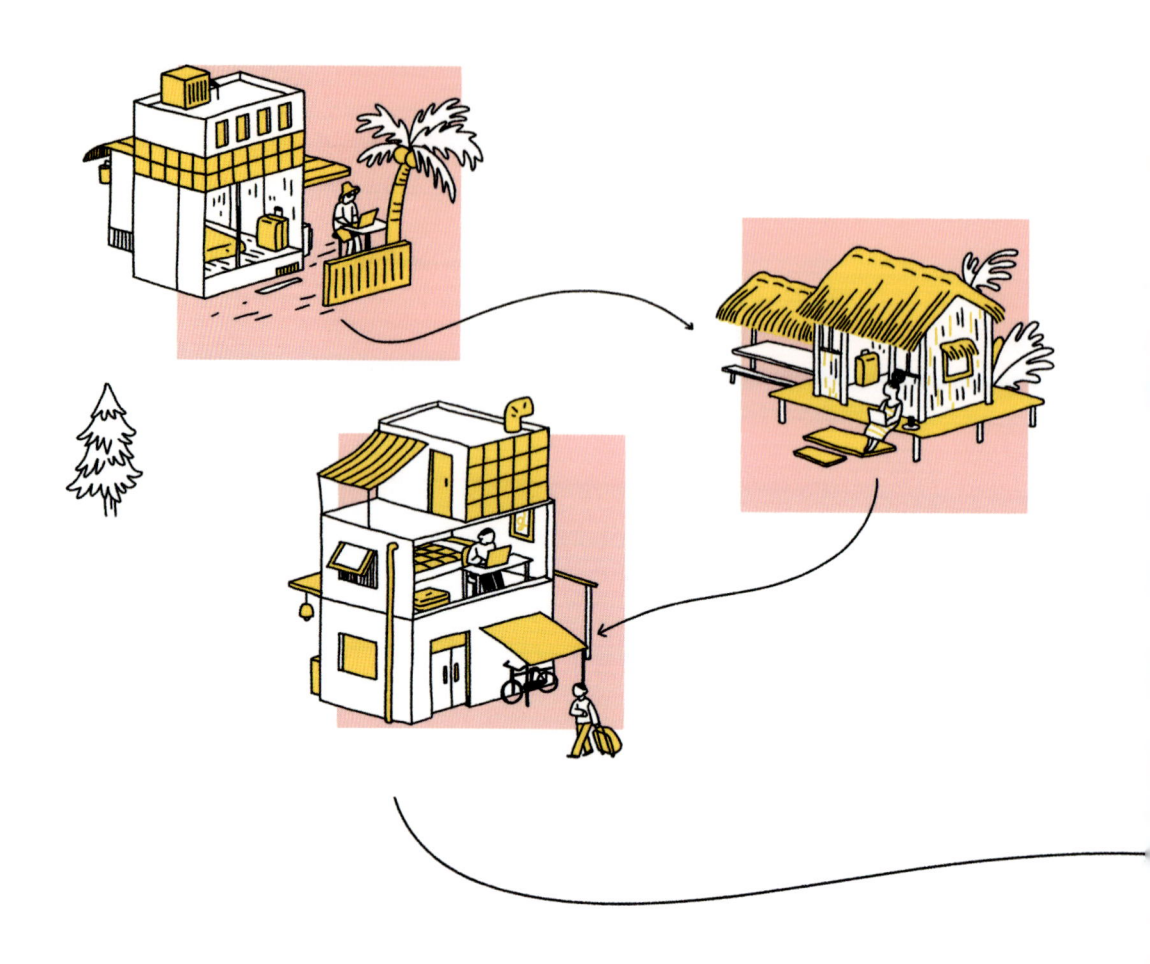

(Trend 3)
漂泊变成生活方式

一直在路上也没那么难。

从日本最大的广告代理公司电通离职后,当了 12 年上班族的大濑良亮决定创业。大濑良亮和创业伙伴在老家长崎市开了一家名为"HafH Nagasaki SAI"的综合店。一楼是咖啡店,二楼是共享办公空间,三楼是青年旅馆。

这里不过是起点,他们有更大的野心——"只需成为月费会员,就可以边工作,边全球旅行。我们要将 HafH 带向全球!"2018 年 11 月,他们在众筹网站 Makuake 公布了"订阅制"住宿平台 HafH 的点子。

根据大濑良亮的设想,HafH 与流媒体平台一样,用户支付月费,即可入住加盟的旅馆或民宿中。他们的项目最终筹集了 1000 多万日元(约合 50 万元人民币)的资金,是目标金额的 5 倍多。

HafH 建立了一套积分系统,不同等级的会员每月可获得数量不一的"硬币"。入住不同的住宿设施需要花费的硬币不同,从青年旅馆的一张床到温泉旅馆的豪华套间,开销在 75～2300 枚硬币不等。例如,月费 9800 日元(约合 491 元人民币)的标准会员每个月会自动获得 200 枚硬币,住宿一晚会返还 50 枚硬币。当然,硬币不会失效,你可以攒几个月,然后一口气花掉它们。

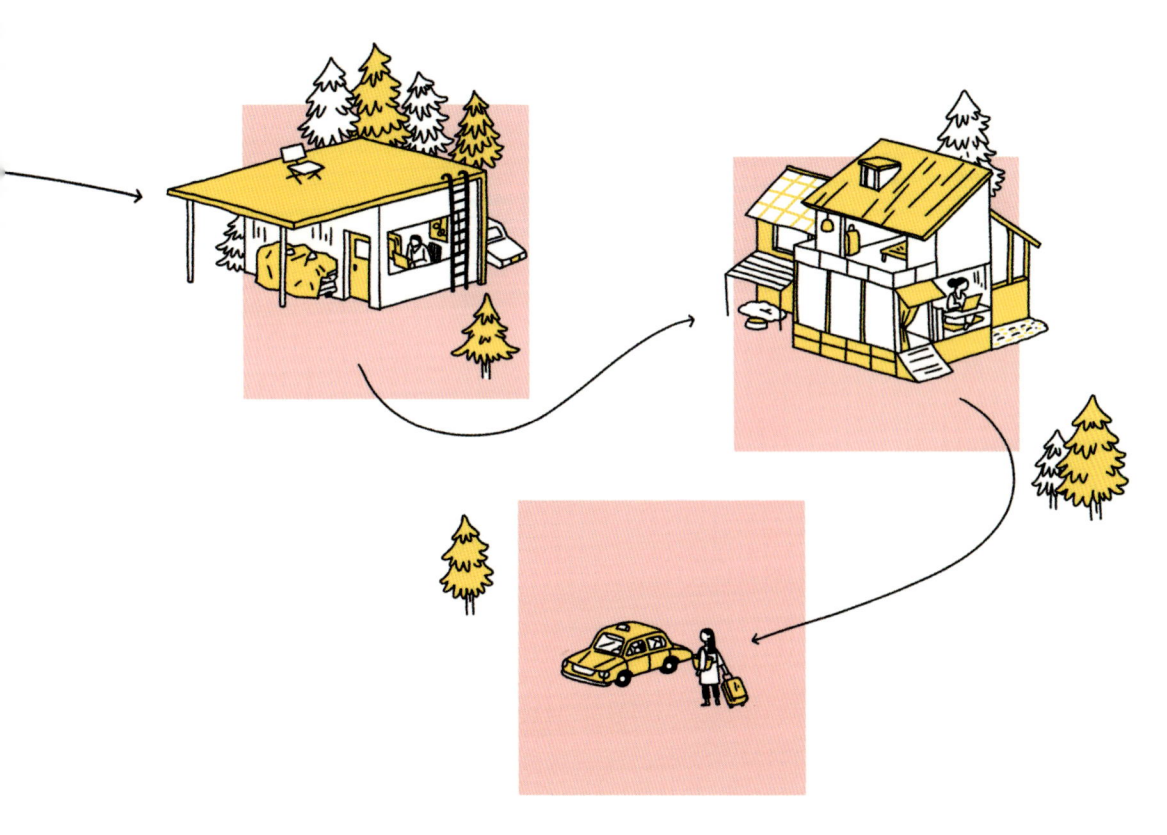

PART 1 家的想象力

2022 年 8 月最受 The Nomad List 成员欢迎的十大城市

1	里斯本	葡萄牙
2	长谷（巴厘岛）	印度尼西亚
3	波尔图	葡萄牙
4	布达佩斯	匈牙利
5	曼谷	泰国
6	柏林	德国
7	墨西哥城	墨西哥
8	卢布尔雅那	斯洛文尼亚
9	贝尔格莱德	塞尔维亚
10	华沙	波兰

数据来源：根据 The Nomad List 公开数据整理。

三种典型的"数字游民"

● 谋生手段　● 收入

01
低成本游民
● 媒体写作，如电子书、博客
● 每月 500 美元

02
自由职业者
● 远程工作的设计师、开发者
● 每月 2000 美元

03
自由游民
● 创业者或供职于大型技术公司
● 每年 15 万至 20 万美元

数据来源：根据 The Nomad List 创始人皮特·莱维斯的公开资料整理。

HafH 还有一个好处：跟许多预订网站不同，价格不会忽上忽下。大濑良亮 2021 年 11 月在自己的博客里说，他们会根据加盟店铺的客源状况和市场价格，一年调整 4 次售价。

HafH 2019 年刚上线的时候，用户可选的店铺只有 50 多个，它们大多是民宿或青年旅馆。现在，你已经可以在 HafH 网站或 App 上搜索到 1000 多个住宿设施，其中不乏连锁酒店，遍布日本全国。

2022 年 4 月，日本酒店集团星野集团旗下的连锁酒店 OMO 和 BEB 也加入了 HafH。OMO 主打城市观光，而 BEB 是瞄准年轻人的品牌。星野加入 HafH 的理由很简单：接触更广阔的用户层。星野集团市场部的佐佐木恒贵在受访时说，有的 HafH 会员会去家旁边的商务酒店待一天，专注于自己的兴趣，"通过官网或者旅游代理商预约的客户中，没见过有这样需求的人"。

HafH 的用户画像和团队最初的预想早已不同，四分之三的用户不到 30 岁，超过六成的用户是公司职员。大濑良亮刚创业时，觉得目标用户应该是以移动办公支持生活和旅行、"居无定所"的数字游民（Digital Nomads），但没想到因为新冠疫情，人们居家办公的时间变多，"想要转换心情、释放压力"的公司职员成了用户中的大多数。

从 2020 年开始，HafH 与日本铁路公司 JR 西日本开展合作，在其运营范围内，HafH 的会员可以享受一部分线路的六折车票，租车也可以享受优惠。HafH 还与日本航空合作推出了新的会员计划，月费更贵，但可以获得更多"硬币"，每月兑换日本航空指定的日本境内航线机票。

大濑良亮觉得，HafH 不仅仅是旅馆预约网站，更是一种"社会基础设施"。截至 2022 年 6 月，HafH 的用户数量超过了 3.5 万人。当远程办公普及，住宿和交通都能不用操心时，总有人能选择更漂泊的生活方式。

另外，大濑良亮此前看中的"数字游民"群体，也确实越来越多出现在公众视野之中。这个词最早出现在 1998 年，日本电子公司日立制作所（HITACHI）的前 CEO 牧本次生就专门为此写了一本书，预测数字游民会成为一种新的生活方式。

荷兰创业者、程序员皮特·莱维斯（Pieter Levels）就是个倡导数字游民生活的人。他的路子和住宿无关——2014 年，皮特创建了线上社群网站 The Nomad List，把数字游民们聚在一起，用户付 99 美元（约合 683 元人民币）就能成为终身会员。他们在这个网站分享让数字游民生活更便利的资讯，在线下发起聚会。网站首页就是一张城市排名表，会员们根据开销、网络、玩乐、安全四个角度评估全球近 2000 个目的地。截至 2022 年，共有 500 万人访问并使用过 The Nomad List。

PART 1 家的想象力

2022年9月,浪丢丢的全职房车之旅刚满一周年。她乐于自称"数字游民",因为生活完全符合定义。

这是她赴美留学的第九年——根据 The Nomad List 2022年的用户调查,社群里50%的人来自美国,这个国家盛产数字游民。浪丢丢认为,这是因为美国科技互联网、金融等行业发达,而且货币价值很高,能大幅降低旅居成本。在这九年里,她有三成的时间都在全球各国旅行。

浪丢丢是艺术生,毕业后在互联网行业从事设计工作,但从没觉得自己是朝九晚五的人。当时她搬了很多次家,辗转于美国不同的城市,也常常去旅行。她把热爱归结为小时候就爱质疑规则、不太安分,高中时,她就热衷于参加旅行团看世界。如今,她已经去过全球50多个国家,还曾在埃及一个车站目击了一场爆炸事件。

疫情被她称为"绝对的时间点"。大量技术公司都开放了远程工作,而她所在的公司因为融资不顺,几乎裁撤了整个部门。她至今记得当时的情形——收到辞退通知后,她对同事说:"我们走吧,出去玩吧!"这句话拉开了她数字游民生活的序幕。此后一年,她住在加勒比海岛国多米尼加,旅居过多个城市,再后来,就开起了房车,其间一直远程工作。

长期旅行有一些麻烦,一直在路上,意味着没法定期在不同国家看医生,也会没有稳定的网络、时常断线。房车要找停车位,没有健身房,也很难收快递。开车久了,她会觉得自己困在一个漂泊的铁皮箱里,难以和朋友团聚。

浪丢丢把旅居生涯分成几个阶段。第一阶段,她还是高中生,对世界感到好奇;第二阶段是大学时代,想做一个很酷的人,不断去游学,一有假期就出游;第三阶段则是在不断重复的工作中寻求解放感。

而浪丢丢目前正在经历第四阶段——寻找一种既有社群又能冒险的生活方式。300多天的房车之行后,她考虑到一座基建好、税务低的城市扎根:4~6个月定居,4~6个月"出去疯",剩下的时间待在中国。直接的原因是孤独。旅行时遇到太多人,但因为语言障碍和地理位置,都不一定会成为日常的朋友,不停地换城市换地方,似乎最终都会变成社交媒体上累积的"赞"。

后来她抵达了智利,计划在这里待上几个月后,就返回美国寻找落脚的城市。"旅行也是会麻木的,那些美景都不会那么震撼了,"她说,"既然我是远程办公,也没有人告诉我能去哪,我真的需要每天都去不同的地方旅游吗?"

浪丢丢从不打算放弃旅行,漂泊是她的生活方式。她想好好思考旅行真正的意义:那些让她感到纯粹开心的时刻,到底从哪里来。

沿着内华达山脉从南开到北,浪丢丢把房车停在了美国本土最高峰惠特尼峰脚下。在寒风中,她看了一场日落(01)。
2017年前往冰岛时,浪丢丢刚毕业不久,在纽约工作,但感觉自己在这座大城市里格外渺小。在冰岛,她看到了冰川和飞瀑,觉得迷茫似乎被治愈了(02)。
2018年冬天,浪丢丢和旅伴开车环游美国,在斯巴鲁傲虎SUV的车后座睡了10天,他们不得不在雪地里上厕所。一行人在犹他州和亚利桑那州交界处的纪念碑谷停了一会儿,她回忆说,看到浓雾散去后的风景,她哭了。"就为了那一瞬间,一切都值了,"她说,"那一刻我更坚定了要一直在路上,哪怕落魄、哪怕游荡不安。(03)"
photo/浪丢丢

01

02

03

PART 1 家的想象力

(Trend 4)
向往的生活

家是容器，你应该自己决定往里面放什么。

对家具制造商和设计者来说，尽管疫情会带来一些设计上的变化，但这种影响十分有限。建筑事务所如恩设计发现，家具品牌比以前更强调生活方式了，会给大众更多功能和风格上的选择。意大利家具制造商 Poltrona Frau 曾经邀请如恩设计一组家具，他们首先设计了沙发、床、桌椅和橱柜等大件家具，后续则增加了椅子、双人沙发、书架、杂志架和台镜。

在强调生活方式这一领域，人们还很容易想到一个家具品牌——宜家。它是生活场景营造的好手，在其全球各大商场门店，你都能看到它根据目前生活趋势推出的家居方案。自 1998 年进入中国市场之后的二十多年，宜家的样板间为中国的消费者上了一轮又一轮普及各类生活风格的"家居课"。在不少城市的租房网站上，"宜家风格"甚至成了一个让年轻人迅速切准需求的标签——那是一个满足初入社会的他们的想象、温暖而摩登的家的模样。

但无论家具卖场和品牌方多想把人们留在自己营造的空间里，随着信息获取方式的增多和社交网络的发展，更多"样板间"早已层出不穷——它可能来自某个品牌、某个博主，甚至你身边一个与你品位接近的朋友。家的空间营造开始跳脱单一品牌的"乌托邦"，变得更加混搭。

自 2012 年回国以来，傅晓君见证了中国家具市场的逐步萌芽：媒体开始传播知识，大众了解家具的途径变多，更关心居住环境。"小红书"是另一个信息传播的主力阵地，人们很容易被漂亮的场景照片吸引。买手店"遍地开花"，你可以轻松买到经典家具。

傅晓君毕业于丹麦皇家建筑艺术学院，后进入丹麦设计家居品牌 HAY 担任室内设计师，五年后回国加入家具品牌代理公司容集。容集也在上海静安嘉里中心经营着一家小型买手店。傅晓君说起过一个故事，一位客人一眼就挑中了店里的挂毯，因为觉得那符合他对"家"的想象。

然而，这种"家的感觉"成因颇为复杂，可能是钟爱的配色或味道，也可能来自一段回忆，不是每个人都清楚自己想要什么。更多时候，人们只是顺应潮流，照着博主们的指导装修房子。他们买"网红"产品，比如隐形踢脚线、全屋硅藻泥，搭配同样的吊灯和千年木。"空间是好看了，上镜了，但千屋一面，唯独没有自己的家的感觉。"她评价道。

傅晓君担心同质化和速食感，它们无法反映居住者本身的生活习惯。"那是别人给你化的妆。你本身怎么样，过了一段时间还是会变回原样。"她解释说。也许在若干年后，这些风格会成为现在我们嫌弃的时代潮流。

疫情让更多人开始重新审视居住环境，不再把房间当成一个"睡觉的地方"。据她所知，家装设计师的生意变得更好了，品牌家具销售量一直在增长。香氛蜡烛类是小件产品里的热销品类。有客人告诉她，买了香氛和拼图，被"封"在家里就有事干了。傅晓君认为，当房子里摆上寄托了感情和喜好的东西，那才会成为一个家。

PART 1 家的想象力

在这个起居区域,大鲸会经常更换家具和布局,比如,她偶尔会在办公桌旁边支起一张小桌子做手工(01)。

大鲸家里所有空间都是开放式的,没有任何墙和柜子阻挡。最开始设计家时,她就追求开阔感并减少存储空间(02)。

大鲸去北京天开营地露营。她去户外经常会带上这个可折叠的自行车,随时在户外"开骑"(03)。

露营时煮水和咖啡的器具。大鲸在家里也会经常使用(04)。

photo/大鲸

01

02

03

04

明确的兴趣产生了更多聚集，社交网络让商业社会发现了社群的秘密。也有人跟着自己的兴趣、社群与生活状态，在家中营造出自己喜欢的生活空间。

坐着户外折叠椅，烧柴煮水煮咖啡，再用露营钛杯装起来——户外露营？不，这是户外爱好者兼品牌咨询顾问大鲸的家。

大鲸已经"入坑"户外活动十年，2012年爱上徒步，一直到2019年疫情前都在全世界打转。不同于现在流行的休闲式露营，她最初接触露营是因为长时间的户外活动，爬山、徒步的路上往往没地方住宿，最好的选择就是扎营。户外活动也是大鲸的工作，2022年，她开始为一些城市和快消品牌做城市更新和户外板块的咨询顾问。

露营有很多令她"哇"出声的瞬间。2022年8月，大鲸和伙伴开越野车去博格达峰，山路十分难走，抵达目的地时已经很晚，要在寒风中摸黑搭帐篷。但第二天早上，她拉开帐篷时发现，眼前铺开的是雪山和浅蓝色的湖泊。

"露营让人上瘾的地方，就是它让你抛开你的社会身份。"大鲸说。周末，她会跑到城市郊外，享受露营带来的"独立思考"时间，这能让她从长期循环的工作状态中跳出来思考。大鲸很喜欢躺在草丛里睡觉，和泥土近距离接触很舒服。

这可能是她往家里引入露营用具的原因。在家隔离期间，大鲸就在屋里搭起帐篷，就像在野外露营一样。有时失眠，她会把行军床组装好，躺在吊扇下，模拟自然的凉风，很快就能入睡。设计家的时候，大鲸就想要完全开放的空间，不分厨房、客厅或办公区。

"那个时候我一个人住，也没什么要求，一个人养只猫，对我来讲，（家）就是工作睡觉的地方。"

大鲸并不觉得把露营用具放在家里有什么特别的。"一个物品被制造出来，它就是有某些目的。"她解释说，"如果我这杯子是用来喝水的，那我在哪里用都一样。"有些用具她会放在后备箱，走到哪带到哪——如果开车经过什么好地方，就会下车支上桌椅，边坐边煮咖啡。

日本建筑师隈研吾在反思住宅的本质时，曾提出家其实是"与现实对立的最小单位"，它并非以现代资本主义营造出的"近代家庭的幸福感"为主题，而是要守护直面现实的人们，人们会在"家"这个住宅里寻求恰当而柔软的支撑。

如果把家当成一个容器，你会选择什么进入你的家呢？Ⓜ

（应受访者要求，黎利斯、浪丢丢、大鲸为化名，吴沁茗对本文亦有贡献）

PART 1 家的想象力

[Case 1]
灵活的宜家，应对不断变化的"家"

text / 肖涵予

宜家知道什么是热门,什么不是,但更喜欢松散地抓住流行趋势的缰绳。

2021年8月12日,宜家在上海开出了中国首家城市店。这是宜家适应市场变化的新尝试。

PART 1 家的想象力

很多人对宜家的一大误解是，它代表了某种家具设计风格。这是一家一年销售额超过 400 亿欧元（根据 2021 财年数据）的跨国公司，它在 60 多个国家和地区有超过 400 家门店——也就是说，它是在为全球的消费者提供家居产品。这样一个跨国公司，它一定不会拘泥于某种风格，相反，它一定会根据不同地区消费者的特性，调整自己的产品和商业策略。

宜家一直在变。从 2014 年起，宜家每年公布一期家居生活报告（Life at Home Report），反映各地居民居住方式的变化。"了解居家生活是我们业务的核心。我们把对人们真实需求的观察运用在设计开发中。"宜家首席创意官马库斯·恩格曼（Marcus Engman）曾在介绍宜家家居生活报告时说。

在新兴市场，这份报告能帮助宜家适应当地的特殊需求，比如在印度。截至 2022 年，这个人口密集的国家仅有 4 家宜家大卖场，它却时常出现在宜家的家居报告中。一定程度上，传统而特别的印度社会为宜家适应各种类型的社区提供了经验。而且，报告

宜家 2021 年对家的洞察

15%
的英国人在花园里工作

53%
的英国人认为花园和阳台越来越重要了

35%
的新房购买者认为"环境友好"是主要考虑因素

73%
的人花在社区里的时间更多了

62%
的人表示社区归属感有益于心理健康

38%
的人认为生活环境会变得更好

数据来源：宜家 2021 年家居生活报告。

宜家在越来越多城市开出了不同于传统"蓝盒子"大卖场的城市店。图为 2021 年开业的上海静安城市店（01）。这里不会完整展示宜家的所有产品，但会通过软件体验的方式吸引消费者下单（02）。

宜家全球销售额在疫情第一年受到冲击，但下一年迅速回升到 2019 年的水平

单位：亿欧元

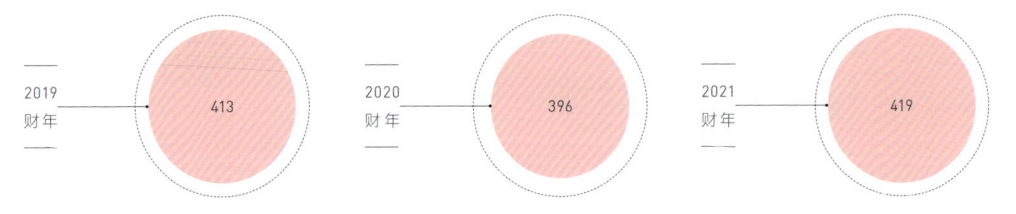

2019 财年　413
2020 财年　396
2021 财年　419

数据来源：宜家历年财报。

01　　photo／宜家中国

02　　photo／宜家中国

PART 1 家的想象力

01 photo / 宜家中国

02 photo / 宜家中国

宜家在 2021 年家居生活报告里，提到了疫情使人们待在家里的时间大大拉长，人们需要的独处时间也越来越多（01—02）。

的调查团队留意到，印度家庭经常在不提前通知的情况下互相串门。相应地，宜家印度就增加了更多灵活、可供多人使用的坐具。

另外，宜家家居生活报告本身也是一个观察城市家居变迁的窗口。2017 年，报告里收录了"先锋居民"（Home Pioneers）这一概念。他们住在仓库、古堡或是拖车里，宜家通过他们的经验拓展了家的边界。

2018 年，宜家在报告里进一步总结，"家"由"四堵墙"（4 walls）围成的传统形态模糊了——四分之一的受访者在家工作的时间变多，另外四分之一的人把房子挂在爱彼迎上出租，和陌生人同住……社区活动、旅行等户外体验反而更能带来"归属感"。

不巧的是，这种开放的趋势被新冠肺炎疫情打断。在家工作和学习从应急行为逐渐变成常态乃至习惯，"四堵墙"围出的有限空间迫切需要承载更多功能。

在北美地区，"回家"的趋势非常明显，人们忙着给房屋扩容——根据美国建筑师协会（American Institute of Architects）2022 年第二季度发布的研究结果，疫情以来，美国平均住宅面积变得越来越大。除了要考虑在家上班上课的年轻人，还要为老龄化导致的多代际同住节省空间，许多家庭开始扩建住宅，替"增员"们整理出阁楼、车库和地下室。与此呼应，从 2019 年到 2021 年，宜家收纳整理类产品的销量增加了 20%。

加拿大的状况也类似。同时期，全球数据统计机构 Statista 显示，超过十分之一的加拿大人正远程工作。疫情发生前，居家办公用品的销售额只占宜家加拿大总销售额的 5%；疫情发生后，这个数字变成了 50%。

但另一些消费者的选择则是更加亲近自然。可能有点令人惊讶，但是在高度工业化、城市化的英国，有超一成的人选择在花园棚屋中工作。这个数据出自英国比价及服务交换网站 Uswitch，被引用在宜家 2021 年的家居报告中。

宜家同年的家居调研指出，对于多数受访者来说，私人花园和露台是理想居家生活的首要因素。为了更有"绿意"的生活，全球超三分之一的新房购买者把改变重心放在了"环境友好"上。

这些购房者可能也包括一部分"逃离"伦敦的人。根据彭博社 2022 年 8 月的一篇报道，人们逐渐适应疫情返回工作岗位的同时，大量伦敦人正在搬离这个城市。同年上半年避开伦敦买房的人里，8% 都是曾经的伦敦本地人。事实上，早在 2020 年，远程办公的灵活性就促使不少人搬往伦敦周边的村镇，那里更贴近自然，房价也更低。

宜家把这些趋势总结为：对于工业发达地区的人来说，城市生活和通勤距离或许没有以前重要了。现在，他们需要更绿色、更宽敞、自己更能掌控的居住生活。

尽管调研结果有着越来越高的参考价值，但宜家不准备把顺着趋势卖家具作为自己做生意的唯一方式。宜家博物馆策展人、宜家斯德哥尔摩商店前室内设计师马茨·尼尔森（Mats Nilsson）这样解释宜家与各种趋势间的错位："宜家当然知道什么是热门，什么不是，但更喜欢松散地抓住流行趋势的

缰绳。"

不是每一种家居需求都值得宜家为其改变。比如，尽管已经观察到许多人正放下对短时通勤的执念，跑到郊区去住，但宜家还是在各个更趋近市中心的区域开出了越来越多的小型商店（small store）和城市店（IKEA City）。

2022 年，伦敦的"逃离首都潮"只涨不退。然而根据英国家居市场观察媒体 Furniture News 的报道，同年年初，宜家母公司英格卡集团（Ingka Group）仍有计划在那里投入 10 亿英镑（约合 80 亿元人民币），预计用 3 年时间使宜家的伦敦商店对市中心买家更友好。

需要开车往返、自提货物的"蓝盒子"式大卖场似乎不再是宜家唯一的正确解。《华尔街日报》记者萨比拉·乔杜里（Saabira Chaudhuri）在 2022 年 5 月的报道中称，英格卡集团的策略是让宜家以贴近顾客的方式加速扩张。他们着手调整三到四成"蓝盒子"的空间分配，将其中部分区域改造为配货中心，以支持增长中的线上销售。

在上海宜家城市店，样板间和陈列区域很多是为"生活在社区中的人"设计的。宜家中国区副总裁弗朗索瓦·勃朗特（Francois Brenti）对未来预想图这样介绍。

"社区"是宜家家居报告中的常见字眼。一定程度上，社区是人们能亲身接触到的有限"外界"。2021 年的宜家家居报告称，过去一年中，超七成受访者花在社区中的时间变多了，六成以上受访者的心理状况得益于对社区的归属感。2020 年，宜家家居报

PART 1 家的想象力

photo/宜家中国

宜家"Home Office"企划中的官方布置图之一。这一企划倡议人们在家中把生活和工作结合起来,随意切换。

告推测，生活的"15 分钟半径"变得更加重要，人们会在这个范围内消耗更多能量，不得不想办法从本地化的生活中找寻安定和乐趣。

如何"就地"生活成了宜家与消费者共同的课题。疫情期间，各地宜家推出了一些在家就能完成的活动——宜家俄罗斯设计了一款说明书，教大家用毯子搭建室内城堡；宜家英国干脆发布了一份食谱，让人们可以自己在家做出宜家热门餐点"瑞典肉丸"。

这些暂时的解决方案可能起到了缓冲作用，但不是永恒的办法。有人改变了生活方式，选择远程工作或自由职业，但全球范围内，仍有许多企业和人正努力适应疫情，准备回归正常的工作和城市生活。2021 年，近四成受访者在宜家家居报告调研中表示：未来会变得更好。

这可能是比"出城潮"更让宜家感兴趣的长远趋势。建筑行业信息平台"建日筑文"（ArchDaily）在 2022 年 7 月发布过一篇报道，其中预测：到 2030 年，全球将有 60% 的人口生活在城市。很长一段时间内，许多人可能都要和其他都市居住者拥挤地生活在一起。

未来只能估测。但能看到的是，宜家已经在为重返城市和职场的人们提供解决方案。因为"在家工作"，人们曾把办公室"搬"到家中，他们对居家办公用品和网络购物的大量需求保住了宜家的销售额增长。如今，宜家却在想办法把"家"的感觉搬回办公室。

许多企业主也观察到了员工的不情愿，允许他们携带宠物上班以缓解工作与离别焦虑。这样的想法并不夸张——2021 年的宜家家居报告显示，因为家里的宠物，英国 90% 的养宠人士得以更好地处理隔离中的情绪问题。到了第二年夏天，根据《财富》杂志的报道，美国用"狗狗友好"类信息招工的办公室数量大增，比上一年同一时期增长了 23%。

宜家对此的做法是制造"新家"。2022 年 8 月，借用"帮你适应办公室生活"的名头，宜家加拿大与广告公司电通（Dentsu）合作，推出了一个名为 Home Office 的产品合集，其中都是推荐人们带去办公室的各种家居用品，包括扶手椅、健身垫，甚至猫抓板。

在 Home Office 的广告片中，小猫在人类臂弯和电脑键盘间的空隙中睡觉，或是在办公桌下的猫抓板上磨爪子。它们仍在"四堵墙"之内嬉戏，但"家"的概念已不断转变。宜家的策略也在新的趋势中变化，他们能否像小猫一样幸运，总能找到与环境适配的存在方式，还需要时间给出答案。Ⓜ

PART 1 家的想象力

(Case 2)
家具品牌 USM 和 Vitra：
殊途同归的融合者

text / 李梦郁

工作和生活的边界逐渐被打开，两个瑞典家具品牌的演变最能体现这一点。

01　　　　　　　　　　　　　　　　　photo / USM

如今 USM 的家具仍然使用哈勒最初的设计方案和核心技术专利"球关节"（01），但是它的使用场景已经大大拓展，比如 USM 推出了专门适配绿植的配件（02）。
USM 总部办公室的模块化家具，这也是 USM 家具产品最早的应用场景。当时设计师只是出于对市面上木制家具的不满，想要开发与建筑设计风格统一的家具（03）。

办公室和家必须分开吗?

如果你的脑海中浮现出了那种"典型"的办公桌、办公椅,或是沙发、橱柜,那么你的答案可能是肯定的。这种印象的背后是对"工作"和"生活"的习惯性区隔。

这种习惯并非人类自古有之,更多是在工业革命后形成的生活方式。但如今,人们的生活早已变得更丰富、多元,办公室与家的界限早已变得模糊。而家具商的设计,是观察这一融合趋势的一个有趣角度。

这一点,在 USM 和 Vitra 身上体现最为突出。它们是欧洲家具设计史中难以忽略的两个瑞士品牌。前者以模块化家具起家,逐渐从工厂和办公室走向普通人的家里;后者则从家用家具起家,如今也关注办公家具。它们生意重心的演变,也是人们对生活空间理解的演变。

02　　　　　　　　　　photo/USM

01
USM 的故事:
办公家具商挖掘家具可能性

USM 创始于 1885 年,品牌的名称源自创始人和他出生的城镇首字母:Ulrich Schärer Münsingen。这个专注于生产铁制品和门窗零部件的家庭工坊曾占据瑞士大约半数的窗户配件市场份额。直到今天,我们仍旧可能在瑞士的一座老房子里,找到带有 USM 标志的窗户配件。

USM 总部位于瑞士明辛根(Münsingen),是一片由钢结构和玻璃组成的建筑群,拥有一个模块化的结构系统,这允许它能随着公司的规模扩张而延展出新的空间。从 1965 年建成至今,它已经扩建了 12 次,总

03　　　　　　　　　　photo/USM

61

面积从 2533 平方米扩大了 7 倍以上。如今，这里已经成为 USM 对外展示生产技术、家具以及历史荣耀的地标性场所。

这个"可生长"的建筑建立在 USM 第三代经营者保罗·谢雷（Paul Schärer）对工业时代新建筑的想象之上。他学生时期便沉迷于建筑大师密斯·凡·德罗（Mies van der Rohe）的设计作品。保罗·谢雷毕业后进入家族企业负责铁配件业务。当时正值德国新功能主义盛行的时代，他想做一点特别的事情。

有一天，保罗·谢雷遇见了年轻的瑞士建筑师弗里茨·哈勒（Fritz Haller）。他们商量出利用模块化的钢柱和桁架设计新工厂的想法，并研发出名为 USM Haller MAXI 的钢组件建筑系统。1965 年，他们将这套系统从建筑领域延伸至室内设计中，这才有了 USM 最为人所津津乐道的钢模块家具 USM Haller Modular Furniture。

最初 USM 的钢模块家具只是为了呼应 USM 总部的建筑风格——哈勒和保罗·谢雷并不满意市面上主流的木制家具。你可以把它视作一个公司因为设计审美上的执着而衍生出的定制产品，USM 一开始甚至没考虑过对外销售它。但人们很快发现，这种可以根据需求延展、调整的模块式柜体，似乎击中了当时办公空间的需求，USM 的员工和总部的来访者都喜欢这一和总部建筑风格高度一致的办公室家具。

在内部获得好评之后，1969 年，USM 正式开始对外销售钢模块家具。来自法国巴黎的罗斯柴尔德银行（The Rothschild Bank）是它的第一个客户，他们订购了 600 套模块式家具。由于 USM 当时并没有批量化生产家具的经验，第一批家具的售价甚至是以当年德国大众汽车每千克的金属价格作为参考。而这笔订单产生了很大的示范效应，USM 很快成为欧洲重要的办公室品牌。

与此同时，保罗·谢雷也将模块化的设计理念延伸到了他的家庭生活中。1968 年，他委托哈勒在 USM 总部附近的山坡上设计了自己的住宅。当时正值 20 世纪 50 年代，欧洲的经济逐渐从第二次世界大战的废墟中走出，新兴的中产阶级手头逐渐富裕，对未来的乐观预期，转化成了对独栋住宅的需求，人们也开始在意家中的设计。

而对于保罗·谢雷来说，这个住宅本身也是他审美理念的延续，这座由钢结构和玻璃围合成的全开放式住宅从建筑到家具均采用了模块化的系统，自然成为 USM 家具融入住宅场景的一个范本。随着媒体的不断报道，USM 开始受到设计师等创意人群的青睐。越来越多的人到访瑞士总部，为的不是窗户的生意，而是想要订购 USM 的家具。它的应用范围也突破了办公室，开始进入家庭。随着名气积累，USM 开始招募经销商，生意从瑞士延伸到德国，甚至美国家具制造商赫曼米勒（Herman Miller）也抛出寻求合作的橄榄枝。

从第一笔办公室订单、初期只有设计师在住宅空间中使用，到大众客户为私宅选择定制产品，在二三十年时间里，USM 成长为瑞士的主流家具品牌。1993 年，USM 停止生产窗锁，模块化家具成为其核心产品。可以说，原本作为副线产品的钢模块家具彻底改变了 USM 的生意模式。

时至今日，USM 仍然采用 1965 年第一代

photo / 钱俞成

影视制作公司 ActionMedia 创始人钱俞成在执行一个拍摄项目时，看到了一个完全用 USM 柜体构筑的办公空间，这让他印象深刻。2021 年，他和妻子金洵竹装修新家时，准备把原本的客厅改造成工作和娱乐空间，他们决定用 USM 铺满整面墙，并在上面摆放他们多年来收集的纪念品。入住之后，钱俞成为金洵竹拍摄了这张照片。

PART 1 家的想象力

01 photo／西岸美术馆

上海西岸美术馆在中庭以 USM 的家具为核心，搭建了一个开放式艺术书店展示架（01）。
德国 Vitra Campus 的标志性雕塑，由钳子、螺丝刀和锤子组成（02）。
1967 年，Vitra 开发出第一款潘通椅，这款 S 形的靠背椅采用塑料材质、一次性压模成型工艺，如今已成经典（03）。
Vitra 推出的人体工学椅系列产品。这已成为办公座椅的主流方案，但 Vitra 当时引入这一理念可谓领风气之先（04）。

03

02

04

反过来说，如今 USM 在家具设计中的流行，本身也体现了人们对灵活、多样的生活状态的青睐——享受变化的人越多，模块化家具的 DIY 特性才会越受重视。

02
Vitra 的故事：
家具商挖掘办公空间可能性

乘坐电车抵达德国莱茵河畔威尔山脚下，沿着马路可以找到一个由锤子、钳子和螺丝刀组成的雕塑，这就是设计园区 Vitra Campus。在这里，你既可以看到一个家具品牌对空间的全部想象，也可以饱览从 19 世纪至今的 2 万余件经典家具。

罗尔夫·费尔鲍姆（Rolf Fehlbaum）是 Vitra Campus 的发起人，也是 Vitra 品牌的第二代管理者之一，如今已经年逾八旬。他经常讲述他的父亲威利·费尔鲍姆（Willi Fehlbaum）进入家具设计行业的故事：他在 1934 年买下了位于瑞士巴塞尔的一间小型家具店，在之后的一次美国旅行中，他发现了伊姆斯夫妇（Charles and Ray Eames）设计的家具。这对夫妇设计的 Eames 框架座椅被美国家具制造商赫曼米勒采用，成为经典的座椅产品。而 Vitra 品牌正是通过获得赫曼米勒的欧洲分销许可，生意才开始展开。也是从那时开始，Vitra 逐渐形成了对家具——尤其是椅子——的独特理解。

1967 年，Vitra 开发出第一款潘通椅（Panton Chair），成功转型成家具设计品牌。这款 S 形的靠背椅用塑料一次模压成型，是全球第一把使用这种工艺的椅子。而 Vitra 也开始逐渐从家具的制造和经销商转向原创设计者。

钢模块家具的核心专利和设计理念，很少拓展新的产品线。但同时，通过细节创新，USM 让这个产品不断地适应不同空间的需求。它不断优化 USM Haller 产品中隐藏的连接件、金属面板等细节，比如投入 7 年时间研究如何将电源融入在家具中并在面板上照出均衡的表面光，或通过增加面板颜色和不同的配饰（如植物模块）提供更多个性化选择。尤其是在色彩、面板和配饰上的创新，使得 USM 变得更加灵活。它能够融入不同的设计风格，也可以同时在书房、客厅、厨房、卫生间里出现。

PART 1 家的想象力

01

02

Vitra Campus 的一角,这个庞大的设计园区收藏了 2 万余件经典椅子。这里成了品牌所有者费尔鲍姆家族和各地家具设计者的重要灵感"熔炉"(01—02)。

20世纪70年代，欧洲经济的快速增长催生出大量工作机会，市场对办公家具的需求不断增长。Vitra自然不会错过这个机会，得益于多次与设计师合作开发椅子产品的经验，他们推出名为Vitramat的办公椅系列。这组椅子首次把"人体工学"作为设计核心，当人们坐在上面时，无须手动调整高度，椅子便可同步调节座椅靠背。

当时已经执掌家族企业的罗尔夫·费尔鲍姆意识到产品在使用体验方面的优势，他提出了以"优势的人体工学，让办公环境人性化"的营销卖点。这一决策的背景，是当时德国对办公环境的新法规。那个年代，办公家具的安全和质量开始受到严格要求，甚至连办公场所的面积到光线的入射率也有了标准，改造办公环境是当时大公司的要务之一。因此，这把椅子甫一推出，便引发了许多公司的青睐和媒体的广泛报道。

就这样，Vitra成功将生意扩张到了由少数专业公司垄断的办公家具领域。之后，Vitra又从椅子出发，开始探索办公空间的边界。早在1991年，Vitra便举办了一个关于未来办公室的展览，并提出了"公民办公室"（Citizen Office）的概念。当时传统的办公以隔间形式为主，刻板且单一，而公民办公室的核心，就是要打破间隔，让办公室变得更开放。这个概念在当时称得上激进，如今已经成为共识。

如今，办公家具领域已经成为Vitra的重点业务，由以诺拉·费尔鲍姆（Nora Fehlbaum）为代表的第三代家族成员负责。公民办公室的概念也演化成了"俱乐部办公室"（Club Office）。这是新冠疫情暴发之后，Vitra主张的办公室概念。诺拉·费尔鲍姆在Vitra Campus搭建了"俱乐部办公室"的实体空间，想看看员工们如何使用这些公共、半公共和私人区域。

"俱乐部"的核心在于互动。Vitra中国区的管理层在接受媒体采访时，曾说这是为"数字游民时代"的年轻人设计的空间。数字游民的核心特点是，能够自主管理、自我组织，并且凭着对工作的满意感，保持高效工作。所以办公空间的目的，不再是限定范围以便于"生产"什么，而是为了促进合作、知识分享和创作。

在"俱乐部办公室"里，我们可以看到更多可移动、可重组的座椅和家具。如果有需要，员工可以自己搭建一个封闭的小空间专心创作，而只要他们想，他们就能立刻把它变成一个开放的讨论空间。相比于"公民办公室"，功能之间的界限被进一步打破。

收藏椅子是罗尔夫·费尔鲍姆想到的深入理解设计的好办法。"在我14岁的时候，我并没有觉得'椅子是个多么美妙的主题'。但当我开始参与其中，我就有了尽力去了解它的冲动。我不是天生就喜欢椅子，我是学着爱它们。"他在接受美国商业杂志《快公司》（Fast Company）采访时提到。

一开始，他将收藏的椅子放在办公室。随着藏品逐渐增多，他需要一个专门的地方摆放这些收藏。1981年，Vitra工厂遭遇的一场毁灭性大火意外成为契机。罗尔夫·费尔鲍姆邀请英国建筑师尼古拉斯·格里姆肖（Nicholas Grimshaw）重新规划整个园区，把它变成一个融合了建筑和家具展示的大型博物馆，也就是Vitra Campus。如今，这个园区成为Vitra最具代表性的品牌名片之一，每年有超过35万名游客慕名而来，参观这个不断创造经典家具的地方。Ⓜ

01

〔Case 3〕
装修这份工作
如何变得更标准、更体面？

text／顾笑吟 肖文杰

胡波可能是中国唯一使用 YouTube 和 Notion 工作的装修工人。

胡波在他的工作室做木工，工作室本身也由他自己设计、装修。（01）胡波工作台上的参考书和设计图纸。除了装修以外，胡波还会接单独的家装设计工作。和所有设计师一样，他需要不断学习新的案例。图中的设计案例集 Never Too Small 来自一个同名的 YouTube 频道，本书的第 94 页讲述了这个团队的故事（02）。电动工具品牌牧田出品的蓝牙音箱。胡波会把它带到施工现场，一边工作，一边听播客（03）。

经过三年多沉闷的体制内工作、一次糟糕的与装修队打交道的经历和一个自己设计装修的工作室后,天文学博士胡波决定转行。2021年,他辞去了高校的科研工作,开了一个小型的装修工作室,成为一名全职的装修工人、包工头和装修设计师。

这个巨大的职业转变一方面源于胡波想要改变自己的生活状态,相比于被包裹在体制内,被无意义的琐事扭曲,他希望通过专业的劳动融入真实社会。另一方面,更重要的是,此前的经历让他意识到,中国家庭的装修体验有巨大的提升空间,如果他有能力改善这种体验,会是一个不错的创业机会。

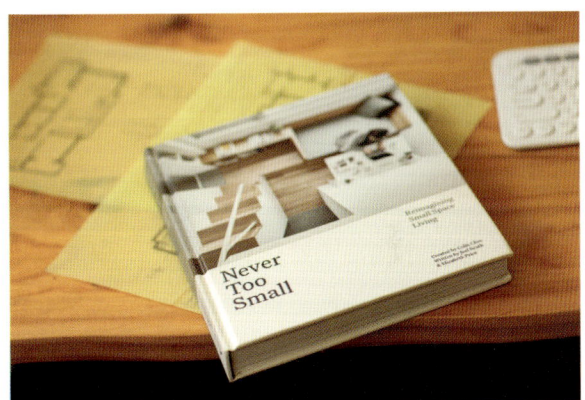

photo／阿宝

02　　photo／阿宝

03　　photo／阿宝

PART 1 家的想象力

花钱装修的中国家庭，可能是这个世界上最难当的甲方。这是他们一生中最大的单笔消费之一，但是他们不知道如何评判项目的质量、不知道乙方的服务该如何定价；质量问题往往要过几年才显现，而且他们也无法追责，犯错的装修队也不会有什么损失，毕竟装修是个低频的"一锤子买卖"，差口碑不会带来什么影响。

近两年来，胡波和他的团队伙伴逐渐建立起一套规范、专业的装修流程和透明的商业模式，虽然团队规模和经验都不足，但他们的实践为装修这件事提供了新的可能。

他最初的切入点是基础的装修技术。在给自己家装修时，胡波发现，他自学的刷漆技术甚至比工人做得更好。后来他发现，问题出在中国的家装行业缺乏统一的施工标准。

他曾试图在中文的行业网站上查找，结果一无所获。培训体系也是一样，胡波曾经报名考过一个电焊的资格证书，但整个学习过程只有 3 周，最终的考试内容也仅限于安全生产的规范，并不包含实际的电焊技术工艺。大型的装修公司可能有自己的施工规范，但由于实际的工作经常外包给装修工人，所以标准难以落实和普及。

标准对从业者最大的作用就是避免犯错。"国内最常用的 PPR 水管，它是靠热熔的方法连接的。简单来说就是通过热熔软化弯头接头处和水管，然后把它们插在一起。在这道工序里，热熔要插多深、加热到什么温度、加热多长时间，这些目前都缺乏成文的标准。而这些标准决定了这个水管是 3 年后还是 20 年后漏水。"胡波举例说。

自制的木质板、人体工学椅、挂墙洞洞板，胡波的工作台布局由他自己设计(01)。
胡波工作室一角，所有数据线被分门别类清晰地收纳起来。胡波的整个工作室充满了这种秩序感(02)。

01   photo／阿宝

02   photo／阿宝

PART 1 家的想象力

01   photo / 胡波

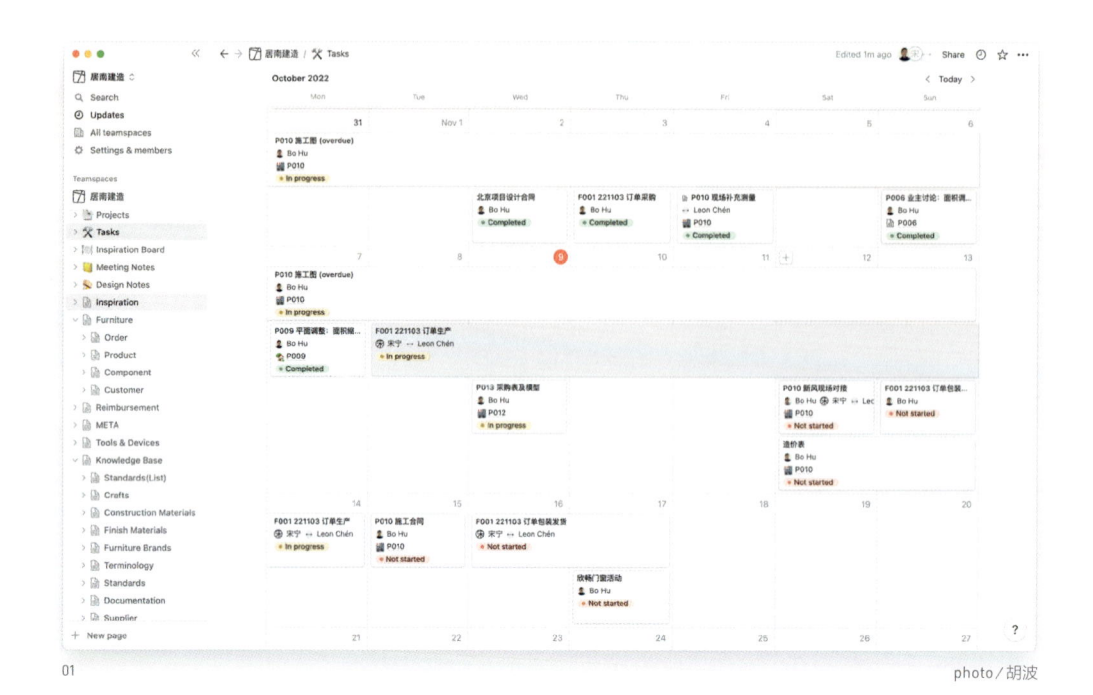

胡波团队在协同工作软件 Notion 中列出了清晰的工作日程安排（01）。
胡波把 Notion 作为装修知识的学习工具，图为团队累积的装修术语目录（02）。

由于国内施工标准的缺失，胡波现在只能去找欧美国家的成熟施工标准来做参照。在北美等市场，每个地区都会有"building code"（建筑规范），每一个工艺都有经过验证的可定量、可检查的操作规范。

胡波可能是国内极少数使用 YouTube 学习装修技术的工人。海外的专业工人会在这个视频网站上传各种技术教程，比如胡波关注的一位英国的砌砖师傅，他每次视频都会展示一种工艺或手法，评论区会有大量非

常细致的技术探讨，某种程度上，这相当于一个专业的技术论坛。而此前的科研经验锻炼出的学习能力能让胡波快速上手。以他目前的实践看，装修的大多数工作并不需要多高的动手天赋，只要按照细致的流程，就能达到良好的效果。

绝大多数中国装修工人的技术都是跟着带他们出来打工的师傅、亲戚、同乡学的，他们的标准就是师傅的习惯。甚至，他们选择木工、泥瓦工还是水电工，也都靠路径依

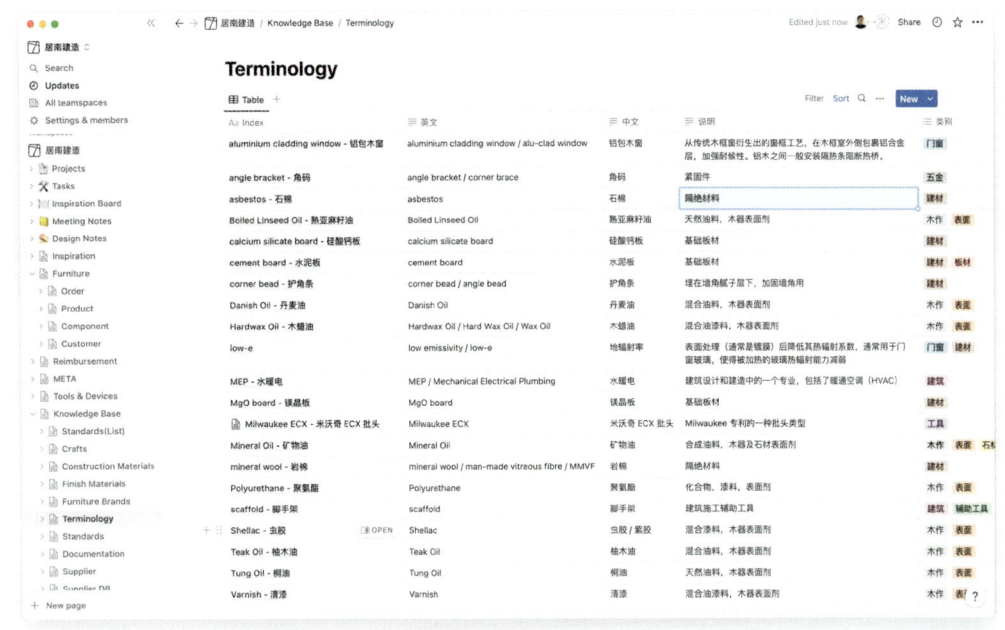

photo / 胡波

赖。实际工作中，大多数装修工人也缺乏精进技术的动力，他们满足于拿三四百元的日结工资，快速消费。而愿意多学点技术的有心之人，最后会成为一个包工头，不再亲手干活，这是这一行理想的"晋升路线"。

不是没有依靠手艺体面生活的装修工人。胡波就曾了解到一位只做瓷砖美缝的师傅，因为技术高超，他每次工作的费用超过千元，但客户依然多到需要提前数周预约"档期"。然而这样的工人在中国很少。

现在，胡波和团队成员会在协同工作软件 Notion 上，积累他们已经验证过的装修工艺规范——他可能也是国内极少数使用 Notion 的装修队。内部的标准可以帮助他们在初期出现问题之后快速改进，大幅减少之后项目的返工。

事实上，他们还会利用 Notion 记录整个项目的进度安排和细节，并把它共享给客户。这就是他希望改变的另一个方面，装修行业做生意的方式，或者说待客之道。

PART 1 家的想象力

"装修风格"是一个颇具中国特色的事情。人们踏进一家装修公司,就会被设计师询问"想装什么风格"。而如今,越来越多的人意识到,所谓的"日式""北欧""新中式"是一个伪概念,一个家要设计成什么样,需要根据业主的居住需求和喜好。而设计师应该提供的是把这些需求转化为实际方案的专业能力。

在胡波看来,不少装修公司的设计师实际承担销售的角色。他们推出的装修风格背后,是可以简单复制的建材和施工方案,这种"行活"能帮助他们更好地控制成本,提升利润。

但问题是,这套话术已经在很多消费者心中生根,他们也天然地为自己选择某种风格。这多少是因为过去中国的公寓结构过于统一,他们不知道通过格局和功能的设计能改善自己的居住体验,所以就把细枝末节的"视觉风格"当作装修重点。胡波曾在一档播客节目里说,有的人斩钉截铁地选择法式风格,但实际上他们根本没去过法国,而在实际使用中,可能最终还是会住成一个"中式"的家。

胡波试图使用从功能出发的逻辑来与客户沟通,他会先了解客户的预算、家庭基本情况、特殊生活习惯,但仍有用户上来就要求,自己需要某个"视觉风格",他很难教育客户,只能选择不接有这样需求的客户。

传统装修服务的另一个顽疾是,虽然每个项目有名义上的经理,但实际上,包工头们往往不能扮演一个合格的项目经理角色。

其中的关键是,一个家装的项目经理还要站在用户的角度,在业主、设计师、施工方和供应商之间沟通。在很多案例中,这四者之间缺乏充分了解,最终使很多理想的设计无法落地,或是落地后满足不了业主的需求。尤其是现在,随着千禧一代开始逐渐主导家装决策,他们会提出更多个性化的要求,而这往往需要特殊的施工工艺配合。传统装修的"行活"很难满足这种需求,一个懂装修的项目经理,才能够有效地让装修工人按照特定的要求施工。

胡波的团队会在 Notion 里列出细致的项目流程,并且分享给客户,当然,如果对方不想使用这个软件,他们也会在微信群里发表格和进度。

除此之外,胡波还会参加各类行业展会,甚至拜访材料供应商的工厂,专门学习某种材料。在他看来,如果对新材料和新工艺足够了解,可以用同样的预算获得更好的装修效果。比如,现在很多客户会追求购买更昂贵、更好的空调和取暖系统,但胡波会建议客户,不妨多花钱买更好的窗户,因为高品质的窗户会大幅提升隔热和隔音的效果,在此基础上,即便空调买得便宜一些,制冷和制热的效果也可能不错。

与传统公司的做法相比,胡波的项目利润只来自设计费和工时费,这意味着他少了传统装修公司重要的利润来源——材料回扣。如果设计师向业主推荐或者帮业主代买材料,经销商会提供一个可观的回扣比例,这是家装行业的潜规则。

胡波也会帮助用户挑选材料,但他并不干涉顾客的购买决策,只提供品牌与数量建议。如果客户需要,他也能帮客人采购。胡波曾为一个别墅的装修客户采购过一套中央空调的系统,由于是新产品,为了促销,经销商给了胡波一个低于 7 折的折扣价，至于报给客户是多少，他自己把握。而出于对这家经销商和产品的认可，胡波直接把折扣价给了业主，帮助他们拿下了这单生意。

"经销商很惊讶，他没碰到过不加价给客户的设计师。"胡波说。他倒也没把这个规矩提升到职业操守的地步，他只是觉得靠专业的技术足以养活团队，而不依赖回扣，能够让他仅凭产品和服务的品质来推荐供应商，他认为这对他的工作室来说也是一个更加健康的方向。比起大公司，他没有市场和销售人员要养，他的客户都来自朋友和朋友的介绍，这也帮助他控制了成本支出。

胡波的另外两位同事和他一样，此前从事的都是完全与装修不相关的工作。现在，3 个人可以覆盖家装所需要的各类工艺，不过，目前只有他自己能做设计，胡波希望另外两位成员能够学习更多工艺和技能，包括设计，这样可以帮助他们大幅提升团队的产能。而整个团队的工作流程已经清晰：接洽客户、明确客户需求、3D 设计模型、施工细节填满、出施工图、按照施工图施工。

全职投身装修一年半，虽然受到疫情影响，整个团队完成了 3 个包含设计和施工队全案项目，以及一些纯设计的项目，但这已经足够保证团队正常运转。接下来，胡波准备把公司搬到上海，并且尝试更多住宅以外的新项目，比如店铺、展览陈列等。而那份 Notion 上的工作标准，还会持续更新。Ⓜ

02 PART
研究里的家

078 | 数据里的家：中国家居设计五大趋势
084 | 住宅，不只属于住户
094 | (Case 4) Never Too Small：家从不会太小
111 | 与家有关的职业人

PART 2 研究里的家

数据里的家：
中国家居设计
五大趋势

text / 甘若兰 黄婉华 吕姝琦 钟恩惠 杨舒涵
姚周菁 唐昕怡 吴沁茗 陈君怡 李梦郁

人们在家中，总是诚实地表达自己。我们从各种与家有关的数据报告里整理了 5 条趋势，试图勾勒中国人的家的变化方向。

家居内容平台"好好住"上
增长速度最快的 6 个关键词

内容方向
无沙发
客餐厨一体
社交厨房
LDK
社交
娱乐

数据来源："好好住"2022 年居家生活大调研。

(Trend 1)
传统的家庭空间划分被打破

人们的居家时间变长，对家能够承载的功能也有了更多期待。除了吃饭休息，人们也希望在家里拥有兴趣空间。为此，人们希望打通客厅、餐厅、厨房、阳台之间的门和墙。客厅里健身、餐厅中办公、窝在卧室看电影，人们希望一屋多用，希望同一个空间里包罗更多可能性。打通空间后的另一个变化，就是厨房成了家里新的互动中心，人们待在厨房的时间越来越多。

76% 的中国家庭选择开放式厨房

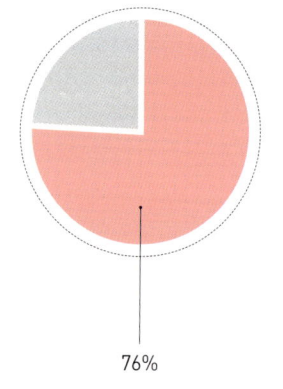

76%

数据来源："好好住"平台中"开放式厨房"话题下的投票。

2020 年	2021 年	2022 年
1701.4%	390.3%	32.8%
226.2%	332.4%	47.2%
121.3%	226.7%	82.3%
178.5%	129.3%	70.3%
187.4%	127.0%	13.6%
193.5%	91.9%	8.6%

大多数人每天待在厨房的时间超过 2 小时

每天在厨房的时间

2 小时内 — 24%

2~3 小时 — 24%

3 小时以上 — 52%

数据来源：“好好住”平台中"开放式厨房"话题下的投票。

PART 2 研究里的家

(Trend 2)
小家电更受欢迎，也更细分了

小家电成了家电领域快速增长的品类，大部分家务都能找到对应的小家电。它们不仅解决人们"偷懒"的需求，更多时候是为了提升细节的生活品质。其中，个人护理小家电、清洁小家电和厨房小家电是人们最关注的品类，面向宠物的小家电也逐渐受到"铲屎官"们的青睐。

2022 年京东平台清洁类小家电销量大增

内衣清洗机 .... +380%

沙发布艺清洗机 .... +780%

果蔬清洗机 .... +360%

洗地机 .... +400%

数据来源：京东 2022 年 "6·18" 购物节销售数据。

不同年龄段对不同类型小家电的需求

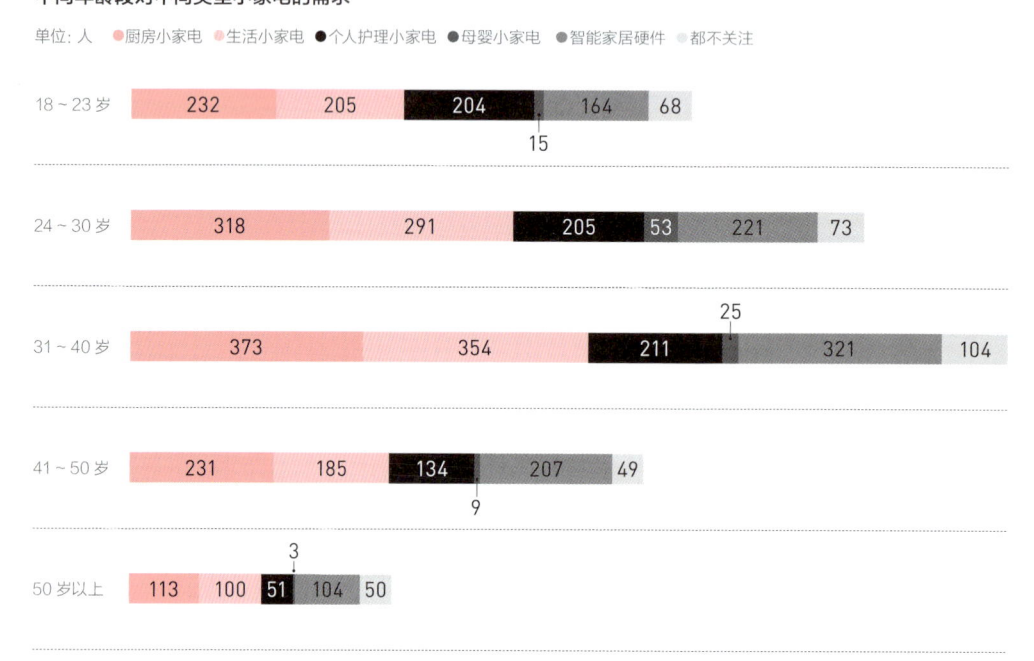

单位：人　●厨房小家电　●生活小家电　●个人护理小家电　●母婴小家电　●智能家居硬件　●都不关注

年龄	厨房小家电	生活小家电	个人护理小家电	母婴小家电	智能家居硬件	都不关注
18～23 岁	232	205	204	15	164	68
24～30 岁	318	291	205	53	221	73
31～40 岁	373	354	211	25	321	104
41～50 岁	231	185	134	9	207	49
50 岁以上	113	100	51	3	104	50

数据来源：抖音小家电及智能家居硬件兴趣用户调研（2021 年 9 月）。

2020 年京东平台宠物类小家电销量同比增幅

● 成交额同比增长

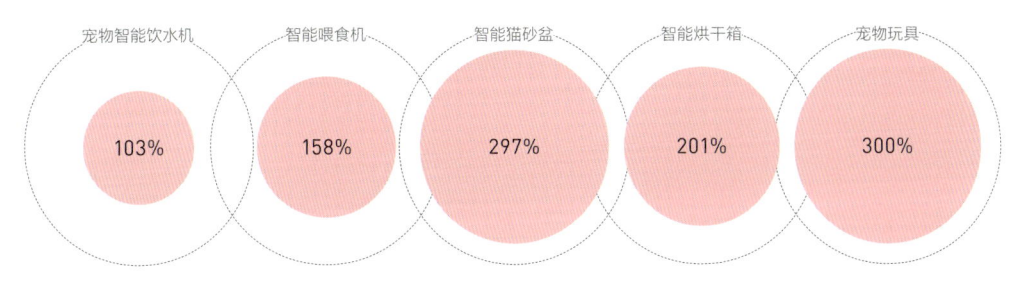

宠物智能饮水机	智能喂食机	智能猫砂盆	智能烘干箱	宠物玩具
103%	158%	297%	201%	300%

数据来源：京东 2020 年销售数据。

(Trend 3)
社交媒体对家居的影响越来越大

过去，人们把杂志、广告、店铺或是别人的家作为自己装修时的参考。但随着社交网络、视频内容的兴起和 AR 新技术的普及，人们可以在手机上更直观地接收家居信息，关键是，他们可以参考的案例远远大于过去。越来越多的消费者在社交网络上搜索家居资讯并作为参考。同时，人们也越来越愿意在社交网络上分享自己的家。

装修前，人们会通过哪些渠道做功课

渠道	比例
在网上看设计师分享的装修知识	62%
向装修过的朋友学习经验	50.8%
上网避雷，了解装修中可能遇到的问题	44.5%
在线看从业者分享装修案例	34.7%
通过线上达人、设计师的"安利"寻找喜欢的风格	33.3%
去线下卖场实地考察	33.1%
看家居装修类节目寻找灵感	27.0%

数据来源：抖音 2021 年"美好生活"用户调研。

PART 2 研究里的家

不同社交平台对家装需求的帮助

社交平台	内容	如何帮助消费者？
小红书、抖音、豆瓣小组、知乎、微博、B站	家装案例、经验分享	可视化从想法到落地，提供真实案例，经验内容可帮助消费者选择单品、避开问题点
好好住、住小帮、一兜糖	除了提供家装案例，平台上还有设计师和家装公司可以直接对接	设计案例在线可查看，寻找适合的设计师和家装公司，不再只凭感觉和销售话术
设计师线上课程	零家装知识小白也可学习的家装课程，从布局到软装	了解家装全过程，理解每个环节的决策重点，可以根据自己的需求做出合适的布局

资料来源：根据公开资料综合整理。

(Trend 4)
智能家居，离普及还挺远

智能家居硬件越来越多，你可以在越来越多新装修的家庭里看到智能硬件单品。远程遥控、自动监测、定时，这些功能的确提升了生活舒适度。但这些智能硬件似乎还未组合成真正有效的系统，不同的品牌之间难以互通，仍然缺乏颠覆性的体验，消费者对它的安全性也还有担忧。结果就是，理想中的"全屋智能"尽管听起来很酷，但至今少有案例。

中国智能家居产品使用率占比

智能家电	19.6%
智能锁	18.1%
智能摄像头	17.7%
智能窗帘	12.5%
智能晾衣机	4.3%
智能马桶	4.2%
智能面板	3.2%
红外转发器	2.8%
其他	0.9%

数据来源：中商产业研究院、《2019中国智能家居产业发展白皮书》。

绝大多数家庭少量尝试了智能设备

15%
完全没有尝试过智能设备

79%
少量尝试了智能设备

6%
全屋智能重度使用者

数据来源："好好住"《2022 中国家庭生活消费新趋势》。

(Trend 5)
"适老化"成为新关注点

中国已经进入老龄化社会。在一线和二线城市脚步可能走得更快。与之相伴的是，各个设施都需要更多为老年人的需求考虑——包括家里。针对老年人的家居设计已经越来越受到重视。不过，目前适老化改造离普及还有很大距离，人们更多考虑失能老年人照护的辅助性工具，而一些更细节的无障碍设计仍是家居设计的盲点。是时候用心考虑家中老年人的需求了。

适老化设计需求框架

	健康自理老人	介助老人	介护老人
身体功能	● 身体机能正常，健康状况尚可 ● 身体机能减弱，出现衰老症状	● 身体机能衰退需要借助辅具 ● 正常移动需要大量借助设备	● 中、重度失能
设计原则	● 正常移动需求	● 正常移动需求，少量借助设备 ● 正常移动需求，大量借助设备	● 大量借助设备高龄特殊空间
科技适老产品	● 生活娱乐产品 ● 行为检测、健康监测	● 移动辅助、疾病管理 ● 紧急呼救、远程问诊	● 照护床、体征检测

数据来源：亿欧智库《适老化设计标准》。

2021 年上海老博会展品占比

{ **25%** 养老服务 } { **23%** 辅助器具 } { **18%** 康复医疗 } { **6%** 生活护理 } { **8%** 健康管理 } { **20%** 宜居建筑 }

数据来源：2021 年上海国际养老、辅具及康复医疗博览会。

PART 2 研究里的家

住宅，不只属于住户

text / 顾笑吟

住宅也是城市空间的一部分，需要通过多样化，在城市里塑造有趣而生动的空间。

除了你自己，还有很多人关心你的房子长什么样。这其中至少包括开发商、建筑师、政府，还有路人甲、路人乙。在同济大学建筑与城市规划学院教授李振宇看来，住宅作为城市中最普遍的空间存在，不只关乎住户，还要对城市作出相应的贡献。

在中国，城市与住宅建筑互为发展动力。住宅建设用地的开发或改造，既是地方税收的重要来源，又是城市新人口、新业态的载体。然而，过往几十年中，在住房产业化的背景下，住宅通过批量生产的方式建成，雷同与复制的现象普遍，造成了城市面貌的千篇一律。综观现在中国大、中城市住宅小区的空间模式，它们有许多相同的地方——以中高容积率、高层住宅、行列式布局为主，大多数城市强调主要朝向为南向等。

李振宇主要研究住宅区规划和住宅建筑设计、共享建筑学等领域。他认为，住宅建筑服务的对象，不仅是开发商、购房者或租房者，还是这个特定地点的人们以及整个城区。他和我们聊了聊，我们的住宅空间到底如何在一步步发生变化，以及又出现了什么新趋势。

Q = 未来预想图（Dream Labo）
L = 李振宇

李振宇
同济大学建筑与城市规划学院学术委员会副主任、长聘教授、博士生导师；同济大学建筑设计研究院共享建筑工作室（ASA）主持人

💡

"住宅是社会治理的载体，也是城市空间巨大的组成部分。所以住宅的美丑，不是一个项目的事，而是一个城市的事。"

Q：你好像不喜欢把住宅叫作产品，为什么？

L：从古到今，我们讲住宅时，很少把它当作一个产品。狭义上，它就是一个家。再广义一点，它是城市的一部分。

汽车是产品，它与房子最大的区别在于汽车会动，这辆车人们不喜欢它，只要忍耐一下，它就开走了，但是房子是不会走的。房子不是一个人的事。住宅至少关系到三种人：第一是住在里面的人；第二是这个城市的决策者，他们要解决城市治理的问题；第三是路人甲、路人乙。这个城市空间是大家的城市空间，它不是某一家的。我觉得现在住宅的一个突出的问题，就是开发商把它当"产品"，连我们的建筑师同行都把住宅当成"产品"。

20 世纪 60 年代有个著名的建筑师阿尔

多·罗西，他出了一本好书叫《城市建筑学》，就提出建筑艺术跟别的不一样。比如，虽然毕加索的画挂在墙上很值钱，可是如果人们不喜欢就可以拿走；一辆车排污量太大，不许上路，就结束报废。可如果在你家门口造了一个极端丑陋的房子，你是要炸掉它，还是把眼睛蒙上？因此，如果要说住宅是产品，那也是一个公共产品，它不只属于住户，虽然他买了这个房子，但是他不能买走所有的空间权利。

住宅建筑，除了满足基本功能，它还有非常重要的两大功能：一个是社会治理的载体，另外它也是城市空间巨大的组成部分。所以住宅的美丑，不是一个项目的事，而是一个城市的事。

Q：在今天中国的大、中城市中，50% 左右的建筑是居住建筑，多由新建的封闭住宅小区构成。透空围墙和小区门卫成了城市设计的组成要素。为什么会变成这样？这对城市空间和住户的生活分别产生了什么样的影响？

L：我认为责任不在封闭。开放和封闭是两种不同选择，各有各的好处。一个美好的城市，应该是参差多态的，是既有封闭也有开放的住宅形态，最后能形成一个多样的面貌。

以前我们倡导平安小区，因为有诸如防盗的问题，人们就把小区围起来，安装摄像头，当然也不能完全避免这类问题的发生，但确实起到了治理的作用。现在在疫情防控下，我觉得封闭小区也不是大问题，但是关键是怎么封闭。

我们现在的城市比较无趣的是，用一个围墙把人围起来，然后房子都是行列式的，所以人们走在东西向的大街上，看到的都是高楼，走到南北向的街上，看到的都是豁口（高楼之间的空当）。但是，我们喜欢的街道不是这样的，譬如走在上海的武康路上，虽然小区也是封闭的，人们不能随便进去，但马路弯弯曲曲，有时是墙，有时是建筑，有时是院子，有时是一棵树。所以我觉得关键问题不在于开放还是封闭，而在于城市的界面规划。如果留给城市的界面是千篇一律的，只注重自己的住宅功能，这就是有问题的。

海外有些城市（如马德里、新加坡等）规定，由公共财政资助的项目，必须做到开放街区，允许其他市民从中步行穿过，这既是体现公平，也是提供监督。这种方法值得我们学习。

我认为，城市住宅至少担负了三个责任：第一，它为居住者提供了一个能够满足基本功能的生活居所；第二，住宅是城市空间的构造者，它有义务为城市空间的生动有趣、参差多态作出贡献；第三，住宅应该是城市治理中一个重要的环节，市场性和保障性应该在住宅上得到和谐的统一。

Q：就建筑类型而言，20 世纪 70 年代到 90 年代，各地探索的廊式和塔式高层住宅，最终被市场冷落，单元式"一梯 N 户"成为如今一枝独秀的类型。这个趋势的原因是什么？

L：自有商品房里有一个特别重要的"预售制度"，由于有这个制度，意味着住户在购买时看不到房子最终长什么样，因此，在市场上就出现了"内卷"。房企间竞争激烈，为了营销和销售，你是一梯二户，那我就出一梯一户，导致现在中国 90% 以上的住宅用的都是单元式，连保障性住房都是单元式居多。

单元式最大的问题，是形成了大量的公摊面积，还有就是建造了很多电梯，也浪费了大量的能源——电梯启动一下至少消耗一度电。譬如一梯四户，算每户 3 人，就是每层 12 人用一台电梯，但如果是廊式住宅，两台或三台电梯可以管 15～20 户，那么电梯的使用效率就提高了，土地、能源、材料都能得到节约。

在上海，廊式和塔式住宅的限制在于朝向。塔式住宅朝南向偏少，廊式住宅减少了朝北。塔式住宅四个面是均匀的，朝南只有四分之一，其余四分之三是朝北和朝东朝西，而根据我们的城市居住区规划设计标准，朝北和朝东朝西是被限制的，因此到规划局审批就会有麻烦。更大的麻烦是市场带来的，今天如果房企说他们的房子朝东或者朝西的话，房子就卖不出去了。

反过来问，欧洲的住宅为什么受朝向限制少？第一个原因是，欧洲的太阳是受欢迎的，西晒和东晒他们特别喜欢。第二个原因是出租房，他们觉得自己不是一辈子住在这个房子里，是有选择的，而我们买这个房子感觉是一辈子，即使我不是一辈子，我卖给别人的时候，别人是一辈子。最后就形成了"内卷"，比朝南，比一梯几户。

Q：中国住宅在市场化体系下发展了 30 年，在此期间，居住者对于住宅的需求发生了哪些变化？

L：就居住面积而言，是从小到大，再从大到小。就个人需求而言，是从趋同慢慢变得更丰富。

以上海为例，1979 年上海的人均居住面积是 3.9 平方米，相当于建筑面积是 7.8 平方米。在改革开放后的福利分房时期，一套住宅的建筑面积一般不会超过 60 平方米。后来商品房爆发式增长，人们对于居住面积极度渴求，到 90 年代后期，三室两厅两卫成了上海住宅的标配。

2006 年是一个转折，变成了"从大到小"。那一年，六部委联合发布了一个通知，考虑到年轻人买房需求，规定了一个"7090"规则——每一个新建的住宅区，有 70% 的房子必须每套在 90 平方米以下，以此来降低房子的总价。

除了小房型变多了，市场也在分化，变得更加多元。随着住户需求变得丰富，出现了花园住宅、独户住宅、联排住宅、复式住宅等样式。

Q：在住房产业化的背景下，过去开发商需要控制成本，追求效率，似乎更讲究标准化批量生产住宅。

L：从建筑形式、用材和空间来说，的确变得更加单一了，因为大型房企出现了。大型房企在早期是非常具有创新性的，比如万科用了很多大胆的尝试，包括把住宅底层架空来跟社区服务做结合，还有一些人性化、节能上的尝试，但他们发展壮大了之后，形成了集团公司的规模，同时可能有 100 个项目在开工，这时候他们就控制不过来了，所以只能用一个技术标准化来控制成本。

房企会有合约部、市场部、工程部、造价部，他们用企业化的管理把房地产管得很深入。譬如采购玻璃，不会让各地的项目部自己去采买，他们是有"中央厨房"的，会有

87

PART 2 研究里的家

一个协商后的统一价格。此后每个项目上都用这一种材料，所以最后造出来的房子就越来越千篇一律。

Q：产业标准化与住宅个性化发展是一对矛盾吗？

L：标准化在质量保证上是有贡献的，但是当标准化碰到具体个性化问题的时候，就会发生矛盾。城市应该是统一中的参差多态，我们不能把一种模式套在所有问题上。大型房企往往会找到一种效率最高的方式，像生产汽车那样寻求所谓的最佳解，认为这就是适合大多数人的解，但却扼杀了非大众的口味。这个解，对建造而言，效率是高的，对审批也是方便的，但伤害的是城市和个性化的需求。在居住建筑上，要让大家有选择，譬如有单元式，也有廊式，而不是把一种模式强加给城市、住户、路人。

Q：那么怎么在标准化下实现个性化呢？

L：首先，我们的法规、规范要鼓励多样化。其次，城市决策者在城市设计的引导中，要为个性化、多样化的发展留足空间。譬如，如果规定住宅限高80米的初衷是为了不挡住山，而建筑师做的方案确实没挡住山，那么这栋做到90米高，那栋做到70米高，是不是可以？最后就是各行业自律，从房地产商来说，应该有一个鼓励多元的机制；从建筑师来说，要有敬业精神，我们希望设计的住宅不只是能住，还希望它有趣味，有想象空间。

Q：住房广告的常用关键词有两梯三户、南北通透、厨卫全明、朝南大开间、送露台、大飘窗等，这都是开发商想要引导住户去关注的点，除了这些，你觉得还有哪些方面开发商将来可以关注？

L：其实每个人都要大飘窗吗？不一定的。现在我们通过大数据分析出来，觉得这些点能够切中住户的要害，是大多数人喜欢的，但我觉得不要只顾了大多数而忽视了个性，以大多数的名义来做的话，最后只能做成雷同。

Q：根据你的观察，许多知名建筑师正有意无意地远离住宅设计的工作，是什么原因？

L：王澍老师（中国首位普利兹克建筑奖获得者）曾经说："我再也不给房地产商做设计了。"——因为他被虐得很痛苦。但是王澍老师早年在杭州做了一个特别精彩的住宅，叫"钱江时代"。他是把中国传统住宅的小院空间移植到高层建筑的立面上，上下两层复式住宅，通过浅浅的半室外空间，形成了立体小院。

很多建筑师对住宅设计有点失望，但我们还是要有信心，我相信大多数建筑师都是有理想的。建筑这个工种跟别的不一样，譬如结构和水电，通过计算，能够有一个合理的解，但是对于建筑师而言，除了合理的解还有更优的解，所以建筑师喜欢改图，明明已经做好了，还要不停地改。他们中有相当一部分人是被逼无奈，变成了不断复制的"画图匠"，但是我相信如果给予更多创新的机会，是可以激发出他们的创作欲望的。

Q：对建筑师而言，在住宅设计项目中，哪些是特别有挑战性的？

L：挑战有非常多。我们团队曾经做过一个被人称为"用力过猛"的保障性住宅设计——上海三林动迁住宅。甲方主要有两个

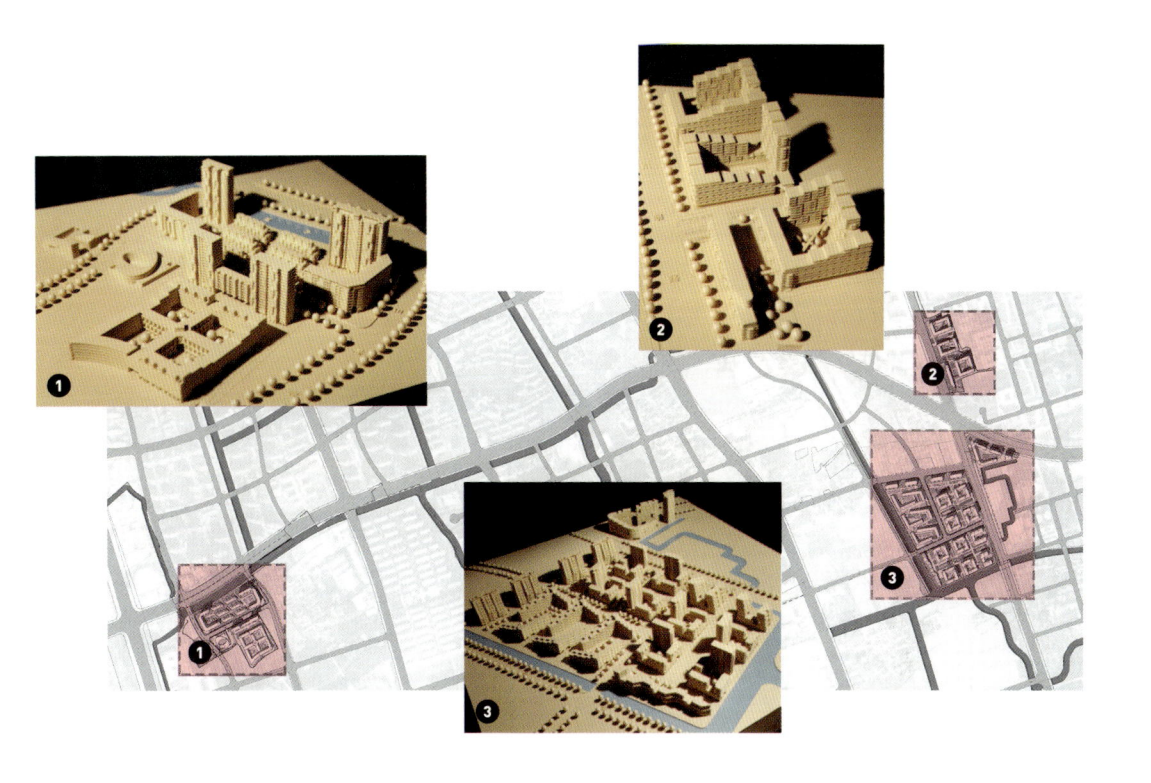

一个多样化居住样态的住宅区可以是什么样？可以看看上海三林动迁住宅地块方案的区位、模型与计划。这是上海浦东新区的一个大型保障性动迁住宅项目，由三个地块组成。建筑师设计了几十种不同的房型，六种创新的庭院。这套方案提供了多种居住形态，但开发商也面临更大挑战：成本会更高，以及销售住宅时，也需要更复杂细致的解释。该方案还在等待实现的机会。

photo／共享建筑工作室（ASA）

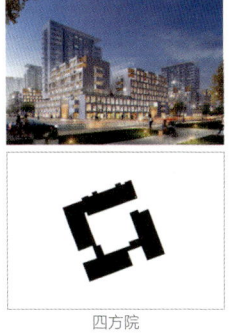

双 L 院

转角院

三合院

四方院

田字院

水滴院

顾虑，一个是成本，这本来就是一个微利项目，只有 5% 的利润，按照我们的方案，造价比一般项目提高约 3%，这意味着甲方可能要损失 2% 的利润。另外一个就是分配很痛苦，多样就会带来更多选择，对甲方来说，只有三种户型是最好的，18 栋房子都一样，里面有大户、中户、小户，销售也比较好解释。再看我们的方案，这个房子多了个阳台，那个房子少了间卧室，参差多态带来了很多不同选择，销售要跟购房者解释每间房的不同之处，这大大影响了销售的速度。

但是，我觉得虽然甲方买了建筑师的时间和图纸，但他们不能买走建筑师的专业理想。这个理想就是回报社会：一为住户，他可能当时不理解，但以后他可以很骄傲地对别人说："我住的房子跟别人都不一样哦。阳台不一样的，你往上数，突然小一点那个就是我家！"他会有种认同感。二为路人甲、路人乙，因为建筑不仅服务于住户，也服务于看得到它的人。三为城市的决策者，他们也希望我们设计出来的建筑是丰富多彩，有变化和有艺术品质的，这个艺术品质不是天上突然掉下来的，而是一点一点的努力积累出来的。

Q：政府现在对住宅建设的关注点较以往有什么不同吗？比如认识到住宅建筑不仅具有商品性或保障性，还具有公共服务性和城市公共艺术性。

L：说实话，近年来没有发生根本改变。举个例子，关于混合的问题，我们始终没有做到功能适度混合。现在还是互相割裂的状态。要是把商店和住宅放到一个楼里，住户就要自认倒霉了，消防、环保、节能都是一连串的麻烦。不同性质的住宅也很难混合，比如商品房和保障性租赁住房，它们很难在一起相处。

但是，有政府和规划部门已经看到了多样性带来的好处，也开始区别对待不同地段、片区的住宅建设，认识到它们对城市起到的作用不同。比如宁波市规划局针对三江六岸、湖海之滨、郊野地区、历史文化地段、核心高强度开发区等，已经开始因地制宜地制定不同的规则，而不是以容积率、覆盖率"一刀切"的方式来规划。只是像宁波这样的实践还是太少了。

Q：封闭住宅小区还会是未来的发展方向吗？

L：市场行为建设的住宅，包括出售和出租，应该尊重市场规律，同时要有要求，要求就是，可以封闭，但不能用现在这样千篇一律的方式封闭。围起来的可以是一个小商店、咖啡馆、小酒吧、儿童乐园，我希望边界是由建筑形成，而不是由栏杆形成的，因为栏杆是很无趣的。我们希望边界是能够更多地为人所用，而不是千篇一律。

这个我们在规划上是能做到的，举个例子，在德国有一个"二八导则"，要求柏林城市里的办公楼，任何一栋楼都要混搭进 20% 的住宅。而任何一个郊区的住宅区里，都要设置 20% 的无污染产业用房。

但是，现在规划部门也遇到了问题，譬如，住宅下面开了商店，就有扰民问题，有的城市就规定，住宅下面一律不得建商店。再如，有的城市规定沿街的住宅不许建阳台，因为建了阳台后住户就会搭建，不美观。规划部门的做法有一定道理，但这不是解决问题的唯一办法。

将来封闭和开放是并存的。封闭，不能是简单粗暴的封闭，封闭应该是造成比较生动有趣、能够为人活动的城市界面。最近东南大学建筑学院教授童明就在上海浦东世博园区南侧的昌里小区做了一个边界改造，把围墙变成了一段有趣的游廊，让人们可以在那里活动，这就是一种积极的改造——把一个消极空间变成一个积极空间。

Q：你提到保障性住房最值得大力推行"开放街区"，这是一个什么样的概念？为什么这么说？

L：我认为，新建的公共财政投资的项目，除非因为一些保密、安全的原因，其他都应该开放。就保障性住房而言，首先，从权属上，它不同于自有商品用房土地使用权归个人，保障性住房的土地使用权归政府，这意味着，保障性住房的土地属于城市每个纳税人。其次，从监督上，既然住保障房，就要受更多人监督。开放有利于社会监督。最后，公共财政支出的项目要为城市空间作贡献。我认为保障性住房的底层就应该开放，为更多人所用。人才公寓、动迁安置基地等应该是相应开放的。最近我们在《世界建筑》期刊上发的一篇论文《社会保障住房的公共义务和设计思考》就讲到了这个问题。权利和义务应该是对应的。

Q：过去 20 年的快速发展过快地消耗了大量的城市可开发用地，许多中国大城市的可建设用地比重已经逼近生态安全的底线，可用于住宅的用地越来越少，就住宅设计领域而言，你最近发现了什么新的值得关注的发展趋势吗？

L：大型社区会越来越少，城市更新和定制化的时代即将到来。因为地没那么大了，就不能简单地复制了，我们必须面对如下情况：这儿有一块拆迁留下的小块地，这一小

01

东南大学建筑学院教授童明在上海浦东世博园区南侧的昌里小区做了一个边界改造,缘起是试图设计一个更美观的围墙。历史上,苏州拙政园里的水廊在游廊营造上的思路非常有趣(01);原先作为分隔两座园林的界墙,由于游走的功能和相互借景的需求,从园林的边缘成为景观的中心。设计团队受此启发,在这个边界改造项目中,把围墙变成了一段有趣的游廊,让人们可以在那里活动,将自身及所处的边缘场地转化为一处富有生活气息的景观中心(02—04)。

photo/梓耘斋建筑工作室

03

02

PART 2 研究里的家

块地往往能够带来惊喜。小块地可能比大块地做得更好，它要考虑因地制宜。

刚才提到，我们几年前做过一个方案，是上海浦东新区的一个大型保障性动迁住宅。这个住宅中我们做了几十种不同的房型，6种创新的庭院，特别有意思。我们在等待机会把它们实现。

我们做的住宅设计，就在努力追求"因地制宜"的类型创新。例如我们最近在宁波华侨城滨海住宅项目中，用手语来概括住宅的空间特点，创造了"捧屋""雁屋""架屋""爬屋""田屋"等创新类型，就是依托山水，建构更加美好的景观。我们还在安徽合肥、福建南安、上海奉贤等地尝试"L形转角院"，为住户创造迷你"灰空间"，为城市提供有变化的街道界面。

建筑是给人带来幸福感的，所以住宅设计除了要满足基本的居住功能，还要为大家带来精神的愉悦享受，不只是对住户，还要给路人甲、路人乙带来享受，也要为城市带来参差多态的面貌、公平积极的氛围，以及更加合理的资源分配。Ⓜ

04

PART 2 研究里的家

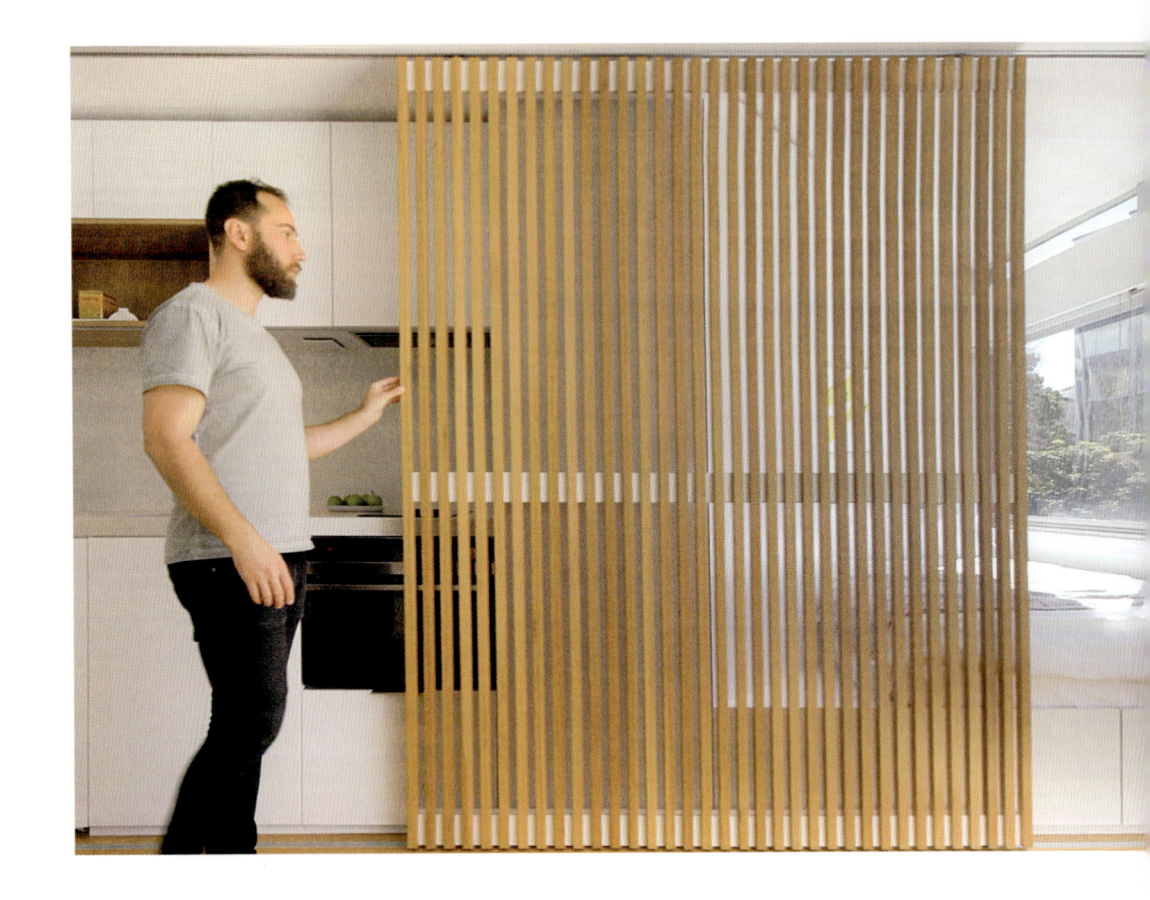

〔Case 4〕
Never Too Small:
家从不会太小

text / 陈若冰 邢梦妮　photo / Never Too Small

专注于狭小空间的改造与重塑，
YouTube 频道 Never Too Small 如何挖掘小房子的生活主张？

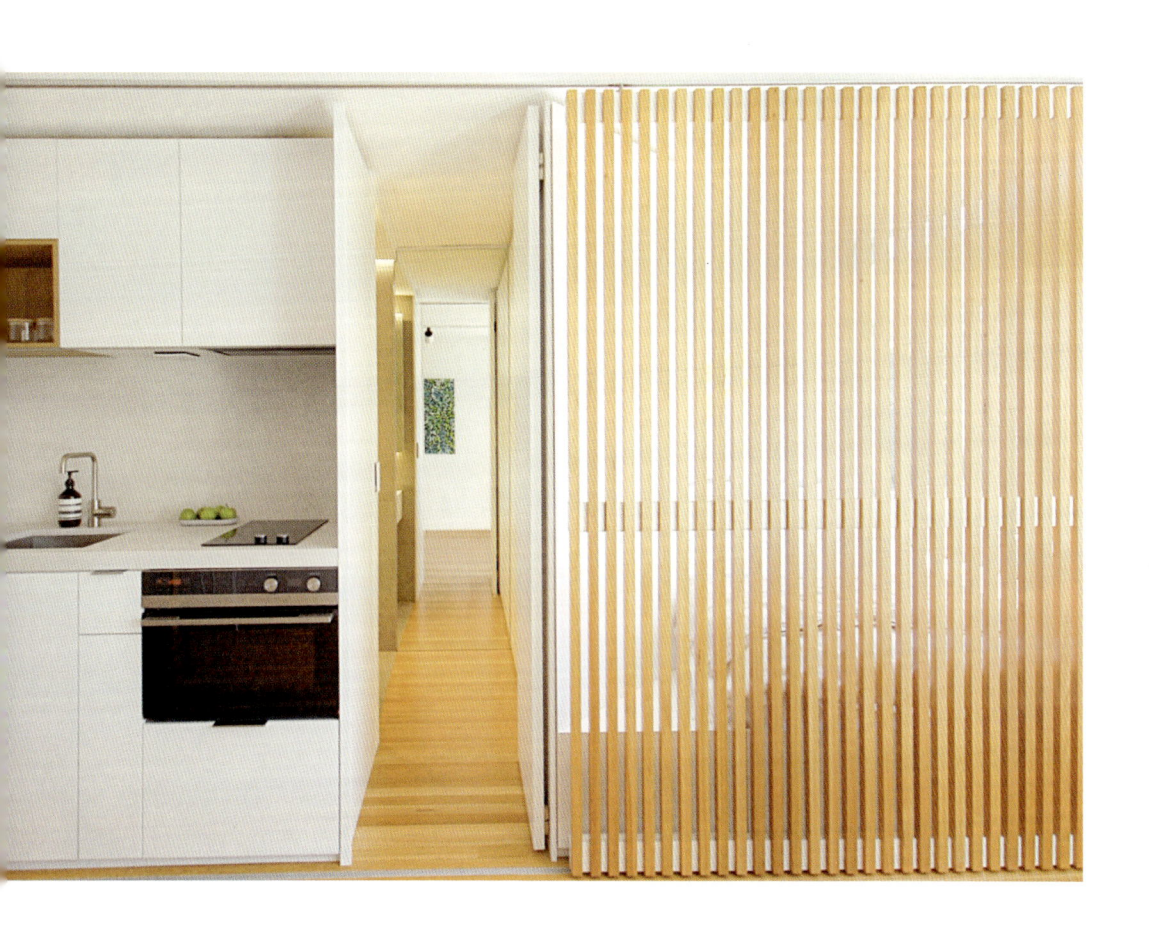

在建筑师布拉德·舒华兹（Brad Swartz）设计的"伯尼卡"（Boneca）公寓里，
亮点是一扇木制移门屏风，
在 24 平方米的空间里隔出卧室和起居空间。

PART 2 研究里的家

在伦敦卡姆登的阁楼公寓里,
建筑设计事务所 Craft Design 没放过任何空间。
楼梯镂空做成书架,倾斜的屋顶改造成储物柜,
加出来的卫生间上方就是卧室。

走进城市，一间小房子敞着门欢迎你来访。镜头聚焦于房子里的某一个角落，设计师慢慢讲述设计构思；墙壁上的原木色柜门打开，桌板旋转而下，折叠椅被支起，客厅顿时变成了餐厅。

这就是 Never Too Small 视频典型的开场。截至 2022 年 8 月，Never Too Small 一共在视频网站 YouTube 上更新了 118 集。现在，有 200 多万人在 YouTube 上关注他们。

Never Too Small 其实是马来西亚人徐国麟为了自家装修苦恼时想出来的点子。对外，他通常使用科林这个英文名。科林曾在墨尔本斯威本大学学习设计，2008 年，他进入墨尔本一家视频制作公司 NewMac 担任编辑，为客户拍摄纪录片与商业广告。

2013 年，科林拥有了一个"家"：一间位于墨尔本市中心的 38 平方米公寓。他尝试到各种平台上查询小空间的装修灵感和指南，

PART 2 研究里的家

澳大利亚建筑师杰克·陈（Jack Chen）在自家储物柜和墙面上嵌入了多个机关，把折叠桌面收起来后，背后就是电视柜。

但却总是刷到家具推销广告，房间游览视频大都由居住者自己拍摄，根本看不出设计者的想法。另外，科林想自己制作视频讲故事，添加喜欢的音乐，而不总是忙于服务客户，他也想与更多建筑设计师交流，探索改装自家的好主意。"这个原因有点自私。"他说道。

2017 年，科林下决心启动项目 Never Too Small——意思是"家从来不会太小"，并将内容上传到视频网站 YouTube 上。科林用半年时间做了 4 期视频探索内容定位，他拍过艺术公寓、微型公寓和房车，最终还是坚持只做小户型。每期视频他会请设计师本人花 5~10 分钟讲解小户型住宅的设计思路，比如如何有策略地摆放家具，如何为空间搭配颜色。

Never Too Small 的核心是让人们了解那些让小空间住得舒适的点子。科林在马来西亚宽敞的 5 居室公寓里长大，但认为小公寓更适合城市生活，人们可以住在方便的闹市。"街对面的超市就是我的储藏室。"他笑着说。

据世界银行统计，目前，全球有一半人口住在城市，预计到 2050 年，10 人中会有 7 人住在城市，而出于经济原因，很多人只能挤在一起住，他们需要改造空间、建立生活方式。这也让科林确信这样的内容会有市场。

第一期视频发布后，账号只获得了 100 个订阅者。他在 NewMac 的上司詹姆斯·麦克派森（James McPerson）特意打电话鼓励他做下去。詹姆斯当时想得很简单，觉得 Never Too Small 或许是品牌视频的制作新方向。

最开始，没人想过 Never Too Small 能赚钱。NewMac 的同事们也对这个项目很感兴趣，愿意抽出额外时间帮忙拍摄。科林认为，那些早期参与者会把 Never Too Small 视为一种练习，允许他们定期外出拍点甲方任务以外的趣事。

科林最初的困难其实是寻找好的案例。从第一集开始，科林就从书店买来了建筑学的教科书自学室内设计。通过不断和设计师聊天与长期的观察，他渐渐积累了一些经验。"不要小看任何一个想法。"有时候，一些看似普通的想法被设计师加以改进，有可能变成一个了不起的创新。

建筑师杰克·陈（Jack Chen）的公寓可能就是个好例子。2018 年 7 月，Never Too Small 造访了杰克·陈在澳大利亚墨尔本的一居室公寓。房子始建于 1970 年，只有

PART 2 研究里的家

徐国麟（Colin Chee）
Never Too Small 创意总监

💡 Never Too Small 试图传达一种生活主张：在土地紧张的城市，"小"似乎是一种必然的趋势，但家从来不会太小。小窝经过精心设计，也可以住得舒心。

35 平方米，但他在储物柜和墙面上嵌入了多个机关——可折叠桌面和滑动门，让房间可以自由切换成办公室或起居室。这期节目只有 3 分钟，几周内在 YouTube 上获得了 100 万浏览量，NTS 的订阅数也增长到了 6 万。截至 2022 年 8 月，视频的浏览量已经达到 790 万次。科林将这视作他们找到"产品市场契合点"（product-market fit）的时刻。

另一个引爆点是第 24 期建筑师布拉德·舒华兹（Brad Swartz）设计的"伯尼卡"（Boneca）公寓——在葡萄牙语中，"伯尼卡"意为"娃娃屋"。这间公寓位于悉尼市中心附近的一片住宅区，只有 24 平方米，但却有观众评论"它看起来没那么小"。伯尼卡公寓的卧室里设置了屏风，客厅面向窗外广阔的绿色风景。

一年后，有广告商找上门来，愿意为他们的单期视频支付 1000 澳元（约合 4607元人民币）。这完全超出了团队预期，Never Too Small 本来只是 NewMac 内部一个非营利的边缘项目。"当时我们都想，'哇

哦'!"科林说,"詹姆斯原来甚至不知道 YouTube 可以赚钱。"

制作流程可以是标准化的。科林表示,每期视频拍摄时长大约 4 小时,他会提前花 45 分钟到 1 小时采访空间设计者,其余时间拍摄空间细节。最初,大部分的案例是他找到的——他会翻阅图片网站 Pinterest、社交媒体 Instagram 或其他杂志,一看到喜欢的室内设计案例,就主动发邮件去联系。某种程度上,他就像个设计挖掘者。网站上线后,他们也接受外部投稿,运气好的话,一天可以收到两三份。

2020 年,Never Too Small 在 NewMac 内部正式立项,现在作为一家公司独立运营,团队有 8 名成员。科林是视频内容总监,詹姆斯担任商务总监,另一位股东负责数字出版。NewMac 的很多主要员工加入了 Never Too Small 的团队。

詹姆斯自认为 Never Too Small 是个"反 YouTube"的节目,它的风格是平静的,音乐"不吵也不无聊",不会煽动情绪。这起源于科林对美国作曲家菲利普·格拉斯(Philip Glass)的兴趣,格拉斯以平静、重复性的旋律出名。"如果你想脱颖而出,必须与众不同。"科林总结道。

Never Too Small 曾做过用户调研,结果显示,大部分观众的年龄集中在 24～34 岁,他们通常在为自己的第一个家寻找灵感,大约 50% 的受访者表示是"为了放松"。

Never Too Small 的视频与 YouTube 上大部分记录室内空间的视频风格迥异。随着镜头,你进入房子,看到客厅,关注到桌椅、柜子这类细节。上一秒,设计师打开关闭的柜门,又走出画面,镜头接着会在开启的柜子上停一会儿——设计师进入和离去的画面衔接成了一个完整的故事,他们带你认识这些设计的用处。

Never Too Small 的视频也足够好懂。视频不设主持人,也不采访主人,而是让设计师站到幕前。科林回忆说,他收到第一封来自建筑师的回信时,很快意识到,尽管专业人士善于运用各种理论,却没法让他这个门外汉弄懂,所以他会花时间和设计师沟通,尽可能让他们简单地描述设计或建材。

团队的主要收入来源是各种家居品牌广告。"但现实是你与这些品牌的关系不可持续,因为它涉及市场需求,以及谁在为内容营销花钱。"科林说,品牌的订单不会源源不断。

2022 年,他们在美国创作者众筹网站 Patreon 上开通了用户订阅服务,分为"朋友""挚友""家人"三个层级,分别是 7 澳元(约合 33 元人民币)、14 澳元(约合 66 元人民币)到 135.5 澳元(约合 630 元人民币),提供额外的会员专属内容和无

PART 2 研究里的家

广告的剧集，并在社群交流平台 Discord 上组织活动。截至 2022 年 8 月，他们在 Patreon 平台共有 99 个付费订阅会员，显然还不足以成为他们的主要收入。

Never Too Small 也推出了不少周边商品。Never Too Small 出版的第一本书叫 *Never Too Small: Reimagining Small Space Living*（《Never Too Small: 重新想象小空间》），这本书集结了科林推荐的设计好案例，由 Never Too Small 联合创始人乔·毕斯（Joel Beath）和网站编辑伊丽莎白·普莱斯（Elizabeth Price）撰写，售价 60 澳元（约合 281 元人民币）。他们还计划出版更多的 Never Too Small 装潢指南。

在网站上，你还可以看到一款售价 50 澳元（约合 234 元人民币）的 logo 帆布托特包。不过，目前只有澳大利亚、欧洲和北美洲的居民才能买到它们。他们在和澳大利亚的电视台接洽，计划将视频变成 12 集 30 分钟的纪录片系列。团队还计划制作更多北美洲的案例，詹姆斯的说法是"回归核心受众"，原因是大约五分之一的观众位于北美洲，那也是最多的观众来源地。

2020 年疫情期间，制作团队难以出差，为此他们第一次聘用了外部人员：一个意大利的自由摄影师。詹姆斯很担心风格不稳定会让观众看出端倪，但他们最终的内容都会经过一名老练的视频编辑之手，目前还没有出问题。科林证实，团队还在扩大，他们在适应远程合作。

Never Too Small 的内容也受到了一些批评。一些观众指出，Never Too Small 里的住宅虽然令人向往，却十分昂贵，而大部分首次购房者和年轻人更有可能被困于设计不佳、价格过高的"狗窝公寓"。另外，大量案例来自欧洲和北美洲，这也是他们的主要观众来源地。

Never Too Small 在亚洲并没有大受欢迎。科林分析认为，大部分亚洲国家还在经历城市化，居民仍在追求更大的居住面积。他们在近年入驻了中国视频网站 bilibili。詹姆斯说，他们在关注中国的家居内容社交平台"好好住"和短视频媒体"一条"——这些称得上是 Never Too Small 的竞争对手。截至 2022 年 8 月，他们发布了 66 个视频，在 bilibili 上有 5 万粉丝。

这几年，随着接触到越来越多室内设计师与建筑师，科林注意到了"小脚印"（Small Footprint）趋势。"小脚印"指一种将人对环境的影响降至最低的生活方式，包括使用公共交通、居住在更小的户型、购买可回收的家具。科林还在 Never Too Small 社区认识了一家回收和出售二手建材的公司。团队正在筹备拍摄名为"A Wonderful Waste"的新纪录片，介绍 6 位把垃圾变为建筑材料的发明家。

2021 年，Never Too Small 推出了同名的系列纪录片《小脚印》，邀请业内知名建筑师一起探讨城市空间设计与可持续发展之间的关系，并试图为"设计未来的城市生活"提供一些有价值的理论与理念。科林也第一次出现在镜头前，和建筑师在街道上聊天。

科林提到了剧集中出现的两位"罗伯"。"墨尔本的城市规划师罗伯·亚当斯（Rob Adams）一直很有灵感，也很慷慨，他在大多数剧集中都有出现，"他说，"另一位罗伯——罗伯·麦克高兰（Rob McGauran），MGS 建筑事务所的创始董事，他是推动墨尔本经济适用房领域变革的力量。"

Never Too Small 试图传达一种生活主张：在土地紧张的城市，"小"似乎是一种必然的趋势，但家从来不会太小。小窝经过精心设计，也可以住得舒心。他们收罗了各种设计点子，想让你看到更多未来的可能性。

Never Too Small 将视频推荐的案例结集成书，出版了 *Never Too Small: Reimagining Small Space Living*。

PART 2 研究里的家

Never Too Small 发现了
这些让狭小居室变得舒适的点子

01

→ 营造一个"幸福角"（01）——为你在家里最喜欢的活动专门划出一个区域。如果你喜欢阅读，就做一个阅读角。如果你喜欢打游戏，投资一台好电视、一把舒适的座椅，也许还有一副好耳机。多投资一点能在你的生活中激发快乐的东西，这绝对是值得的。

02

03

04

→ 潮流是暂时的,个人风格是永远的(02—04)——在装饰你自己的空间时,没有正确或错误。如果霓虹色让你开心,就用霓虹色的家具和物品来装饰生活空间。你不一定要追随潮流,也不一定要追随别人眼中的好东西。以你想要的方式生活,多做一些试验吧。

PART 2 研究里的家

05

06

→ 多功能家具(05)——这不仅节省空间和功能，还可以成为生活空间中有趣的元素。一把椅子可以是一个存储解决方案，咖啡桌可以用来工作。市场上有相当多的多功能家具，但你也可以DIY，网上有很多看起来不错的教程。

→ 设计照明(06)——无论你住大房子还是微型公寓，你总可以尝试使用不同风格的照明。我喜欢晚上在家里点蜡烛，烛光能烘托出家特有的那种温馨氛围。正确的照明可以改善情绪，帮助你在家里放松，如果再配上一个香薰机，简直就是天堂。

07

08

→ 与植物和宠物作伴（07）——无论哪一个都会给你的空间增加更多活力，给生活带来更多的爱和快乐。
→ 加一层纱帘（08）——你总可以往窗口上再加一层纱帘。白天它们真的会发挥神奇的作用，会把自然光扩散到你的生活空间。当你打开窗，微风拂过，摇曳的纱帘会让你心情愉悦。

PART 2 研究里的家

09

10

→ 二手家具(09)——不仅对环境友好,对你的钱包也很友好。你总是可以升级改造这些家具,让它们适合你的风格,以满足你的个性化需求。

→ 浮空家具或带腿的家具(10)——当家具被抬离地面时,会留出更多的地面空间。把家具挂在墙上总是很方便,比如电视或者书架。在选择沙发时,你可以优先选择带腿的那种。

11

12

→ 选择合适的房子(11)——在寻找购买或搬入新房时,一定要注意空气流通和房间的自然光,高高的天花板也能使你感觉空间比实际的要大。

→ 勇于 DIY 和改造你的家(12)——跳出框架,多做试验。制作你自己的家具,或者上社交平台找到好的设计点子,都比你想象的要容易。 Ⓜ

PART 2 研究里的家

整理师西卡 / 花艺师初二 / 家具设计师蔡烈超

与家有关的职业人

我们该如何布置自己的家?

关于这个问题,太多答案在回答"怎么做",而少有人解释"为什么"。这会让人云亦云的攻略成为标准答案。要破除这些迷思,就需要专业人士来解释门道。

在这一部分,整理师西卡、花艺师初二、家具设计师蔡烈超从他们各自的专业出发,带来他们对家的观察。有趣的是,他们都没有提供简单可复制的公式,而是不约而同地强调:家里的任何规划、家具和装饰,都没有标准答案,也并非规定动作,而是只能从主人自身出发。

家的目的只有一个:让主人在家里更自在。

PART 2 研究里的家

西卡
整理咨询师 整理收纳品牌"卡氏整理CaSe"创始人。

(与家有关的职业人 01)

整理师西卡

text／刘舒婷 photo／西卡

收纳工具不能解决混乱。

> 许多人以为只要购买专门的收纳工具和容器就能解决"乱"的问题,其实工具并不能消除混乱。我们会引导委托人逐渐意识到,关键是要理解自己的生活,让收纳规划符合自己的生活动线。很多时候纸盒子也能代替收纳盒。
>
> 物品就是你自己,人在外可以掩饰自己,但在家很难,因为在家会表现自己最真实的一面,物品是能够说话的,同时物品也不会说谎。所以"家"这个空间既是 TA 的映射,也会影响到 TA 自己。Ⓜ

她的推荐

《怦然心动的人生整理魔法》
出版社：译林出版社
作者：近藤麻理惠

近藤麻理惠创立了日本收纳师的认证体系,西卡也是获得这一体系认证的收纳师。在 Netflix 上,还有近藤麻理惠的真人整理秀"Tidying up with Marie Kondo"。

《新奇的整理》
韩国 tvN 电视台 2020 年推出的一档整理师团队为艺人家做整理的真人秀综艺。

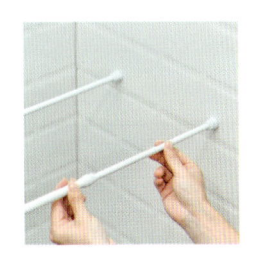

伸缩杆
相比于许多花哨的工具,伸缩杆用法很多,又便宜,适用于大多数家庭。

PART 2 研究里的家

初二家中摆满植物的一角（01）。
初二工作时的状态。现在她的工作重心是各种与植物相关的装置艺术（02）。

[与家有关的职业人 02]
花艺师初二

text／罗雪仪　photo／初二

植物是用来点缀你的家的，不是要给你带来烦恼的。

越来越多的人在家里养植物，原因首先是因为它像宠物一样，你会有所期待，会去观察和呵护它。其次是大部分人想让家里变得好看一点。我身边很多朋友家里也会买一些植物，但他们并不会每天给它们浇水或是观察它们，他们不会去管植物死活。

植物其实和人一样，它也需要适应环境。如果你把一盆植物放在那里几个月，平时很好地维护它，它还是长得不好，那可以试试把它换到家里其他地方。

植物是用来点缀你的家的，不是要给你带来烦恼的。如果家里堆满植物妨碍到你，就没有必要了。比如，如果你不想植物太占面积，就买那种往高处长的、叶片偏小的植物。别让自己有负担。Ⓜ

她的推荐

青山盆
这是适合新人的工具。青山盆侧面的凹凸设计形成了缝隙，当植物根部长到缝隙处时，由于空气中的水分不足，根须会自动避开缝隙，向下寻找更多水分，所以植物的根须不会像普通的花盆那样，根都卷成一团。另外，青山盆的底部多孔，十分透气，不会因为积水过多把植物的根闷坏，浇多少水，花盆都能留下合适的水分。对没办法把握什么时候浇水、浇多少水的养植物新人而言，这是个"傻瓜花盆"。

PART 2 研究里的家

photo/许晓东

蔡烈超

家具设计师,2014 年成立蔡烈超工作室(Mario Tsai Studio),2020 年创立同名品牌 MARIO TSAI。

【与家有关的职业人 03】
蔡烈超

text / 黄婉华

跟着潮流走的家，不会很耐看。

> 中国人对家具的审美变化太快了，早些年流行装饰主义，后来流行北欧风，过两年又流行侘寂风，现在流行什么"奶油风"。这些风潮在社交网络上的流行可能也就一两年，很快就会过时。但你的装修要照顾更长时间的审美，如果家具挑选是根据那些所谓的"风格"来的话，你的家过几年就会比较容易看起来土土的。跟着潮流走的家，不会很耐看。

他的推荐

photo / 蔡烈超工作室

隙光灯
隙光灯是我的工作室 2020 年设计的落地灯，同年也推出了吊灯款。它的灵感源于自然现象"云隙光"——当云朵挡住太阳，阳光会从云雾的边缘射出。灯可以调节色温和亮度，也可以旋转调整光线角度。我在家里也放了一盏，晚上加班时打开，氛围特别好。

设计类杂志
相比于推荐家具的书籍，蔡烈超更推荐设计类杂志，比如《ELLE DECOR 家居廊》《卷宗 Wallpaper*》等。因为在他关注的领域，书很容易"过时"，杂志则能提供更丰富的参考。

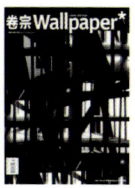

03 PART
我们的家

122	〔格温内尔·尼古拉斯〕设计自己的家让人激动
127	〔姜思达〕我对"不顺眼"的东西很敏感
130	〔Fabian Ong〕摄影师的家"空无一物"
134	〔一木和坚硬〕玩具制作师之家
136	〔曾伟绫〕这里是台北最美违章建筑群
140	〔希拉里·伯德〕房车是我的家
144	〔泽田嘉农〕自己建造的家
146	〔熊伟〕家里的书法元素无处不在
149	〔当当〕我的家是迷你物的收藏室
152	〔苏一格〕与二手家具相遇

PART 3 我们的家

建筑师 / 艺术家 / 摄影师 / 玩具制作师
纸品设计师 / 房车
自己建造 / 书法家 / 迷你物 / 二手

家的形式不止一种

一个"平均模样"的家,会是什么样?

在大多数中国城市居民的想象里,那应该是高楼中的一套公寓,用"室厅卫厨"来划分它的功能,甚至在很多人的一生中,家的变化也只是"室厅卫厨"的数量。但这远远不是家的全部。即使是同一幢公寓,不同的人也会把它变成截然不同的样子。

人有多不一样,家就有多不一样。

这个板块会展示 10 个迥然不同的家。或许是因为主人的工作,或许是因为主人的爱好,或许只是因为主人想换个活法,总之,这些家都和"平均模样"相去甚远。这 10 位主人都清楚地知道,家对自己意味着什么。不是每个人的家都要像它们一样独特,但它们能帮助拓宽我们对家的想象边界。

PART 3 我们的家

01

(格温内尔·尼古拉斯)
设计自己的家让人激动

〔东京、和歌山〕

text / 陈紫雨　photo / Curiosity Studio

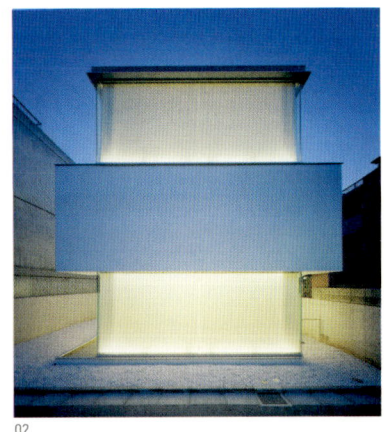

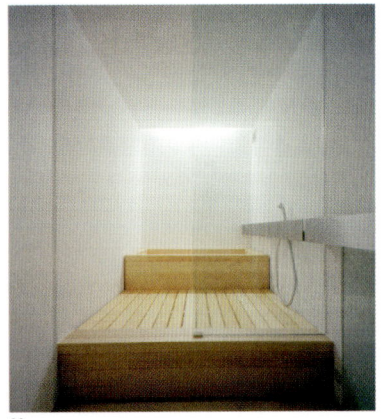

格温内尔·尼古拉斯（Gwenael Nicholas）在东京代代木上原地区住了 15 年。他在那里开了一家名叫 Curiosity 的设计工作室，同时这也是他的家。团队扩张后，他搬进了另一间公寓。尼古拉斯的声誉来自他设计的室内店铺，包括巴黎 Fendi 旗舰店、东京银座 LV 等奢侈品的店铺，以及 Shin Hotel、JG 东京等酒店的公共空间。

2022 年，尼古拉斯在距离东京 500 多千米的和歌山县买下了一块土地，亲自设计了一座度假别墅，这是他的新家。

尼古拉斯在和歌山的家就在海边。这是一栋以黑色为主调的住宅，远处看过去，房顶与海平线齐平。这是他有意为之的设计（01）。
尼古拉斯位于东京代代木上原的事务所。他在这里住了 15 年，所以这里还有一个可以泡澡的浴室，当然也是他本人设计的（02—03）。

PART 3 我们的家

Q = 未来预想图（Dream Labo）
N = 格温内尔·尼古拉斯（Gwenael Nicholas）

Q：你最喜欢东京的哪栋建筑？为什么？

N：在东京我最爱的是最高裁判所，它就在皇居前面。那栋建筑非常有未来感，很不可思议。我认为东京很奇异，它不像一座城市，而像一系列印象的组合，每栋建筑都不一样，你很容易就能找到你喜欢的、忽略你不喜欢的。这和巴黎、纽约很不一样。日本是一个岛国，珍贵的瞬间很容易转瞬即逝。这很特别，一方面它带着恐惧，另一方面又很有趣。

Q：你的工作室很漂亮很有个性，有一段时间你都居住在工作室里，为什么后来搬走了？

N：我在工作室住了 15 年，后来搬家是因为我们的团队扩大了。我的日常只有"输入"和"输出"两种状态，所以我必须时常训练我的想象力和感知力。不在工作室时，我的脑子里永远在做训练。比如清晨起床阅读半小时杂志，就是锻炼思维。而进入工作室，我就变成了"输出"的状态，我不会在工作室里思考，而是在来之前就做完了所有的思考。在这里时，就是单纯的行动和输出。

Q：你最喜欢和歌山这座新房子的什么部分？

N：是这个伸展的露台。这里什么都没有，只能看见海。当我有了很多东西之后，我想到要在一个地方，设计虚无，虽然这里什么都没有，却让人心跳加速，这里是个可以欣赏虚无的地方。在这里坐三小时都不会厌倦。

Q：你是如何为新家挑选家具的？

N：家具设计非常感性。我不喜欢"暂且先这样"（とりあえず）的做法。我们有太多"姑且"买下的家具，这是因为我们并没有仔细考虑过自己的生活。举个例子，当你清晨起床喝咖啡时，手中的咖啡杯很重要，如果它只是普通的咖啡杯，那你喝的也只是一杯咖啡；如果你拥有一只美丽的杯子，也许你将拥有美好的一天。

Q：做公共空间的设计和设计自己的家，有什么区别？

N：设计公共空间有时就像设计一款香水：最初打开时闻到了甜美，然后香味变得更为复杂，最后又很舒适。公共空间也是一样的，先是视觉上的惊喜，然后是智慧而协调，最后是使用感的舒适。

设计私人住宅则让我觉得更激动，因为我能做最独特的设计。比如我设计过一个水龙头，当你第一次看到它时，你会不知道怎么使用它。再比如我的公寓，没有显而易见的门，你也找不到卫生间在哪里，只有我知道。当朋友来我家做客时，就像在冒险，这令人兴奋。

01

02

尼古拉斯为工作设计了一个房间（01），房间的外面是一个开放式露台（02），那是尼古拉斯在整栋别墅里最喜欢的一处。整个露台空无一物。

这个半开放的空间是 Curiosity 工作室的另一个办公地点。工作室的所有员工都能来住，甚至能带亲友。房间墙壁上的装饰漆艺术品来自尼古拉斯的朋友——艺术家石塚源太（03—04）。

尼古拉斯认为当代日本公寓的室内格局太固定了。他偏爱传统的和室，虽然空间袖珍，但非常灵活。所以在和歌山的住宅里，房间之间大都没有明确的分界线（05），这让居住者更有探索的乐趣。比如这个房间（06），它集中展现尼古拉斯的个人设计偏好，你在这里找不到任何电源开关和插座，甚至不知道该如何开门。

PART 3 我们的家

姜思达在北京的公寓没有像他之前的住处那样摆满装饰物,但仍然可以看到一些他喜欢的元素:来自他自己花店的绿植、色彩丰富的家具。

〔姜思达〕
我对"不顺眼"的东西很敏感

〔北京〕

text／肖文杰　photo／王晓东

2016年，姜思达从大学宿舍搬出来，每月花4000元在北京租了一个单间。屋子的墙上有一个扎眼的爱心形状贴纸、淋浴间的玻璃上印着难看的花纹；住了一个月后，姜思达觉得皮肤老是发痒，他掀开床板，然后打了个电话给房东："床下面都是臭虫。"这是姜思达在北京第一个独居的家。

2014年，姜思达参加辩论类综艺节目《奇葩说》后受到关注，后来他开了自己的花店、拍视频、做播客、举办艺术展。2022年，姜思达又自己装修了一套不足60平方米的小公寓，这比他此前租住的别墅小了很多，但他设计自己家的标准一直没变：看着顺眼。

01

02

这是一个完全为姜思达设计的生活空间。公寓的中心是一个吧台而非厨房、红色的 SMEG 冰箱也是适合独居者的尺寸（01）。

富有设计感的玻璃在装修时也给姜思达带来麻烦。装修师傅认为这样会缩窄通道，让家电没法搬进来，但姜思达还是坚持这个方案（02）。

姜思达家中的透明亚克力板凳是他从淘宝上买的。他很喜欢这个家具，便宜、实用、多功能（既能是板凳，也能是小茶几），而且怎么搭都好看（03）。

Q = 未来预想图（Dream Labo）

J = 姜思达

Q：曾经有家装杂志拍摄过一套你曾经租住的别墅，其中充满了各种奇特的装饰品。为什么会形成这样的风格？

J：倒也不是有意要变成什么风格，就是喜欢在家里摆上这些好看的东西。我喜欢待在家里放松，放松的方式就是要在家里表达自己的审美。当然，里面也有失误。很多装饰品都是在淘宝上买的，在手机上看那个照片，虽然它标了尺寸，但是你未必有实感，比如有个长颈鹿的装饰物，我以为是很小的，没想到送到家后发现那么大。你也没法扔了它，就只能留着，我很不擅长丢东西，

03

所以房子里会很满。另外，我妈妈也会给家里添置一些东西，为了这个我们吵了好多次，后来我禁止她给家里乱添东西。

半透明的淋浴室，玻璃外就是床。姜思达说它不担心私密性问题，反正这个家本就是他一个人的空间。（04—05）

Q: 为什么？

J: 就是不行。与其说我喜欢美的东西，不如说我对于"不顺眼"的东西非常敏感，我明确知道自己的审美好恶。

Q: 你在 2022 年装修了一套小公寓，它和原本那套别墅的风格完全不同，为什么会有这种变化？

J: 因为面积变小，所以开始注重功能，也会吸取别墅里的一些经验。比如在大房子里有个房间我几乎不怎么去，意识到这点，我就知道自己当时的规划有问题，我对自己在家里要做什么没概念。所以我在装修公寓时，开始学会思考我在家里到底会做什么、到底需要什么、什么是重要的。所以在这个家里，没有灶台、没有餐桌，但有一个酒柜和一个吧台。我买了好几个透明的亚克力小凳子，既可以当椅子用，也可以当茶几，适合两三个朋友来小酌。

Q: 那在这间公寓里，你还注重"顺眼"吗？这会和功能有矛盾吗？

J: 当然注重。比如卫生间的隔断我用了一块半透明的半圆形玻璃。装修师傅说，做了这个玻璃，门口走道就变窄了，以后洗衣机搬不进来，虽然设计师说可以搬进来，但师傅就不肯做，吵得不行。后来我说：就这么设计，实在不行到时候把这玻璃拆了再装。

04

Q: 你理想中的家是什么样的？

J: 不考虑各种客观条件，我希望我的家有 1000 平方米。具体干什么？我不知道。我只希望它足够大，也许可以在家里运动、摆各种喜欢的东西、按照我的想法设计。

05

PART 3 我们的家

(Fabian Ong)
摄影师的家"空无一物"

〔新加坡〕

text / 赵慧 肖文杰　photo / Fabian Ong

墙是用石灰、石膏重砌的，地板则是水泥铺设（01），阳光照射进来，会看到墙和地板不规则的纹路和线条，但 Ong 逐渐习惯了这种不完美。统一的白灰色调，让整个空间显得更空旷，符合他将其作为展示空间的计划，在墙上，已经摆着一些可供展示的作品（02）。

摄影师 Fabian Ong 住在新加坡最常见的公屋里，那是一栋由新加坡建屋发展局（HDB）在 20 世纪 80 年代建造的公寓。原本这只是一间普通的公寓，但 Ong 彻底改造了它的格局，拆除所有能拆掉的墙壁，只留下房屋中间的承重墙，并围绕它搭建了自己的卧室和木质储物墙柜。而除此以外，整个家几乎"空无一物"，除了少数家具，就只能看到空旷的石膏墙和水泥地面。按 Ong 的说法，他的家只设计了一半。

01

02

Q = 未来预想图（Dream Labo）
O = Fabian Ong

Q: 你觉得自己家最突出的是什么特性？

O: 最重要的一点是，它只设计了一半。

原有的卧室和客厅合并后，形成一个大空间；同时比较小的厨房、卫生间和书房也连成一片。围绕公寓中心的柱子，我用高至天花板的木板隔出一个盒子式的结构，里面是我的卧室和一个隐藏的储藏室。我的卧室有两个门，一扇通向厨房、书房、卫生间，另一扇连接了客厅和卧室，因此我的房子没有死角。除了这个卧室+墙柜，其他地方空空荡荡。

通常，电视是客厅的关键物品，其他所有家具都是根据电视的位置来安排的，但我没有电视，所以客厅有了新的可能性。我计划把它当作一个展览空间，艺术家和设

PART 3 我们的家

01

02

03

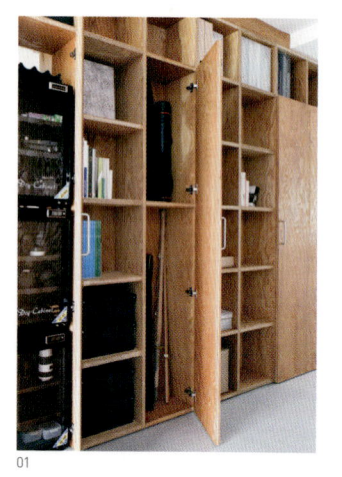

Ong 设计了一个由正方形格子组成的木质墙柜，来收纳摄影工具和材料。当然，并非每个格子都是正方形，比如在最左边的一列就被打通了，用来放置除湿柜，保护他的相机和镜头；左起第三列，由 2 个长方形格子组成，用来放三脚架、灯架等大物件；此外 Ong 还安排了存放扫描仪、大行李的空间。所有不规则尺寸的架列都装上了门板，所以平时就只能看到统一的方形格子（01）。墙柜正对着 Ong 的工作台，在公寓原本的布局里，这是卧室的一部分（02）。Ong 的厨卫布置，也是极简的风格，和墙壁、地面浑然一体（03）。

计师可以自由地在这里展示他们的作品。

最近我去参加侄女的生日聚会，我哥哥在那里租了一个大的充气滑梯给孩子们玩。我想，我的空间也可以容纳它。同样地，说不定我也可以在客厅里放一个帐篷，空旷可以带来无限的可能性。

Q：说说你设计好的那一半，为什么这样设计卧室和储物空间？

O： 顶天立地的墙柜是为了工作需要，这面墙柜正对着工作桌，这样我就可以轻松地转过身来取用我的摄影设备。它由 380mm×380mm 的正方形格子组成。这个尺寸与无印良品的收纳盒很匹配。

Q：我之前拜访过你在日本居住时的公寓，那里也很空，你为什么喜欢住在"空"房子里？

O： 哈哈，我在东京租住的公寓的确相当空旷，因为我知道那只是一个临时住所，买任何家具都只能使用一两年，太浪费了。我从一个 Facebook 群组免费获得了不少家电，它们来自一位此前在日本生活的外国人，我在搬走后同样把它们送给别人。我的卧室是一个日式房间，有一个非常宽敞的"押入"（Oshiire，日式壁橱），我把所有的东西都放在里面，不让人看到。

我并非有意识地创造一个极简的空间，我只是不善于用东西来填充空间，不过我确实挺喜欢空旷的感觉。我的朋友说物品能唤起人们的记忆，也许他是对的，也许我正在犯一个巨大的错误——扔掉东西，同时也扔掉了记忆。

Q：对你来说，家意味着什么？

O： 我是一个内向的人，家对我来说不仅是为身体充电，也是为精神充电。有些人可以在咖啡馆里工作，但我无法在那里集中精力，我更喜欢在家里。当然，这是从单身角度出发的想法，如果将来有了生活伴侣，我对房子的定义可能会改变，生活是不断变化的。

04

05

06

Ong 的公寓位于一条长长走廊的尽头（04）。这座公寓建于 20 世纪 80 年代，是当时新加坡最典型的公屋设计，居民大多是老人。公寓旁的树已经长得很高大，从公寓窗外望去，都是绿色（05）。
Ong 的卧室有两扇门，一扇通向厨房、书房和卫生间，另一扇通向客厅和卧室。这是他的得意之作，它实现了交叉通风，也让动线变得顺畅，整间公寓没有了死角（06）。

PART 3 我们的家

〔一木和坚硬〕
玩具制作师之家

〔广州〕

text／罗雪仪　photo／谭伟山

一木和坚硬是一对情侣，他们共同经营一个名叫"玩具回春堂"的工作室，把被丢弃的二手物品重新做成玩具。

在他们的家里，也充满这种改造"回春"的成果。按照一木和坚硬的说法，他们租下这套公寓时，它是典型的广东1990年代装修风格——天花板和墙面都是嵌套的木板，家里也都是木制家具。

一木和坚硬搬进来第一件事就是扔掉大型家具，扔不了的就改造。他们把衣柜的门拆了改成书柜、把电视柜改成鞋柜、添加方便移动的家具。经典的红木沙发被轻便的塑料椅子和懒人沙发代替，茶几则是用废弃的滑板和铁架做的。客厅变成一个灵活的公共空间，朋友上门来玩时，他们就把塑料椅拿开，摆上小板凳，围坐着聊天、看电影。

他们把这些改造称为"实验"。有了这个家后，一木和坚硬把工作的内容留在工作室。现在的他们，在工作室是品牌合伙人，回到家，就共同面对生活。

一木（左）和坚硬（右）。他们有两只猫，分别叫"阿春"（左）和"狗腿"（右），墙上的画有许多是坚硬的作品（01）。
坚硬最常待在客厅，画画、和朋友聊天、撸猫等几乎都可以在客厅完成。"狗腿"很喜欢那个用滑板做成的茶几。右边墙上的鱼是坚硬很喜欢的玩具，叫"big mouth billy base"（20世纪90年代风靡欧美的玩具，现在已经不再生产）（02）。
书房的柜子里装满了一木和坚硬淘回来的玩具（03）。
一木和坚硬很用心地打理房东留下的植物。他们还经常和朋友上天台吹风、聊天（04）。

01

02 03 04

PART 3 我们的家

【曾伟绫】
这里是台北最美违章建筑群

〔台北〕

text／赵慧　photo／EVAN LIN

南机场公寓全貌。与它身后新建的高层公寓相比，南机场公寓怎么看都是老旧、过时的存在，但曾伟绫被它吸引了。

在辞职并成立独立工作室后,设计师、策展人曾伟绫搬到台北的南机场公寓。这栋1963年建成的住宅在当时领风气之先:它是当时台北最高的住宅建筑、住宅户数规模最大,有独立水库和污水处理设备,电缆全部地下化;它甚至有自己的菜场、学校和避难室。

而曾伟绫入住时,南机场公寓已经是台北著名的违章建筑群。五颜六色的阳台和招牌从公寓里"生长"出来,整栋楼没有电梯,只有旋转扶梯,脏乱程度"前所未见"。但曾伟绫在沿着旋转扶梯爬上四楼的过程中,就决定住下。

01

南机场公寓这些私搭的阳台和店招,是过去几十年"野蛮生长"出来的,在曾伟绫眼里,这构建出了最美的违章建筑群(01)。这是南机场公寓(一期)著名的螺旋扶梯(02)。最初的设计中,螺旋扶梯的中心是垃圾井,住户可以不用下楼就倒垃圾,但后来这一功能被废止。曾伟绫有一次遇到一位夜宿楼梯的"街友",她在他旁边放了点钱,跨过去上了楼。后来她发现,这位街友经常睡在她所在的楼道里。

Q = 未来预想图(Dream Labo)
Z = 曾伟绫

Q: 为什么住进南机场公寓?

Z: 之前在公司上班,每天在办公室至少要待10小时,通勤还需要2小时。那时我和家的关系很淡薄,每天回到家累得像条狗一样,没有力气在家里做些什么。但在成立工作室后,我在家的时间变长,我想要一个自己喜欢的环境。

记得当时爬上四楼看房子,一边沿着扶梯旋转一边心动。我可以看到街道上的人,也可以看到后面一栋楼的居民,他们的棉被能吸饱太阳。这种空间感跟现代的公寓大厦太不一样了,你不觉得那些千篇一律的新房子在美学上很贫瘠吗?

而这里(南机场公寓)材质与颜色错落,高低律动起伏,招牌的文字生机蓬勃、耐人寻味。公寓楼下就是功能强大的南机场夜市,左右延伸4条弄巷都是骑楼小吃。

Q: 毕竟是常年的老房子,住起来有什么不便之处吗?

02

PART 3 我们的家

Z：有啊。木窗木门都没法关紧，夏季蚊虫窜入，冬天冷风飕飕；大车经过路面，窗子会咔咔作响；没有管理员收快递，没有天然气管道，只能靠定期更换的煤气罐（洗澡到一半煤气用完了是冬天的噩梦）。

Q：你的家里摆满了收纳柜，里面都是你的书，你喜欢藏书吗？

Z：一不小心就会蔓延成这样，家是我的小图书馆。但碍于空间有限，要挤进我的图书馆必得是经典好书，可以一看再看。我不是断舍离或极简主义的信徒，我会收集旅游时陌生人写给我的说明纸片、中学上课时传的纸条、小学买的 Hello Kitty 橡皮擦，还有各种票根——我是这种人。但我用巨细靡遗的收纳避免成为垃圾婆。

Q：休息日你会做什么？

Z：会很仔细地洗衣服，将衣物分颜色清洗，使用不伤环境的洗涤剂，看洗衣机里面的水色决定有没有洗干净，最后按颜色渐层晒衣服。衣柜换季是大工程，大衣该洗的洗，不需要洗的就用长柄衣物刷轻刷，晾出去吹吹风、吸收一点阳光后收进衣橱。

如果不用给衣柜换季，我会整理我的材料。整理好自己的房间就像是整理好自己的世界，整理的过程中也会发现接下来想要做的事情。

01

02

从事纸品设计和策展工作的曾伟绫，会收集各种生活中的材料。除了把它们分门别类收作工作素材外，她还会用它们装饰自己的家，让狭小的公寓变得丰富起来（01—04）。

03

04

05

06

07

虽然家里空间狭小，曾伟绫仍喜欢收藏。不过她善于收纳，书只留下最爱看的，工具书一般去图书馆借读（05）；设计所用的材料则分门别类放进收纳箱（06）。这让小公寓的生活不至于杂乱。

南机场公寓原本设计的户型都小于 50 平方米。时光流逝，原本的三口之家可能变成三代同堂，住户们都会从阳台出发拓展空间。独居的曾伟绫和许多邻居一样，用绿植填满小阳台（07）。

PART 3 我们的家

[希拉里·伯德]
房车是我的家

〔美国〕

text／刘佳润　photo／希拉里·伯德

一辆绿色的1999年款福特E-250箱型车，这里是自由职业者希拉里·伯德（Hillary Bird）如今的家。如果仔细观察，还能看出它曾经作为假日酒店（Holiday Inn）接驳车的痕迹。2019年她花了6200美元买下这辆车，经过5个月的改装，伯德开始了房车生活。和许多人一样，希拉里住进房车的原因是"渴望随时出发，到任何地方旅行"。

不过，和社交网络上那些漂亮的房车照片不一样，伯德展示了房车生活真实的一面。

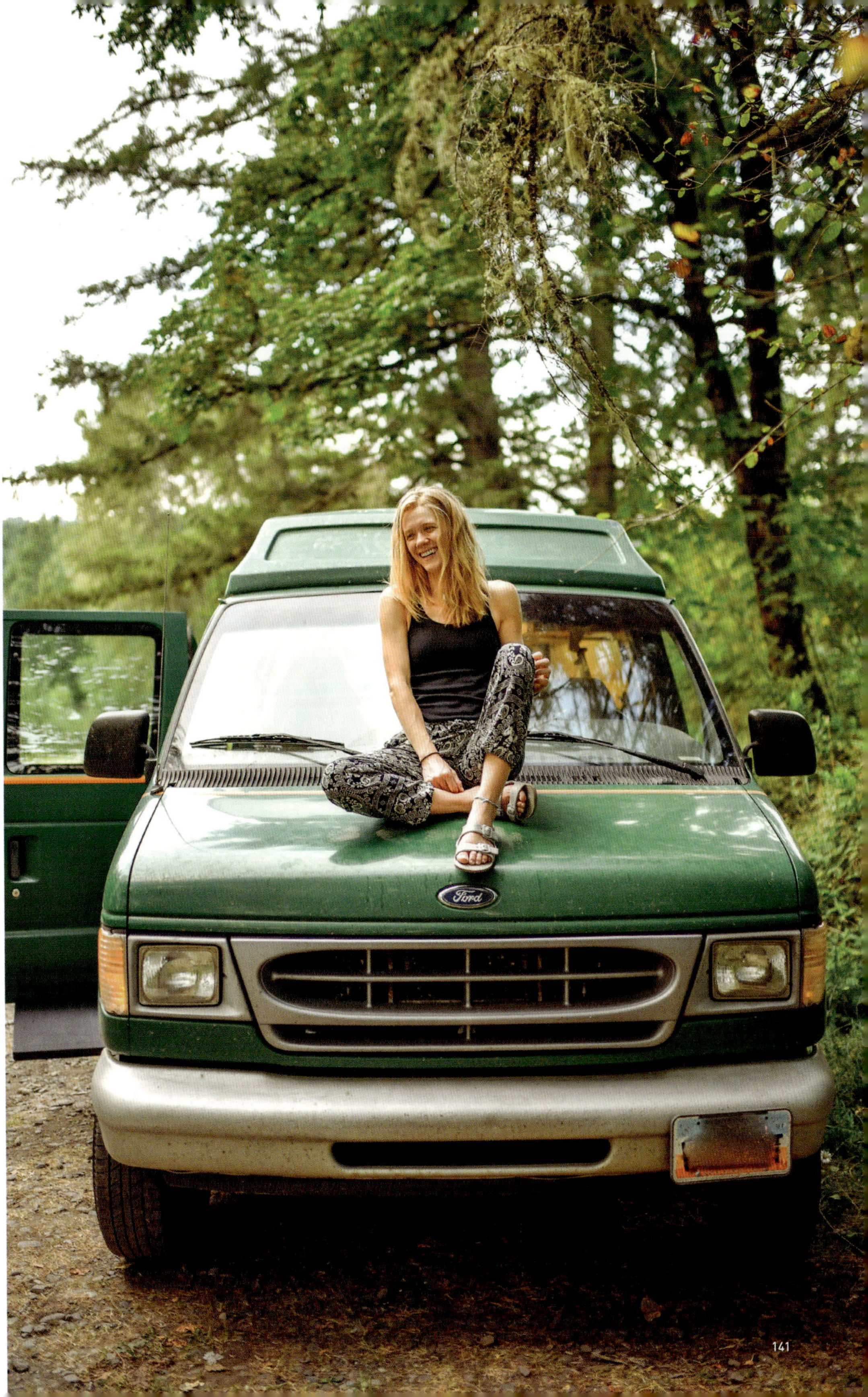
Ford

PART 3 我们的家

Q = 未来预想图（Dream Labo）
B = 希拉里·伯德（Hillary Bird）

Q：房车生活的真实体验是什么样的？

B：第一个感觉是自由，所有的时间都是你的。随之而来的、更明显的是耗费心神。有许多在公寓里习以为常的事，比如热水澡、新鲜的食物，在车里就没那么容易得到。我没有冰箱，只有一个冷藏箱，它至多能撑三天；至于洗澡，每周回到城市的时候，我会去 Planet Fitness 健身房洗澡，因为他们在全美都有分店，而且一个月只收 20 美元的会员费。什么时间去加水？去沃尔玛还是露营点？什么时候启程？这些问题也都需要考虑。还有孤独，房车的生活让我学会了如何与孤独相处。

Q：比起公寓这种固定的家，把房车当作家有什么不一样？

B：它更小，一方面它让你放松，另一方面你也很激动，因为你不知道它会把你带去哪儿。如果有了划痕，或者发出奇怪的声响，你还会对它生出一种保护欲。

Q：和其他人不一样，你似乎没有刻意地营造光鲜亮丽的一面。在你的网站上，你还列出了买车、改装和日常的花销。看上去你对房车这件事似乎特别理性。

B：改装这辆车时，我完全不在乎它是否好看。我给自己设定的预算目标是 10000 ~ 15000 美元。所以我会去买那些便宜但又好用的二手物品。我的床垫是从 Craiglist（美国的一家分类广告网站）上花了 75 美元买来的。的确，有些博主的照片拍得很好看，但也让这种生活方式看起来高不可攀。我想告诉大家："即便你手头没多少钱，也可以试着住进房车里。"

伯德在房车上做菜用的是一个 Coleman 的便携式炉灶，不烧饭的时候可以盖上盖子，收纳起来，不占地方（01）。伯德在房车里自制了这样的木质小抽屉，把手用的是最简单的绳结。整个房车里大多数的木制"家具"，都是她和父亲自己做的（02）。伯德的"冰箱"，其实是一个冷藏箱，为了节省空间，它被塞在床板下面（03）。

01

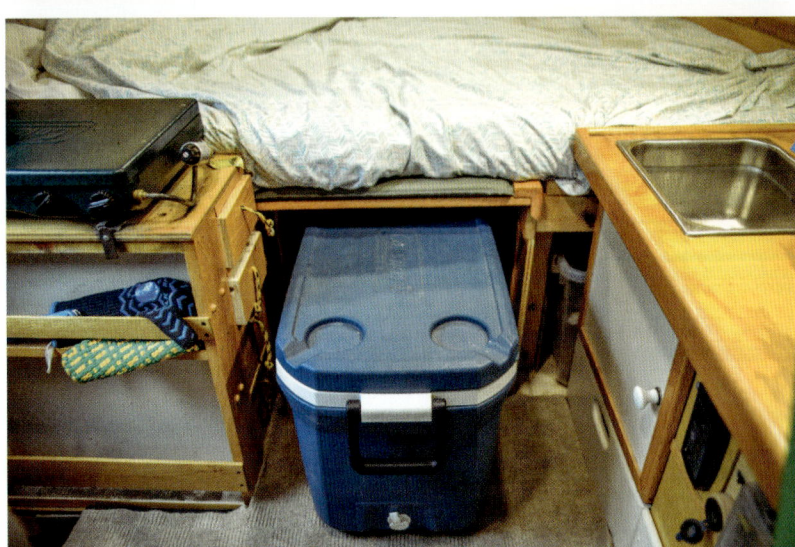

02

03

PART 3 我们的家

〔泽田嘉农〕
自己建造的家

〔高知市〕

text／曹中　photo／泽田公寓

泽田公寓是个体量不小的建筑（01）：地上五层、地下一层、占地 1800 多平方米，可它居然是一个没有建筑师经验和资质的人自己设计并带头建造起来的。公寓楼顶的红色起重机（02）是泽田嘉农把钢材运上来后自己焊接的，不过现在公寓没有扩建的计划。公寓住户除了饲养小猪（03），还会饲养鸡、鸭，种植农作物。公寓顶层有一个由假山和池塘构成的漂亮院子（04—05），目前泽田嘉农的家人们仍住在那里。

地上五层、地下一层，占地1800多平方米，泽田公寓被称为日本最大的"违法建筑"，而它的设计者和建造者泽田嘉农甚至没有学过建筑设计。车辆能通过大坡直通三层，屋顶上架着巨大的起重机，泽田公寓透露着手工制品的粗糙感。

泽田嘉农是这栋公寓的建造者。第二次世界大战后，他一直从事建材工作。1971年，当时政府监管还不严，他在高知市买下1800多平方米的土地，想要造一栋能住100户的大公寓。没有建筑师资质，泽田嘉农和家人一起花了大约15年，把公寓建成了现在的模样。

经过长期的内部沟通和与当地政府的磨合，泽田公寓已经成为一个自治的小社区。如今这里可以入住60多人，人们在这里开店、开工作室、饲养家禽。泽田公寓还逐渐增加了大坡道、电梯、屋顶池塘等设施。

2003年，泽田嘉农去世后，他的子孙负责管理这栋公寓，并且仍然住在公寓的顶层。

01

(熊伟)
家里的书法元素无处不在

〔杭州〕

text／杨舒涵　photo／熊伟

2016年大学毕业后，熊伟在北京做书法和国画培训，也在社交平台上发布与书法相关的视频。事业渐入正轨，熊伟反而产生了一个困扰：重复的青少年教学让他自身的书写水平提升有限，有时他甚至怀疑自己是否能够跟上学生进步的速度。所以熊伟决定逐步退出一线教学，到杭州继续学习书法。

相比于北京四十几平方米的胡同出租房，相近的租金可以在杭州住上通勤便利的三层连排别墅。2021年，花费18万元和三个月的时间，熊伟把这栋毛坯房装修成了现在的家。

第一次到访的人可能会把这里误认为是一个小型的书法展览馆，整栋小楼被各种书法元素填满：院子里用石砖铺了一条写满书法文字的小路，三层楼高的天井里，也挂着好几幅瀑布一般的书法长卷。

02

熊伟在杭州的家中专门辟出了一个书法练习室（01）。在熊伟家的天井里，则挂满了他所写的"顶天立地"的书法长卷（02）。

PART 3 我们的家

01

02

03

Q = 未来预想图（Dream Labo）
X = 熊伟

家里的每个房间，熊伟都为它写上了房间名（01）。院子里的石板小路，也被熊伟的习作填满。甚至空调的外机上也贴上了书法作品（02—03）。

Q：家最重要的是什么？

X： 第一要义就是舒适。因为我很宅，练书法也主要在家里。我需要有愉悦放松的状态去做事。

Q：家里这些与书法相关的设计都是怎么来的？

X： 很多是在住的过程中逐渐增加的。比如 2021 年中秋写了一批习作，篇幅太长，无论平铺在地上还是挂在书房里都不合适。这时就想起天井，因为这里阳光直射，一直空置着，没什么装饰，就索性把长卷挂起来。还有家门口的书法地砖，石头是邻居院子里不要的青苔废石。

Q：接下来对这个家还有什么改造计划？

X： 明年我打算把租出去当酒窖的地下室两层用起来，尝试放一些与书法相关的大型艺术装置。

〔当当〕
我的家是迷你物的收藏室
〔上海〕

text／刘舒婷　photo／刘舒婷

满柜的迷你物就在当当的床边,她每天都可以随意进入自己的迷你世界。

PART 3 我们的家

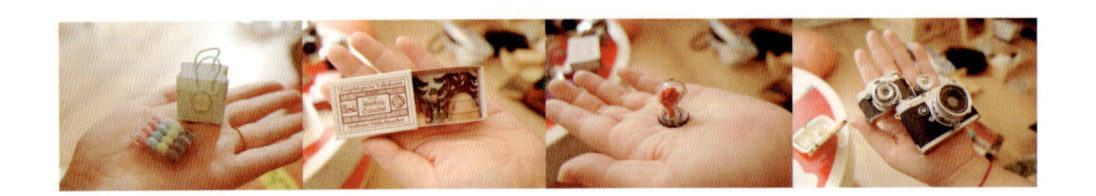

当当的家在上海市中心巨鹿路的老弄堂里，踩上木质楼梯嘎吱嘎吱地走到二楼，打开房门，30平方米的一居室一览无余——不，能看清的只是整个房间的空间范围，但里面摆放的东西，根本见不到底。当你走进墙边的立柜，才会发现这里藏着一个巨大的迷你世界。

当当是"迷你物"的爱好者，她的家就是她的储藏室。她喜爱各式迷你物，迷你书、迷你玩具、迷你手办……而她的家就是她的收藏室。

最常见的是日常物件的迷你版，比如迷你摄影集、迷你Traveller's Notebook 手账本、迷你剑玉、迷你厨具；进阶版是迷你物的改造作品，比如在米粒上作画，用核桃、夏威夷果做的开合玩具。最令人惊叹的是微缩景观玩具，比如藏在火柴盒里的彼得兔花园。而当当最喜欢的娱乐活动，就是请朋友到家里，一起玩迷你物。

微缩相机、迷你马卡龙、迷你火柴盒、迷你玫瑰花，这些日常物品的缩小版，是当当家中最多、最容易把玩的迷你物。

01

02

03

Q = 未来预想图（Dream Labo）
D = 当当

当当的"玩具军队"部署在家里的各个角落（01）。柜子里的每一个小格，也都是一幅景色（02）。当当经常会把玩具摆放在一起造景，也算是一种迷你的"过家家"（03）。当当的迷你玩具柜一角，不同类型的迷你物被分类摆放，纷繁但有秩序（04）。每一次请朋友来家里玩，当当都会拍一张拍立得纪念，现在已经贴满了冰箱（05）。

04

05

Q：你都是从哪里淘来这些稀奇古怪的东西的？原本很小的家，收藏了这么多东西，会不会挤占别的需求？

D： 都是各地淘来的，也会通过国内外的二手网站。有次去日本出差买了半个行李箱的迷你玩具。我把它们当成我的一部分，搬家的时候会给它们留好位置，不会挤占别的需求，看见它们成群结队站在柜子里，感觉很像我的迷你军队，哈哈。

Q：你很喜欢邀请朋友来家里玩，并且每次都会设计好在你家玩的体验环节，说说看，一次标准的"导览"流程是怎样的？

D： 我一般会和朋友约一顿饭，吃饱喝足后就开始分享我的收藏。首先是柜子，因为大部分迷你物都来自不同的渠道，我将它们分配进了不同的柜子里，它们每一个都有一个跟我相关的故事；其次就是一些可以发声的玩具，或是各种式样的迷你相机，可以让朋友们自己动手玩；最后一般是立体书，许多书籍设计本身就很特别。有时候如果聊得特别开心，我会拿出特别爱惜的珍藏物——迷你手工书和开合玩具。因为它们真的非常迷你、结构精巧，一直拿出来玩容易坏。每次朋友来都会拍一张拍立得留在我的冰箱上。

Q：那你一个人在家的时候会做什么？

D： 我一般会躺在地上放空，手边就是玩具柜，可以随手拿起自己感兴趣的玩具，开始脑暴！

PART 3 我们的家

〔苏一格〕
与二手家具相遇

〔多伦多、上海〕

text／胡一帆 photo／苏一格

苏一格家中大多数的家具是从二手市场淘来的。这么做不仅因为她环保，还有三个更"实际"的理由：一是便宜；二是不用担心甲醛；三是每件二手家具都独一无二，可以根据自身审美去搭配。按照苏一格的说法，在二手市场选择老家具，会产生一种遇见的感觉。苏一格搬过好几次家，但每次都会把这些二手家具带在身边。

01

02

苏一格住在多伦多时的家中一角。植物、花盆、橱柜和装饰都是苏一格在线上或线下的二手市场淘的（01）。苏一格在上海的家中，沙发旁有个小桌子，是她用二手市场淘来的金属椅子腿和二手小皮箱组装的（02）。苏一格有时去上海的一个旧货仓库淘货，经常可以遇到一些老式的藤制的桌椅，这是其中一件。买二手家具的好处之一，是苏一格可以更灵活地调整家里的布局，比如这个小桌子曾经放在床边，现在则可以摆在窗边做装饰（03）。苏一格在多伦多家中的桌上摆设。植物也是自己从种子开始养起，还可以通过线上和线下平台互换（04—05）。

Q = 未来预想图（Dream Labo）
S = 苏一格

03

Q：你如何挑选二手家具？

S：碰到喜欢的物品，我会思考一个问题：我是想拥有它，还是觉得它很好？因为一部分二手物品具备非常专业的功能，我未必用得上，那它们最好的主人会是我吗？比如我看到了一部好的电影，或在博物馆发现一件好物，其实我只要欣赏它就可以了，未必要买下来。经过这么长时间，我和自己选择的家具已经建立了一种默契。

从实用的角度，我还会判断家具是否处在一个良好的状态。这个状态和新旧无关，在我的经验里，很老的物件在质量上反而可能更好。

Q：你在海外生活的时候，就开始养成买二手家具的习惯了，那里有什么故事吗？

S：我有一把在多伦多二手平台淘的藤编椅。有段时间我住在多伦多，想买把椅子，但是网上藤编椅比较贵，于是我去二手网站寻找相似的款式，然后看中了这把椅子。因为运输需要我自己负责，当面取货的时候我发觉卖家住的地方离我家很近，而我此前完全不熟悉那个区域，这把椅子带我重新探索了自己所住的街区，这是一种另类的新鲜体验。

Q：家对你来说意味着什么？

S：家是一个让人感觉舒服的地方。我会对家中的物品有一种熟悉感，每个物品都有它自己的故事。这个家不仅是我的，也是这些物品的。我和这些家具互相陪伴、一起生活。

04

05

我们曾融于街市
也曾在自己与街市之间
建立屏障
体会过都市丛林中的
繁华与孤独
再看窗外
社区开始重新拥有力量

04 PART

新·集体计划

156 〔Case 5〕无印良品为什么看上了日本"老公房"?

167 〔Case 6〕巴比肯社区:谁在塑造这个社区"乌托邦"?

PART 4 新·集体计划

【Case 5】
无印良品为什么看上了日本"老公房"?

text／曹中 photo／株式会社 MUJI HOUSE

它会再次成为年轻人的首选吗?

01

02

03

2012年，UR西日本和无印良品合作，正式开启"MUJI×UR团地更新项目"。他们在日本大阪府的三个团地改造了20多间房子作为项目的开端。其中，改造泉北茶山台二丁团地时，使用了稻草制作的复合板当地面材料（01），还推出了由同等高度的厨房操作台与餐桌组合而成的厨房空间（02）；城北Riverside（リバーサイドしろきた）团地的改造风格为使用了自由隔断空间的家具（03）；在新千里西町团地，则用上了可以搭配仿制现代家具、更耐用、便宜的麻制榻榻米（04）。组合厨房与麻制榻榻米还作为无印良品和UR联合开发的新产品，成为此后MUJI×UR项目中常常使用的基本构造。需要注意的是，图中都是无印良品加上自家家具后的样板间，住户实际居住时，体验到的是改装后的硬装结构，仍需自己添置家具。

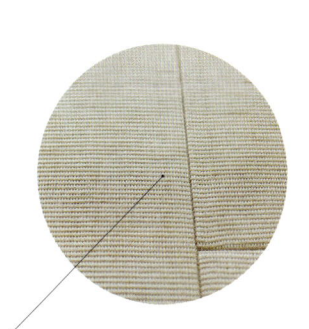

PART 4 新·集体计划

MUJI×UR 两个主导方如何合作？

	职能		权益
MUJI HOUSE	空间设计、提供家居产品	商品开发、信息发布	积累改造经验，促进商品销售
都市再生机构（UR）	房产管理		借助无印良品的品牌力吸引年轻租客

资料来源：根据公开资料整理。

无印良品不仅卖杂货、卖电动车、造房子，它还要做"全能住宅改造王"。

无印良品看上的改造目标是"团地"。改造后的室内空间雪白通透，你很难想象这样的房间其实位于类似中国"老公房"的住宅片区里。10 年间，无印良品在日本翻修了超过 1000 户这样的房间。

团地就像是日本的老公房。自 20 世纪 50 年代中期开始，为满足城市新增人口的住房需求，各地政府在城市和周边区域大量建设标准化集合住宅，集合住宅成片出现的地区被人们称作住宅团地。到了 20 世纪 60～70 年代，日本人对住房有一套标准的设想：独立生活从公寓的出租房间开始，结婚之后租一个更大的房子，有了孩子后购买公寓套间，最后将其卖掉换成市郊的独栋住宅。

随着新增人口减少，日本城郊的团地开始大范围地出现空房。人们的生活方式也变得更为多样，"标准设计"已经不能满足人们的需求。房产商开始因地制宜地开发住宅，人们可以在更多有个性的住宅区中挑选自己的家了。

2002 年，无印良品品牌所属的集团"良品计划"成立居住空间部门，做起了"家"的生意。这些生意，如今都归由"良品计划"旗下子公司"MUJI HOUSE"经营运作。当无印良品向公众提及住宅产品时，会放在"无印良品的家"这个概念之下。

过了两年，MUJI HOUSE 公布了 1 号商品"木之家"——它设计了 16 种木结构独栋住宅，并明码标价。除了"卖新家"，它还注意到了"改旧家"的市场潜力。2008 年 11

围绕"家"，UR 和无印良品分别做了啥？

	都市再生机构（UR）	无印良品（MUJI）/良品计画
1955	日本住宅公团成立，组织建设团地住宅	
1980		"无印良品"品牌成立，生产销售家庭用品与食品
1999	开始租赁住宅的室内翻修工程	
2000		成立株式会社ムジ・ネット（MUJI.net）。开设网络销售平台兼用户社区 MUJI.net
2002		株式会社 MUJI.net 成立居住空间部门，提出让家成为"居住的容器"。宣布销售独栋住宅，承接家宅翻修和家具定制业务
2003		正式提出"无印良品的家"的概念
2004	更名为"都市再生机构"，自负盈亏	株式会社 MUJI.net 开始销售独栋住宅"木之家"
2007		株式会社 MUJI.net 开始发放网络问卷，调查用户对居住的看法。开始销售独栋住宅"窗之家"
2009		株式会社 MUJI.net 开始销售独栋住宅"朝之家"
2012	UR 和株式会社 MUJI.net 签订协议，MUJI×UR 团地更新项目启动	
2013		株式会社 MUJI.net 更名为 MUJI HOUSE
2014		MUJI HOUSE 开始销售独栋住宅"纵之家"
2015	宣布与日本宜家合作，部分房屋由宜家提供家具，或重新设计厨卫	
2018	与东洋大学签订协议，共同研究物联网、人工智能等技术在团地住宅中的应用，并公开了导入新技术的团地样板房	
2021	MUJI×UR 项目改造的住宅超过 1000 户，"MUJI×UR 团地整体更新"项目启动	MUJI HOUSE 开始购入老旧的团地住宅，翻新之后再出售

资料来源：根据公开资料整理。

PART 4 新·集体计划

01

02

月,MUJI HOUSE 开展了有关更新改造的问卷调查,9500 名受访者中约一半的人表示愿意买二手房来改造。

逐渐老化的团地则成了"陈旧"的代名词。日本国土交通省 2013 年的一项调查显示,日本共有 195 万户团地住宅,占公寓型住宅总数的三分之一,其中约一半房龄超过 25 年。团地里老人多,出租房相对少,人员流动性不高,周边商业也不太活跃。

2004 年,曾经负责建设团地的"日本住宅公团"更名为"都市再生机构"(以下简称"UR")。从新名字就能看出,建新楼不再优先,让老房子"重生"才是燃眉之急。除了翻新住宅本身,如何吸引相对年轻的住户也是一大课题。

UR 是独立行政法人,承接了一部分政府职能,但拥有独立的人事权,且自负盈亏。房屋租赁是其主要业务之一。如今,UR 管理着 70 多万户团地住宅,要将其中的老房子全部推倒新建是不可能的。2012 年,UR 西日本分公司前社长大西诚在和日本设计师原研哉对谈时说,相比于一次性提供大量的新住宅,逐步改造老房子风险更低。比如增加儿童房,让带孩子的家庭愿意住进去;或拆掉陈旧的榻榻米,装修成简约风,年轻人也许会更喜欢。

一些团地虽旧,"底子"却不差,建筑间隔很大,室内通风良好,日照充足,室外还有不少绿化和公共空间。2012 年,UR 联合新锐建筑师对京都的观月桥团地做了一次改造。他们重新规划了厨房操作台的位置,并翻新地面铺装,让这座 1960 年建成的团地多了一些有个性的房间。

MUJI HOUSE 的员工在改造完成后去现场看了这个项目,然后在网站上开了一个"团地再生故事"专栏,紧接着又组织了一轮关于团地的问卷调查,收到 2247 份回答。受访者中 80 后和 90 后占到 43%,呼声最高的意见是"如果能自己改造空间配置就好了"。

MUJI HOUSE 对团地有兴趣,UR 也希望借"无印良品"的品牌力吸引年轻人。2012 年,UR 西日本率先和 MUJI HOUSE 合作,正式开启"MUJI×UR 团地更新项目"(以下简称"MUJI×UR")。他们选择了日本大阪府的 3 个团地、共 20 多间房子作为项目的开端。其中,新干里西町和泉北茶山台二丁两个团地,当时都已建成超过

MUJI×UR 推出了两个系列:
MUJI×UR Plan: 打掉不必要的墙壁与间隔,形成有留白的一室户构造,住户可以根据自己的需要重新"编辑空间"。P157 03 城北 Riverside 团地里的改造样式,就是无印良品在这个空间结构下提供的样板房型(01)。
MUJI×UR Plan+S: 重新改造使用旧式日本住宅中的壁橱与壁面空间,住户可以将它们变成发挥创意的收纳整理空间(02)。

PART 4 新·集体计划

50 年。

团地虽然是钢筋混凝土结构，但内部多采用更符合日本人生活习惯的构造。比如卧室的隔断由木框架和纸拉门组成，地上铺有榻榻米，墙上有很深的木壁橱，这些都是日本传统住宅中"和室"（日式房间）的标准配置。

MUJI×UR 的改造方案延续了"无印良品的家"的一贯风格。空间里看不到什么门，隔断和收纳需要住户自己发挥。他们拿掉了"和室"原来的隔断和壁柜门，让整个空间变得大且通透。设计师保留了一些团地住宅中有历史感的部分——房间原本的木框架、状态良好的圆形门把手和卫生间门。必要时，住户可以在木框架上装窗帘，或购买置物架做软隔断。

MUJI HOUSE 和 UR 还共同开发了新的商品，最有代表性的是麻制榻榻米。它和传统榻榻米触感相似，但它不怕被压坏，住户还可以融入现代生活样式，在上面直接摆放床或沙发。相比于木地板，麻制榻榻米更便宜，也不会产生太多噪声。

另外，他们还发明了一套组合式厨房。它由操作台和一组可移动的桌椅组成。桌子和操作台高度一致，住户可以任意组合，让桌子成为操作台的延伸或单纯用作餐桌。这些新商品后来也被用在了"无印良品的家"的其他产品中。

经过 MUJI HOUSE 改造的团地住宅，房租会上涨 3%~10%，但仍有不少人想要租，最火的时候一间房会有 19 个家庭争抢。第一仗打得不错，这让 UR 和 MUJI HOUSE 都更有信心了。2013 年，MUJI×UR 不仅在

01

MUJI×UR 项目也会紧跟新的生活样式，推出相应的新设计。2015 年，在福冈县福冈市的 Urbane Renaissance 贝塚（アーベインルネス贝塚）团地，以厨房为中心的生活样式成为房型"卖点"（01）。2021 年，在福冈县北九州市志德团地，旧房型中的壁橱被改造为适合在宅工作的"work space"（工作空间）（02）。

02

PART 4 新·集体计划

01

2021年，无印良品单独尝试团地改造业务：买下老旧的团地住宅之后，用 MUJI×UR 积累的经验改造它们，再整体销售。横滨市的港南台 Mejiro 团地里这间一室一厅构造的房型就是当时推出的样板户型之一，采用了流行的"对面式厨房"的设计，方便做饭的人和空间里的其他人交流（01）。无印良品还解释了在这类项目中采用面积较大的一室户结构的原因：减少墙壁，可以增加光照与空气流动，即便住在公寓，也可以享受与周边自然环境的互动——这类团地住宅楼栋之间的距离比较充足，有时还拥有绿意窗景（02）。这也是能伴随家庭成长的户型，当孩子出生后，可以通过移动家具完成房间分隔，等孩子独立出去，房间又可以恢复大开间的构造。

大阪开拓了两个新团地,还进军东京,为UR管理的最大团地——高岛平团地设计了两种改造方案。之后,MUJI×UR 团队把业务扩展到了全日本。

此后,MUJI×UR 团队陆陆续续在 52 个团地开展了改造工程,截至 2021 年 3 月,MUJI×UR 团队已完成超过 1000 户团地住宅的改造,四分之三住户年龄在 40 岁以下。MUJI×UR 也会提升团地的曝光度。UR 公开表示,2018 年至 2021 年,每当 MUJI×UR 在新的团地开展改造,这个团地当年的总体签约数会比上年增加 12%。

也是在 2021 年,"无印良品的家"诞生了一条新的业务线。MUJI HOUSE 将老旧的团地住宅买下,用 MUJI×UR 积累的经验改造它们,再整体销售。对 MUJI HOUSE 来说,"改旧房"和"卖新房"逐渐重合了起来。

这些决策离不开 MUJI HOUSE 对用户反馈的持续关注。"团地再生故事"专栏随着 MUJI×UR 持续更新了 10 年,每一篇文章都会设置收集用户意见的邮箱。除此之外,从 2007 年开始,MUJI HOUSE 持续调研用户的生活方式和他们对居住空间的看法,到 2022年 6 月,他们已经开展了 37 次不同主题的调查。从这些主题里也能隐约看到日本住宅的新趋势。比如疫情暴发之后,调查的主题有"远程办公"和"两据点生活";最新的两期调查主题则是"上房下店的生活"。

2021 年,MUJI HOUSE 和 UR 宣布了新的合作项目,名为"MUJI×UR 团地整体更新"。除了房屋内部空间的翻新整修,MUJI HOUSE 和 UR 还将联手改造团地的公共空间,比如房屋外观、室外广场、一层商铺等。新项目从千叶市的花见川团地开始,MUJI HOUSE 在那里摆摊,负责该团地更新的设计师也会办一些工作坊活动。

也许再过几年,日本的"老公房"又会恢复往日的生机。它们会再次成为年轻人的首选吗? Ⓜ

02

PART 4 新·集体计划

(Case 6)
巴比肯社区：
谁在塑造这个
社区"乌托邦"？

text / 邢梦妮

它似乎是如今城市更新项目里一个称得上样板的社区模型：由中产阶层构成，有充满魅力的小店，有文化氛围，以及——高房价。

巴比肯社区一隅。水景、花园和阳台上的花卉是巴比肯社区特有的景致。根据居民的说法，阳台上不能晾晒衣物，但并不强求他们养花。如果你看到这些盛放的花卉，那是居民个人的兴趣，他们自发维护着巴比肯的日常风景。

photo / 章宇栋

PART 4 新·集体计划

在伦敦，"巴比肯"（Barbican）社区真是声名远扬。

它其实是个建筑群，分为巴比肯屋村（Barbican Estate）和巴比肯艺术中心（Barbican Centre）两部分，脚下埋着伦敦城古罗马时代的城门。在拉丁语里，"巴比肯"指防御堡垒，而巴比肯建筑群（Barbican Complex）完全符合这个名字——那是个占地 14 万平方米的庞然大物，从头到脚都是灰色。

建筑师们曾这么形容想象中巴比肯的居民："年轻的专业人士，可能对地中海假期、法国食物和斯堪的纳维亚设计有兴趣。"这些居民塑造了巴比肯的形象、定位甚至可能是未来的命运。

巴比肯占着一个紧邻地铁的好位置。当你循着"巴比肯"（Barbican）路标踏出地铁站，寻找目的地的旅程就已经结束了。但建筑群的体量又是如此巨大，所以对一些居民来说，想回到家，还要再走上一程。

从地铁站出来，再一头扎进眼前高架桥底的隧道，让巴比肯电影院和巴比肯艺术中心

巴比肯艺术中心具有哪些职能？

1 —— 艺术与设计展
2 —— 电影院
3 —— 古典音乐演出
4 —— 当代音乐演出
5 —— 图书馆
6 —— 演讲与活动
7 —— 剧场与舞蹈
8 —— 游览与公共空间

巴比肯艺术中心是个庞然大物

巴比肯艺术馆：自 1982 年开幕以来，巴比肯艺术馆平均每年举办 2～3 个视觉艺术展览，涵盖艺术、建筑、设计、时尚、摄影和电影等领域

The Curve 画廊：2006 年在巴比肯艺术中心内开设的小型画廊，通常举办免费的新锐艺术家个人展

巴比肯礼堂：可容纳 1943 人，是伦敦交响乐团和 BBC 交响乐团的所在地

巴比肯剧院：可容纳 1156 人，由皇家莎士比亚剧团独家使用

The Pit 剧场：200 个座位的小型剧场

巴比肯电影院：3 个放映厅，座位数分别为 288、156 和 156 个

巴比肯图书馆：公共图书馆，有艺术和音乐方面的特别收藏

餐厅：3 家
会议厅：7 个
贸易展览厅：2 个

01

photo / Max Colson

02

photo / Sidd Khajuria

当你走出地铁站,穿过高架桥下的隧道,再向右转,就能来到巴比肯艺术中心位于苏克街(Silk Street)的入口,也是这座建筑物对外的"门面"(01)。俯瞰巴比肯社区一隅,半圆形的露天剧场、绿色花园都是居民专享的空间,建筑之间以高架桥互相连通。眼前这座高塔是居民楼,在社区内共有三座,就像伦敦天际的三根"天线"(02)。

PART 4 新·集体计划

photo / Max Colson

河边（lakeside）是巴比肯社区人群聚集最多的公共空间，无论是居民还是游客，都爱在水边歇息。左侧是伦敦市立女子学校（City of London School for Girls）的教学楼，右侧是巴比肯艺术中心，人们可以在室外聊天、吃饭。

从身旁掠过,最终抵达巴比肯建筑群的另一边——这条路线,自由插画师杰克·休斯(Jack Huges)持续走了 16 年。

2006 年,杰克还是一名艺术生,和同学结伴来巴比肯艺术中心看展。他记不太清展览的名字,但记得有一名养鸟的艺术家在地上摆上大提琴,让受过训练的鸟用爪子拨弦演奏。他从来没想过人和鸟能合作创作艺术,立刻花钱办了一张能免费看展的会员卡。2019 年,杰克正式成了巴比肯居民,他仍在持续支付每年的会员费。

汤姆·莫里斯(Tom Morris)也从巴比肯艺术中心了解了社区。2012 年伦敦奥运会,他偶然看到感兴趣的设计展览,于是来了一趟。那时,汤姆在生活方式杂志 Monocle 当设计编辑,常去全球各地旅行,但不太关注这一带。逛过后,他非常惊讶伦敦还有这样的地方,决定做点"研究",然后掏钱买下了一套顶层公寓。

生活在伦敦,即使你不知道巴比肯,也难免会搭上点儿关系。这片区域曾在第二次世界大战期间被德国空军轰成焦土,十年后,根据 1951 年伦敦市政府的人口统计,这地方只住着 48 人。为吸引居民回归,市政府买下了这块地,计划重新造房子给大家住。

在伦敦金斯顿大学执教的三名建筑师——张伯伦、鲍威尔和本恩最终中了标。他们不是第一次给市政府当"乙方",之前也在巴比肯附近修建过社会救济房。

这个项目有些年头了。根据公开资料,巴比肯立项于 1957 年,1976 年竣工,有 2000 多套公寓,超过 100 个户型,最多能住 6000 多人。巴比肯艺术中心形态比较复杂,直到 1982 年才开张。

建成之初,巴比肯是伦敦市政府名下的资产,对外只租不卖。1979 年,英国政府在首相撒切尔的领导下发布了私有化法案——

巴比肯艺术中心收入来源   ● 伦敦市政府　● 票务、贸易与其他　● 众筹募捐

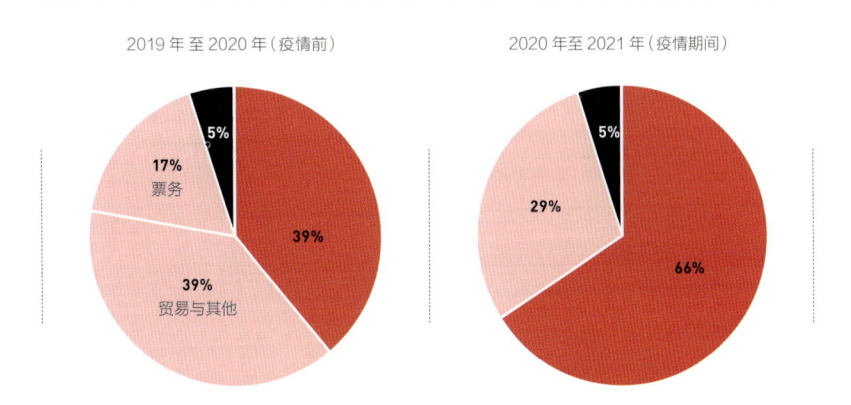

2019 年至 2020 年(疫情前)

- 伦敦市政府 39%
- 票务 17%
- 贸易与其他 39%
- 众筹募捐 5%

2020 年至 2021 年(疫情期间)

- 伦敦市政府 66%
- 票务、贸易与其他 29%
- 众筹募捐 5%

资料来源:《巴比肯艺术中心 2020/2021 年度报告》。

PART 4 新·集体计划

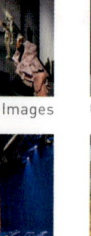

01　photo/Michael Bowles/Getty Images
02　photo/Max Colson 
03　photo/Max Colson 
04　photo/Peter Dazeley 

买房权（Right to Buy），鼓励公住房的居民筹资买房。

巴比肯是经济繁荣期的产物。张伯伦、鲍威尔和本恩当时不过三十多岁，一般不会负责这么庞大的项目，但 20 世纪 60 年代的机会很多——1950 年至 1960 年，伦敦上牌照的车数量涨了一倍，从 450 万辆增加到了 900 万辆。无论是城市规划者还是建筑师，都相信好日子到了，他们可以"建设一个更好的社会"。

巴比肯幕后的人也不例外。建筑师都深受功能主义建筑学之父柯布西耶影响，遵循他提出的"现代建筑五项原则"：底层柱子支撑、自由平面、自由立面、横向长窗、屋顶花园。你能在巴比肯看到这些理念的影子。如果看外表，巴比肯建筑群属于粗野主义（Brutalism），主要采用混凝土建材，不加装饰，讲求为功能服务。

巴比肯就像一个巨大的"乌托邦"。在经济发达、预算充足的时候，建造巴比肯自然不是问题。整个工程总共花了 1.56 亿英镑（约合 12.9 亿元人民币）——建筑师采用了高规格的建材，定义了英国混凝土建筑的最高标准，设计了统一模块化的厕所和厨房，引入了中央供暖系统。当时的市政府甚至本来想在整个伦敦都推行高架桥系统，把所有高楼连在一起，但计划后来搁浅，而巴比肯保留下了这些遗产。

汤姆评价说，巴比肯"完全就是迷宫"，任谁都会晕头转向。哪怕他住了十年，也没能搞清楚所有路。除了住宅，巴比肯建筑群还包括人工湖、教堂、学校、博物馆、消防站、音乐学院等设施。南北端分别有三座高达 42 层的塔楼住宅，至今还位列伦敦摩天大楼前 100 名。

史蒂文和丽兹夫妇就住在其中一座塔楼。他

06

巴比肯艺术中心成天都在举办艺术活动。你可以在巴比肯艺术馆观看时尚展览（01），再去巴比肯商店购买周边纪念品（02）。大部分音乐演出都在巴比肯礼堂举办（03），如果你是个剧迷，那就是巴比肯剧院的常客（04）。要是你在巴比肯社区逛累了，可以回到巴比肯艺术中心就餐（05）。巴比肯艺术中心旁边还有一座玻璃屋顶的温室（06），"收容"了超过 1500 种植物，截至 2022 年 1 月，温室仅在周末对外开放。

05　　　　　　　　　　　　　　　　photo／Thomas Skovsende

photo／Max Colson

PART 4 新·集体计划

们在时尚领域工作,如今是半退休状态。4年前,他们受够了自家门口新开的酒吧,搬离待了30多年的老房子,住进了巴比肯建筑群里一座塔楼26层的四室一厅公寓。对他们来说,巴比肯足够安静和安全,就像一个避难所。

史蒂文坦言,他们不得不来巴比肯。在英国,很多社区的形态就是路边长得差不多的联排别墅,不像巴比肯这样有完善的配套设施。这对夫妇本来住得离巴比肯不远,只有几千米,他们会步行来巴比肯建筑群里的健身房锻炼,去这个区域的电影院消遣。他们之所以会想搬来,就是健身房里的巴比肯居民提议的。

类似的故事在杰克和汤姆身上也发生过。在杰克搬进来后不久,一个朋友就把他介绍给了汤姆,两个人喝了杯咖啡,在巴比肯建筑群晃悠了一下午。现在每个月,都有居民在花园办派对。虽然只对内部人士开放,但杰克开玩笑说,只要你有朋友,就可以溜进来偷吃。

如今,巴比肯确实像种身份象征。你很容易想象这样的"用户画像":一群很酷的人,靠创造为生。史蒂文一家楼下现在住着一个陶瓷手艺人,杰克是插画师,汤姆则转行做了室内设计师。

巴比肯建筑师们的目标住户是所谓的"中产阶层"——工作稳定的城市工人或职业经理人,这里就像他们的据点,尽管是高密度住宅,但生活足够惬意。

未必所有人都能欣赏巴比肯。根据英国广播协会(BBC)报道,2003年,英国广告公司Grey在伦敦设计节期间的民间调查显示,

为什么巴比肯社区变成了中产阶层的"乌托邦"?

- 随伦敦的城市复兴而立项,最初的市场营销目标就是想住在城市里的中产阶层
- 巴比肯的建筑风格受当时流行的社会民主主义思潮影响,带有理想色彩
- 作为在英国少有的大型封闭社区,巴比肯完善的基础设施和服务满足了居民的需求
- 与社区配套的文化艺术设施,持续输出新的内容,成为社区的看板和吸引力中心
- 紧密的社群关系激活了居民的"口碑营销",在他们的好友圈里也打出了名气

巴比肯建筑群被选为"伦敦最丑的建筑"。

然而,十年后,这么想的人越来越少。2018年出版的《巴比肯屋村》一书中,一名在此居住16年的受访者表示,在他2006年搬来时,邻居还开玩笑说,巴比肯像个"伦敦的怪胎",但现在每当他告诉别人自己住在巴比肯,对方都会赞美这栋建筑。"自从我们搬到这里,我们的三个朋友也都搬来了。"他回忆说。

推动印象改变的主力可能是巴比肯艺术中心——它是伦敦三大艺术表演中心之一,相当于巴比肯社区的"心脏",设置了公共图书馆、艺术馆、植物温室和剧场,也是伦敦交响乐团、BBC交响乐团、皇家莎士比亚剧团的常驻表演地。按照2022年9月的时间表,巴比肯艺术中心平均每天要承办10个活动。

从2003年起,巴比肯艺术中心陆续经历了一系列改造,聘用建筑师重新设计门厅、公

共空间和所有场馆，让内部构造变得不那么复杂。2007 年 25 周年庆时，巴比肯艺术中心对公众开放，并举办了为期两周的艺术活动。2012 年伦敦奥运会开幕，那一年也是巴比肯艺术中心 30 周年庆，他们参与举办了"文化奥林匹克"和伦敦艺术节。这些活动把杰克和汤姆直接带进了巴比肯。

居民更多的是被巴比肯作为文化艺术地标那一面引来的。"他们（巴比肯电影院）不放主流电影，有很多独家的独立电影。"史蒂文补充说，"如果来巴比肯，你会感觉（自己）和其他人不太一样。"在社交平台 Instagram 上，汤姆和他的朋友们会发布各种巴比肯生活的照片，打上 #Barbican 标签——这个标签目前已经收集了 42 万条动态。

巴比肯正在经历一场更新。"原住民"年事已高，有的已经去世，有的选择离开巴比肯去乡下度日，史蒂文就是从一个退休经理手里买到了公寓，"当（最初这批）老住户去世，他们的房子会被政府收回、清空，再对外出售。"

杰克坦言，巴比肯的房源非常抢手，但房东不喜欢来住一两年就搬走的跨国企业专业人士，所以他才在入住竞争者中赢下了合约。这几年，他观察到巴比肯搬来了更多带孩子的家庭和年轻人，他们都很骄傲可以住在这儿。

当你问居民住在巴比肯有什么麻烦事，他们都会露出一副要好好想想的表情，说出一些"不能养宠物""阳台不能晾衣服"的规矩。接着，他们又会自己否定这件事——已经习惯了，没什么困扰的。奇怪的是，这些人都会给出差不多的回答："住在这里真的没什么难处，真的。"

事实上，巴比肯一直都处于争议之中。尽管地主伦敦市法团声称会在巴比肯运营社会住房，给穷人优惠，但绝大部分房子已在 20 世纪 80 年代出售了。根据英国政府和房地产网站的数据，2021 年，每套公寓的平均价格为 100 万英镑（约合 810 万元人民币），而伦敦全职工作者的平均年收入约 3.97 万英镑（约合 32 万元人民币）——如今，这已是个只有富人才住得起的地方。

另一个难点是巴比肯艺术中心的运营。2020 年以来，疫情严重影响了表演收入，让本就依赖市政府拨款的组织更加艰难。以 2020 年公布的年度财报为例，贸易、票务和其他收入还能占到巴比肯艺术中心总收入的 56%，但 2021 年的财报显示，这些收入加起来也只有上一年的一半，活动开支更是缩减了七成，他们不得不取消计划、裁员。

2021 年初，巴比肯艺术中心内部爆发了一场种族歧视风波。几名员工在网上公开了电子书，收集受害者访谈，指控管理层用不恰当的语言侮辱少数族裔，最终收集了 100 个案例。2022 年 2 月，巴比肯艺术中心任命了 CEO 可丽儿·斯宾塞（Claire Spencer）——注意，CEO 是个新设的岗位。这位 CEO 是伦敦人，曾在悉尼歌剧院担任主管，在就职宣言里，她强调将更关注社区的包容与公平。

巴比肯的故事还在继续。每年，上万人沿着地铁和桥下隧道，迈入这座堡垒。有些人只是过客，但另一些人会急切地想留下来，成为社区一员。他们最终会把巴比肯变成自己的"乌托邦"，在伦敦市中心的闹市中独享绿意和静谧。

PART 4 新·集体计划

巴比肯的居民们

你会看到 3 个
巴比肯居民的故事
他们塑造了巴比肯的形象、定位
甚至可能是未来的命运

text / 邢梦妮　photo / 章宇栋

01

在 2018 年创办室内设计工作室 Morris Studio 之前，汤姆在英国生活方式杂志 Monocle 担任设计编辑。

在他位于 10 楼的顶层公寓里，你可以看到各种日本元素：挂在墙上的浴衣、日文书……这些都是他以前去东京出差时带回英国的。从公寓客厅的阳台向外眺望，你就能看到伦敦圣保罗大教堂，最近被一台红色吊车挡住了，汤姆有些遗憾。整套公寓的天花板都是挑高的，在客厅能享受到穿过 U 形窗照进来的阳光。

汤姆是巴比肯社区公认的"社交名片"。要是你刚搬来巴比肯，他会很乐意花些时间带你走走。你也很可能会在不经意间发现，原来他是你"朋友的朋友"。在 2021 年，他还参与策划了一组巴比肯社区的时尚杂志拍摄。

十年前，汤姆因为一场展览来到巴比肯，做了点调查，就决定入手一套单人公寓，当时的"价格非常优惠"。他至今认为那是个非常划算的决定。他敲了敲卧室的混凝土墙壁和木制窗框，告诉我们这些质量都很好，他从来没听到过邻居的声音。

01

02

01

汤姆·莫里斯
(Tom Morris)
室内设计师
在巴比肯居住 10 年

汤姆的书架也是电视柜,摆满了厚重的建筑书和设计书,还有一些他亲手做的陶瓷(01)。汤姆作为杂志编辑去日本时带回来的日式传统服装,他特意挂在客厅最显眼的位置(02)。在自家露台上的汤姆,他在门外养了一些植物。顶层公寓的露台是一条没有隔断的长廊,需要与其他住客分享,但他表示大家一般不会互相打扰(03)。

PART 4 新·集体计划

02

史蒂文·罗斯霍兹
(Stephen Rothholz) 与
伊丽莎白·埃文斯
(Elizabeth Evans)
艺术与时尚从业者
在巴比肯居住 4 年

史蒂文和伊丽莎白在客厅的合影。在摄影之前,史蒂文说他们已经买下了背后的画,所以"版权上没有问题"(01)。伊丽莎白的工作室里竖着人体模特,现在是她的置物架,她会从上面不时捞点合适的饰品下来戴。两边的架子上堆满了她从上一幢房子里带来的书、CD、鞋子等小玩意儿(02)。伊丽莎白的缝纫机,现在还在服役中。尽管已经过上了半退休生活,但他们还是会接一些定制订单。第一次拜访她时,她把面料铺在餐桌上,正在用剪刀比画,要为老朋友做一条绿色短裤(03)。

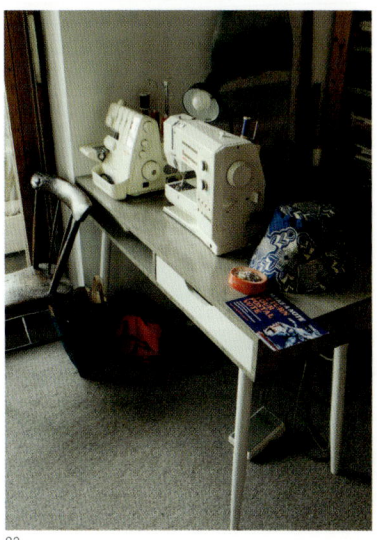

02

02

2018 年,史蒂文和伊丽莎白从退休的屋主手上买下了这套塔楼公寓,清空了老房子,重新开始新生活。他们原先就住在巴比肯附近,但随着商业开发,那个 30 多年的老房子渐渐变得吵闹,在对街开出一家酒吧后,他们决定离开。

在 26 层,你能把伦敦金融城的天际线尽收眼底。史蒂文开玩笑说:"想买得起这套房子,你得整整工作 50 年!"但他们还没有退休。这套公寓有 4 间卧室,其中 2 间分别是史蒂文和伊丽莎白的工作室,剩下的是主卧和客卧。在午后,史蒂文总是躺在客厅的沙发上,昏昏欲睡,伊丽莎白会在客厅的餐桌上裁剪布料,身旁架子上塞满了他们满意的艺术藏品。

03

PART 4 新·集体计划

03

杰克是那个"幸运儿"。上大学时，他就被艺术代理机构相中，开启了自由插画的职业生涯。在巴比肯找房子时，他也赢得房东的青睐，现在和一名建筑师合租。在墙上，你能看到四幅画作，是他受了时尚品牌 Gucci 的启发而作。他也干过模特和演员，据说客串过《复仇者联盟》。按他的说法，巴比肯的房租平均大约占月收入的 25%。"这么一算，也不太贵，但自由职业者的收入总是起起伏伏的。"他说。

杰克主要在客厅活动，这里有他钟爱的 XBOX 游戏机与工作设备，还有一只他养了 4 年的俄罗斯蓝猫朵丽丝（Doris）。尽管巴比肯禁止养宠物和在阳台晾衣物，但他都碰上了打破规则的故事，这些"秘密"反而成了他和社区的感情催化剂。

隔壁邻居夫妇为了表达支持乌克兰，曾经在阳台上挂过乌克兰国旗，管理员把警告信误发给了杰克。"我想他可能数错了窗格。我就从阳台给邻居写信说，我理解他们的心情，让他们多挂两天，我不会告诉任何人。"虽然后来邻居撤下了旗子，但他们因此成了朋友，朵丽丝经常去邻家阳台串门。Ⓜ

01　　　　　02　　　　　03

03

杰克·休斯
(Jack Hughs)
自由插画师
在巴比肯居住 2 年

04

杰克养了 4 年的俄罗斯蓝猫朵丽丝(Doris)。它就像这个家真正的主人,去过公寓的每个角落(01)。杰克的工作桌,他的一大烦恼就是公寓太小,没办法把桌子放在卧室里(02)。杰克家的客厅。因为他是自由职业者,当室友出门上班后,大多数时间他都能独享这里(03)。杰克在厨房里。他与室友合租,但未必会一起吃饭。厨房在巴比肯社区是统一配置,每家每户的厨房都差不多(04)。

05 PART

冲出家门：谁在塑造第三空间

| 184 | 什么是第三空间?
| 196 | (Case 7) MIA MIA: 如何以一己之力激活社区?
| 206 | (Case 8) 还记得吗? 温暖的便利店之光
| 214 | (Case 9) 分开一些, 生活会更好吗?

PART 5 冲出家门：谁在塑造第三空间

什么是第三空间？

text / 钟恩惠 illustrator / 于玚

在职场、学校与家之外，你会期待一个怎样的空间——或者说，你有想过这是可以期待的事情吗？

抛开家庭和工作,让你感到放松、有归属感且经常出没的地方,就是"第三空间"*。这个概念最早是美国社会学家雷·奥尔登堡(Ray Oldenburg)1989 年在其社会学著作《绝好的地方》(*The Great Good Place*)中提出的概念。他认为,家是第一空间,公司或学校是第二空间。

雷·奥尔登堡从亲身经历中开启了研究之旅。他发现,居住在郊区感很重的美国城市,让人和人之间越发孤立,而且即便走出家门,也没有什么地方可以消遣。于是他把自己家的车库改造成酒吧,每周三和周日向邻居们开放,让它成为人们可以聚一聚的地方。

雷·奥尔登堡强调第三空间的社区属性。你会在这结识新朋友,融入社区,和邻里互通有无,有需要时也会互相帮助。第三空间能够让人卸下日常的社会身份,在两据点的生活中留有一个自我缓冲地带,更好地平衡身心状态。

星巴克让"第三空间"这一概念广为传播。早期它曾直接把第三空间作为品牌差异概念之一,从选址、空间设计到服务体验,都注重营造有"社区感的休憩处"。星巴克试图找到雷·奥尔登堡为其背书,但被后者拒绝了。

不过,第三空间并不等于必须消费的地方。它可以是个公共广场、社区中心,也可能是洗衣房、药店甚至邮局。只要能让社区里的人天然地聚集、保持随性的来往,就是一种第三空间。此外,第三空间还具有促进不同观点交流、聚集多元背景的人的功能。

尽管在"第三空间"的概念正式提出之前,这些场所存在已久,但雷的研究,让政府、地产商、品牌开始重新审视第三空间的价值和可能性。

*关于星巴克和"第三空间"

"第三空间"的概念是由星巴克引入大众视野的。1987 年,霍华德·舒尔茨(Howard Schultz)买下星巴克之后,开始将第三空间作为星巴克早期发展时的定位。星巴克从店铺的吧台设计、员工服务流程都围绕人与人的互动,强调第三空间社区性的氛围。同时,星巴克早期采取密集性的店铺扩张,开店布局也具有社区性。

尽管星巴克当下侧重得来速、支付等数字化转型,但其仍注重第三空间的构建。2022 年 1 月,星巴克中国与美团旗下平台合作推出"1971 客厅"空间服务,可在线预约空间用于聚会、开会、学习。并且,星巴克中国未来会推出宠物派对、手语课堂、咖啡教室等活动。星巴克美国总部还将会员计划与 NFT 技术融合,营造星巴克数字社区,让"限量版咖啡邮票"(NFT)成为参与星巴克各类课程与体验的入场券。

书名: *The Great Good Place: Cafes, Coffee Shops, Bookstores, Bars, Hair Salons, and Other Hangouts at the Heart of a Community*
作者: Ray Oldenburg
出版社: Marlowe & Co.

PART 5 冲出家门：谁在塑造第三空间

关于第三空间，
有哪些好点子？

01
吸引人们自发聚集的临时公园

Photo / Concord Pacific

第三空间吸引人来往的根本原因是有趣好玩。温哥华的协平世博社区公园（Concord Community Pop-up Park）就是一个让人愿意自发地聚集和玩乐的临时公园。它位于加拿大温哥华的黄金地段，在 1986 年世博会使用之后，就变成了一个停车场。

之所以叫"临时公园"，是因为该区域还有一个废弃的高架桥尚未拆除，等整体施工完毕后才能建设更有整体性的大公园。但附近的居民都很希望这里能有公共空间，因此加拿大温哥华规划与景观设计事务所 PWL Partnership 就在 2017 年着手设计了这个预期使用年限为 5 年的临时公园。

体育运动是协平世博社区公园改造后的一大特色。它的原始设计里有草坪、沙滩排球场、篮球场、乒乓球台等功能。

2019 年，该公园的开发商协平世博集团曾与运动服饰品牌 lululemon 联合举办国际跑步日活动，并且出资赞助了当年 6 月—8 月每周一的 lululemon 夏季瑜伽活动。

为了回应社区的需求，协平世博社区公园还发起了公园管理员计划，吸纳当地青年与社区居民参与公园管理。

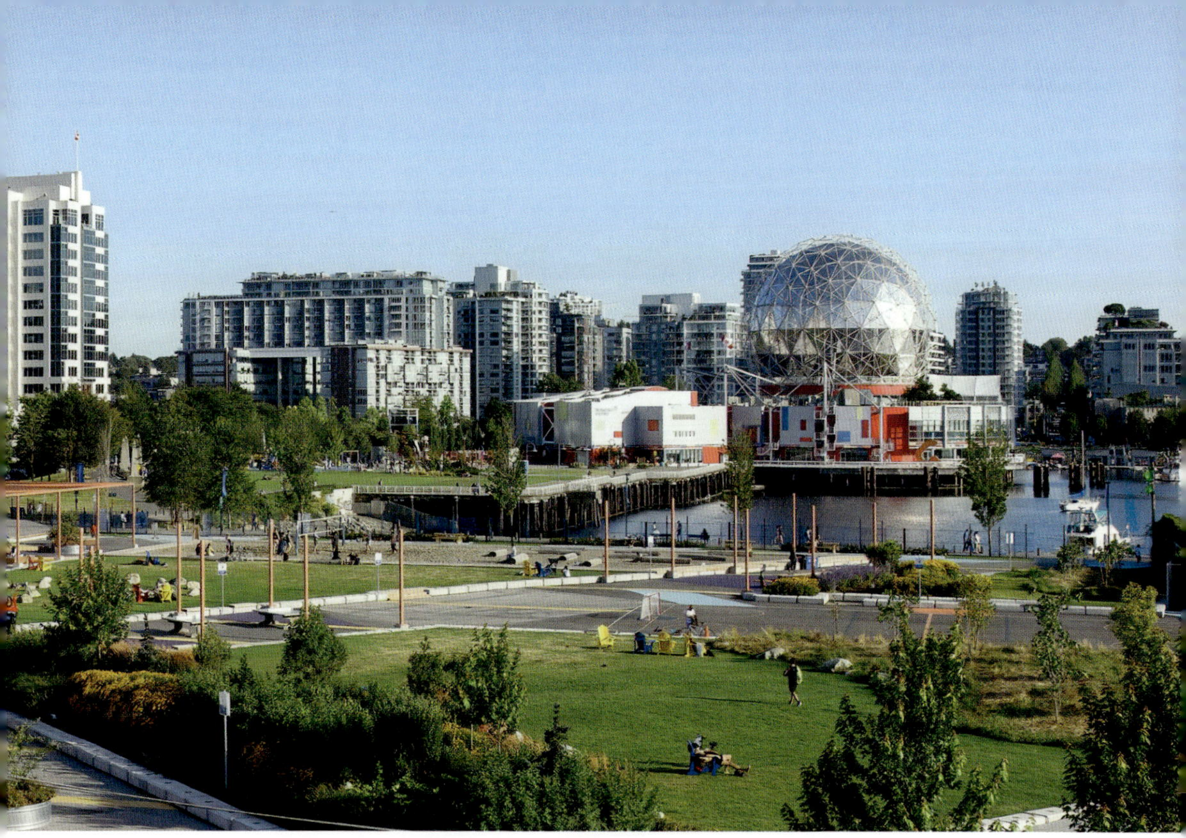

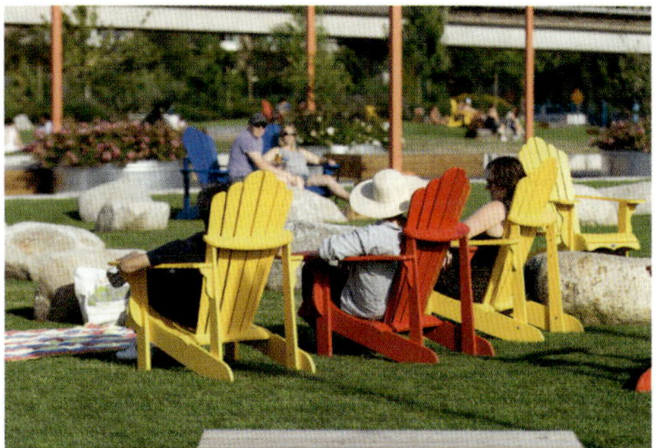

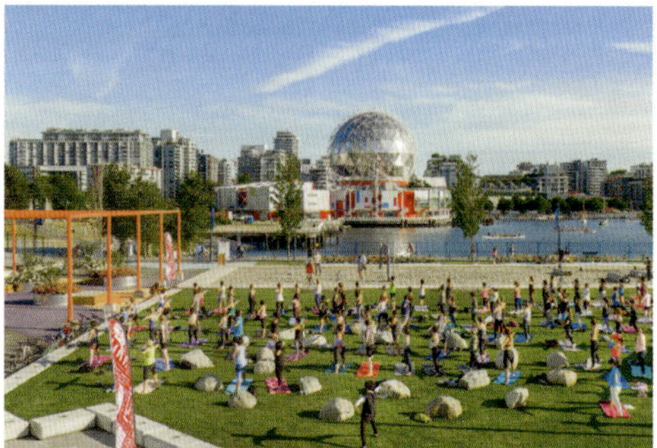

PART 5 冲出家门：谁在塑造第三空间

02
／
以「公共空间」为理念的商场

Photo / Department of ARCHITECTURE Co., Ltd.

01

02

03

04

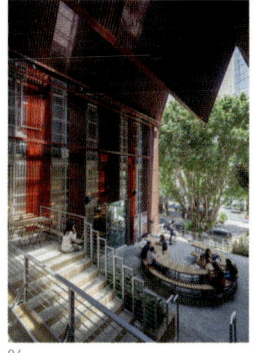

The Commons（公共地）是泰国的一家以"公共空间"为核心理念的社区商场。The Commons选址在社区的街道里，在曼谷的通罗（Thonglor）和沙拉铃（Sala Daeng）分别开出了两家店。由于曼谷公共空间和用地资源的紧缺，The Commons主打垂直通透的空间。整个商场中庭是一个垂直的广场，让人能够在绿植环境中坐着休息，也能向上层慢行闲逛。

位于通罗的The Commons最没有商场感的一点是不设空调和自动扶梯，整个空间因为不设墙壁，能拥有自然光线，保持通风，仅靠屋顶的排气扇带动空气的流动（01—02）。

2020年开业、位于沙拉铃的The Commons比通罗店建得晚，且占地面积更小——仅3000平方米。在设计时，从街区的历史中汲取了红屋顶的建筑元素，还保留了参天榕树等社区记忆（03）。通过分时段空间使用，The Commons可以实现不同的功能。平时，孩子们可以在这里玩耍，有活动时可以布置成市集，中庭的空间也能快速改建成音乐会表演的舞台（04）。

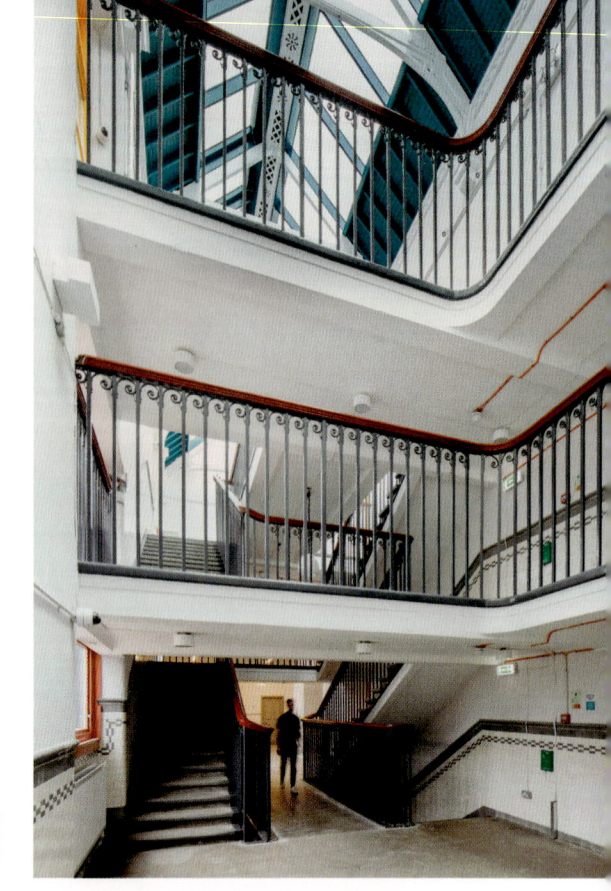

PART 5 冲出家门：谁在塑造第三空间

03

非营利组织运营的社区空间

Photo / Kinning Park Complex

第三空间很重要的特点之一是自下而上的参与以及不设限制的用途和可能性。2022 年翻新重启的金宁公园综合体（Kinning Park Complex）就是当地居民们据理力争所保留下来的社区公共空间。

金宁公园综合体的前身是英国格拉斯哥西南部的一栋具有百年历史的教学楼。1976 年后，它从学校改成了社区中心，为周边的居民提供课程、娱乐、育儿托管等服务。1996 年，管理该建筑的委员一度打算拆除该楼。但遭到了当地居民长达 55 天的静坐抗议。最终，这座旧校舍成功被社区接管了，委员会象征性地只收取了 1 英镑的租金。

2009 年，金宁公园综合体注册成了一家社区企业（Community Interest Company）。社区企业是英国政府 2005 年推出的公司类型，特指营收用于提高公众福祉的非营利组织。在此之前，该建筑一直靠出租教室和大厅维持运营。2020 年，年久失修的金宁公园综合体正式开启了建筑更新的计划，并于两年后重新对外开放。

改造后的金宁公园综合体具有社区厨房、共享办公空间、休息室等功能，主打会员制，定期举办活动、课程，并提供食物银行、生活指导等服务。

PART 5 冲出家门：谁在塑造第三空间

04

城市夹缝中的口袋公园

Photo / LAA Office

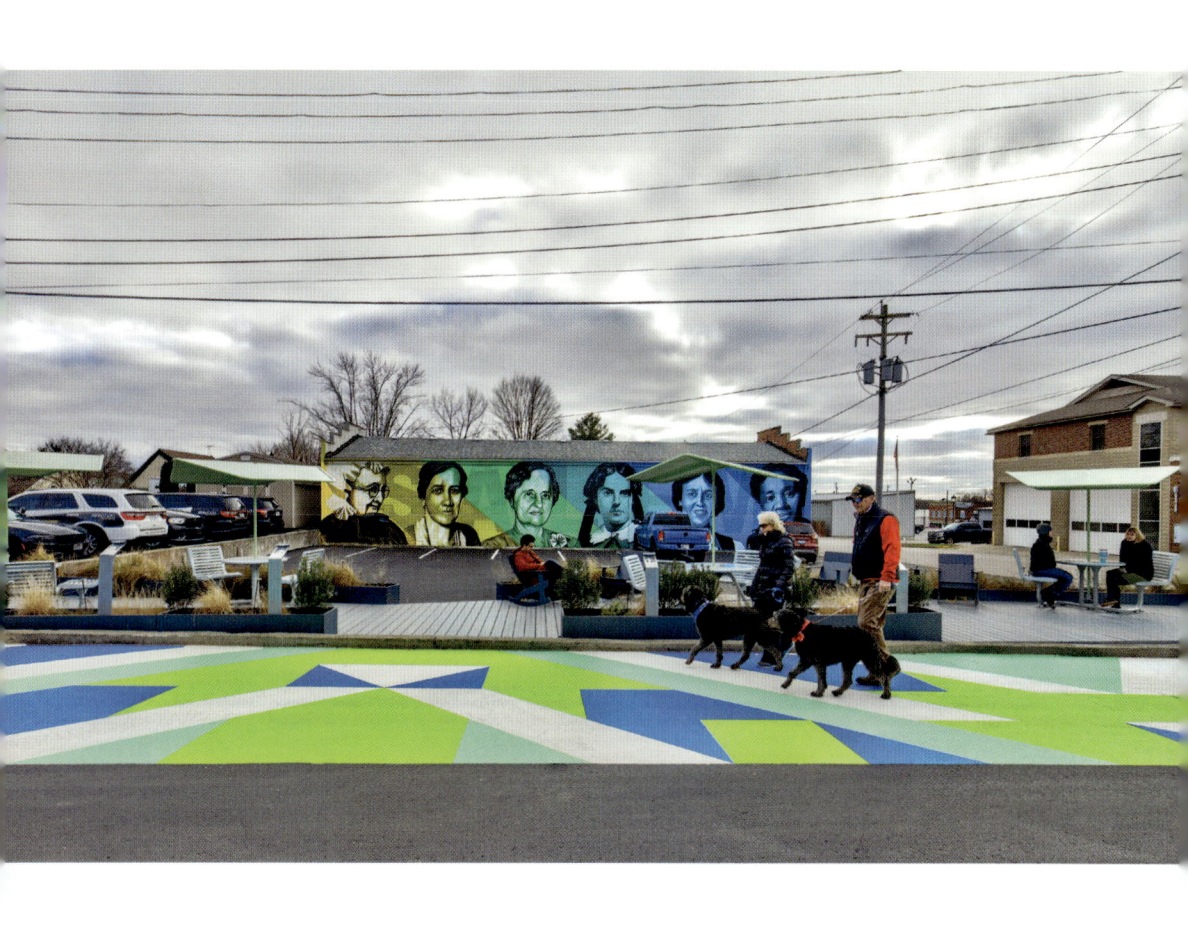

美国印第安纳州的塞勒姆遗产公园（Salem Heritage Park）是一个将社区需求与公共艺术相结合的口袋公园。2019 年初，华盛顿县社区基金会（Washington County Community Foundation, WCCF）、塞勒姆市政府与印第安纳大学农村参与中心（Center for Rural Engagement, CRE）开始合作，发现当地居民一直缺少能在户外与朋友吃饭、喝咖啡的地方，因此设计了塞勒姆遗产公园。该公园以醒目的色彩联结了当地的两大文化地标。

公园色彩明亮的步道和壁画是为了鼓励行人探索城镇，主动了解塞勒姆的文化历史。比较特别的是，步道的图案灵感取自美国乡村的传统——Barn Quilt，一种在粮仓外部用木头拼贴并画上鲜艳色块的涂鸦艺术。公园的壁画是当地居民投稿投票选出来的华盛顿县历史上的六位重要女性。她们分别是印第安纳大学首位女毕业生和老师、波利斯警察局首位黑人女警官、当地首位取得执照的女药剂师、女子篮球教练、社区医生兼地下铁路运营者和儿童教育工作者。

PART 5 冲出家门：谁在塑造第三空间

05

儿童友好的社区游乐场

Photo / Seattle Children's PlayGarden

西雅图儿童游乐场（Seattle Children's Play Garden）是一个看似普通但事实上极具多元性与包容性的儿童友好第三空间。

西雅图儿童游乐场的创始人兼执行董事丽兹·布拉德（Liz Bullard）是一位有 20 年从业经验的语言病理学家。她受到为残疾儿童设计的游乐场启发，向西雅图康乐局（Seattle Parks and Recreation）申请，将科尔曼游乐场的南端改造成一个互动花园和游戏空间。

西雅图儿童游乐场经历了 5 个阶段的改造。围绕孩子们成长中需要的体验，游乐场设计了玩水、游乐场、音响站、树屋、动物区、花园以及野餐区。与传统游乐场相比，西雅图儿童游乐场鼓励有身体障碍的儿童走出家门一起玩儿，不仅在设计上注重发育迟缓、脑瘫、自闭症等患儿的安全需要，还会定期发起轮椅篮球赛等活动。

西雅图儿童游乐场是一个非营利项目。在公开募资的同时，游乐场还通过开办夏令营和学前班获得运营资金。相关课程并不强调技能学习，而是鼓励儿童多多探索园艺、烹饪、音乐、运动、艺术、建筑等领域。游乐场每年春天还会举办年度午餐会募集奖学金，以帮助不同家庭的儿童解决课程费用问题。Ⓝ

PART 5 冲出家门：谁在塑造第三空间

[Case 7]
MIA MIA：如何以一己之力激活社区？

text/程绚 photo/佐佐木谦一

兼具咖啡、画廊、媒体传播功能,
他们让咖啡店变成社区里的交流基地。

MIA MIA 位于东京东长崎区域,除了车站附近的生活商店街,周边大多是住宅区。

PART 5 冲出家门：谁在塑造第三空间

Vaughan
MIA MIA 店主、咖啡师

💡

"我们想开一间可以让任何人感受到欢迎，让人们邂逅、迸发出火花的咖啡店。"

💡

激发社区活力，MIA MIA 做了什么？

① 沟通与合作

店主需要成为联结客人与客人、客人与社区、社区内与社区外的纽带。需要用热情感染人，让人们放下戒心愿意沟通，也需要愿意与多方打交道，利用资源，促进不同店铺的合作。

② 社区联结

店主需要有社区意识，店铺不是孤立的店铺，如何能让自己在社区里不被孤立，甚至与其他社区店铺产生合力，需要大量交流，甚至利益让渡与交换。店主可以鼓励更多人发现社区魅力，那就要具备挖掘社区魅力的内容生产能力。

③ 传播与品牌塑造

并非所有店铺都会成为 MIA MIA 这样的明星店铺。那么，MIA MIA 自身的品牌力也是通过联名、媒体报道、博客与 SNS 传播等多种方式结合的产物。要研究店铺与众不同之处是什么，再将此传播出去，让人记住。至少，每个拜访 MIA MIA 的人会感慨：这是一间在东京独一无二的咖啡店。

东长崎车站，距离日本东京池袋站只有两站，但这片街区完全不同于池袋的喧闹，它拥有住宅区特有的静谧。MIA MIA 就在这里。出了车站右拐，步行不到 1 分钟就能看到写着"MIA MIA"的立牌，上面还印了一只小鸟的 logo。

乍一看，这就是一间普通的街边小店，慢慢品味后，才能感受到这栋拥有半个世纪历史的建筑的复古感。店门上贴着街区的地图，还有和其他咖啡店联合举办的咖啡节的海报，门口摆放着 MIA MIA 的品牌 T 恤、帆布包等周边产品。年轻人总爱坐在门外的凳子上喝咖啡、聊天，店主 Vaughan 出来送咖啡时也会不时地和熟客以及路上的行人打招呼。

Vaughan 是澳大利亚人，曾在一家介绍咖啡店的网站"GOOD COFFEE"工作，妻子理惠则在日本长大，是一名建筑师。过去的 15 年里,他们去过全世界的很多小店,特别是咖啡店。

在东京这个大街小巷都是咖啡店的地方,他们却认为这里没几家好咖啡店。"我们在很多店都没有被欢迎的感觉,我们在不在这家店都无所谓。"Vaughan 有些失望。他还观察到,有些店只有老人或者年轻人或者类似滑板爱好者这种特定人群会去,很少有所有人都爱去的店。

两人最爱的咖啡店在墨尔本,名叫"Pellegrini's Espresso Bar"。据说,这是一家无论是流浪汉还是政治家都会光顾的店,因为他们都从店长的身上感受到了公平与温暖。店长去世的时候,政府甚至为他举办了葬礼,上千人来到店里悼念他。

在去过 Pellegrini's Espresso Bar 之后,Vaughan 和理惠希望自己有一天也可以在东京开间这样的咖啡店——一个可以让任何人感受到欢迎,让人们邂逅、迸发出火花的地方。"这需要动力、需要精力、需要爱,更需要百分之一百二的付出。但我们必须这样做,为了社区,也为了这里的人。"Vaughan 说。

两人虽然从未在东长崎车站附近生活过,但几年来他们一直在寻找合适的店面,直到偶然发现了现在这栋楼,长年来的梦想突然有了进展。夫妻俩决定盘下这栋房子,理惠重新设计,才有了今天的 MIA MIA。

MIA MIA 其实是澳大利亚原住民的语言,意思是为家人、朋友和路人建造的庇护所,读音类似"麦阿"。"我们取这个名字,就是希望使用当地的材料,为大家建一处遮风避雨的地方。"理惠说。改造设计过程中,

MIA MIA 店主 Vaughan 是澳大利亚人,妻子理惠则在日本长大,是一名建筑师。

PART 5 冲出家门：谁在塑造第三空间

01

02

店里的灯罩上贴满了客人们的留言卡,店员说,这汇聚了客人们对 MIA MIA 的爱(01)。MIA MIA 店里的面包由附近街区的面包房供应,这些店也会出现在 MIA MIA 制作的手绘街区地图里(02)。

杂志画插画的插画师为联名手帕绘制主题插画,要么干脆把这些店的推荐咖啡豆引入销售,他自己会为购买豆子的客人当场写上建议冲泡方法。

"我希望客人在 MIA MIA 待的时间尽可能长一点。"Vaughan 的想法似乎不同于一般的咖啡店老板。Vaughan 会热情地和每位客人交谈,"我们店不卖 latte,只卖 nice latte。"nice latte 是他给自己冲调的拿铁取的名字。

Vaughan 是个社交能手,他跟任何一个路过的人都能聊上几句,"嘿,我们穿着同一种袜子!"他冲着一个拉着行李箱的游客大喊。对方先是惊讶,然后看了看自己的袜子,两人间的气氛开始松弛下来。

她偶然认识了一位当地的木工师傅,这位师傅负责了咖啡店的施工,在翻修时,他尽可能地保住了建筑原本的风貌。

店内以棕木调为主,配合着老建筑,沉稳中又带着岁月累积的故事感。客座和厨房没有明确的区域划分,咖啡师在做咖啡的时候转头就能和客人聊上两句,来的客人就像在朋友家做客一样。

店里提供轻食、咖啡与酒,白天是咖啡厅的样貌,晚上就变身为酒吧气氛。甜品由附近街区的商家供应,有一部分咖啡豆则是从国外运回来的。这里有几款豆子,哪怕在全东京也只能在 MIA MIA 喝到。

Vaughan 还设法和日本不少咖啡名店产生了关联。蓝瓶咖啡、茶亭·羽当、KOFFEE MAMEYA,甚至京都老店六曜社……这些店都在他的跨店合作名单里,他要么拜托为

与客人产生连接,让对话发生,这也是他对 MIA MIA 每位店员的要求。店员们也极具观察力,他们和 Vaughan 一样,随时就能跟人找到聊天的话题,他们会判断是先和路人打个招呼熟起来,还是可以邀他们进店坐坐。

10 个小时,是客人在 MIA MIA 待的最长时间。一次,一个因为疫情、没办法去医院陪妻子生产的常客选择了在 MIA MIA 等自己的孩子出生。Vaughan 不仅陪他聊天缓解他的紧张情绪,还延长了关店时间。所有店员都留在店里,直到得知孩子顺利出生。

除此以外,MIA MIA 还能提供更多咖啡之外的独特体验。

它所在的东长崎区域里,在 20 世纪 30 年代也有个叫"艺术村"的地方,许多年轻艺术家都住那儿,创作出《铁臂阿童木》《怪

PART 5 冲出家门：谁在塑造第三空间

医黑杰克》的漫画家手塚治虫住过的常盘庄也在这附近。这片街区自然也成为艺术家们创作的灵感来源。MIA MIA 也有合作的艺术家，他们不仅把艺术家的作品挂在 MIA MIA 的线上商城里售卖，也放在店里展示，咖啡店也可以摇身一变成为一间小画廊。

这里离日本大学艺术学院和武藏野音乐大学不远，所以这一带也住着很多爵士乐手。Vaughan 也是音乐的狂热爱好者，店里放的都是他收藏的黑胶唱片，"我会根据天气、时间和顾客的情绪来选择当天的音乐。"Vaughan 表示。

MIA MIA 位于一个街角，隔壁是个停车场，所以连接着一大片空地。门口经常会有各式各样的表演，它们大多没有经过精心的策划，很多表演者都是 Vaughan 在路上碰见的。如果街上有人打篮球，Vaughan 就会走上前去邀请对方来自己店门口秀一下；如果门口停了一辆豪车，他就会煽动自己的客人全部出来与豪车合照。

Vaughan 冲泡咖啡的工作区与客人所在的餐饮区之间没有设置太多障碍，他转身就能与客人聊上几句。靠墙的唱片机会放他喜爱的唱片，墙上则贴了酒单。

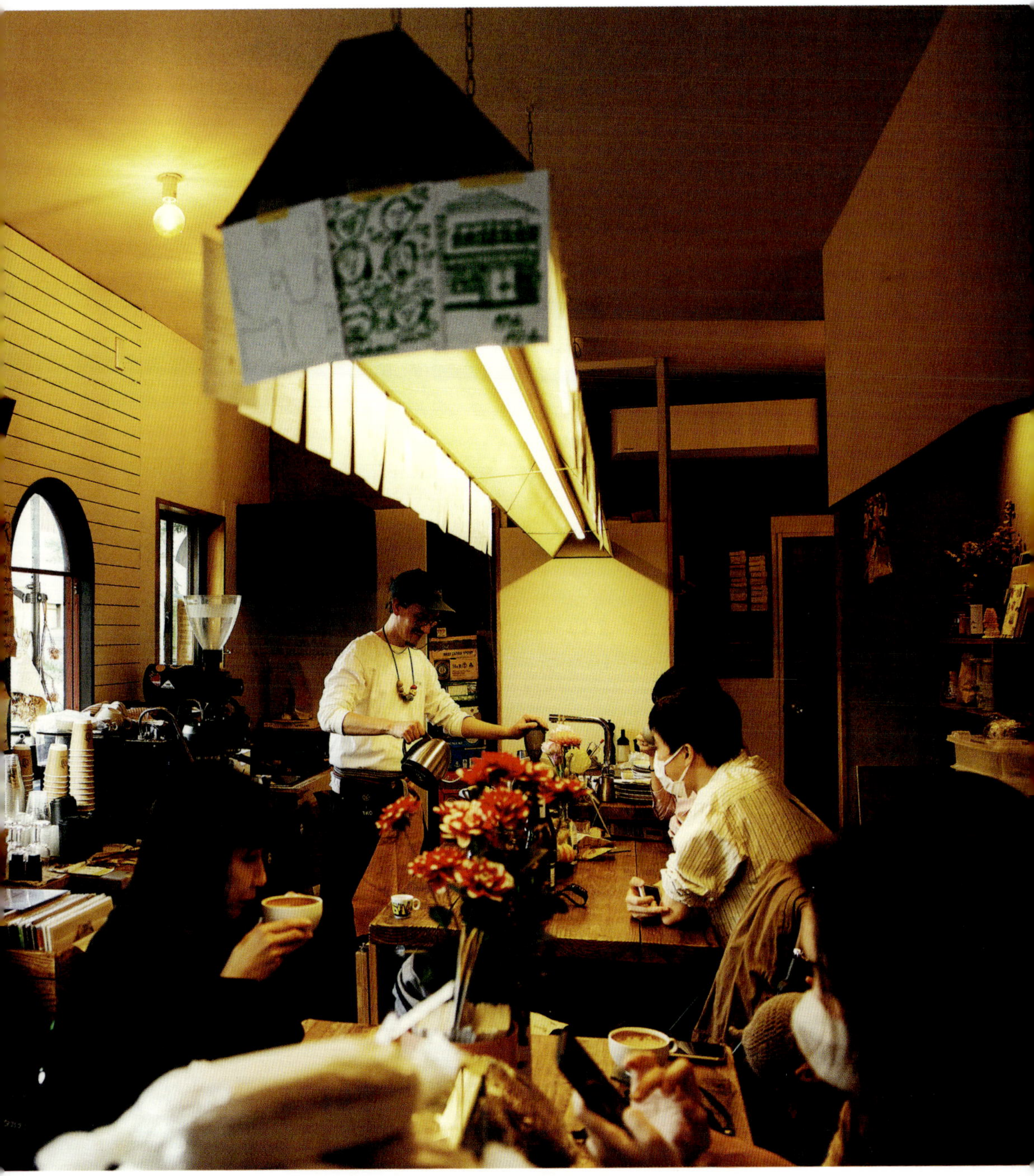

PART 5 冲出家门：谁在塑造第三空间

Vaughan 找 Blue Bottle Coffee 做的联名手帕，他和不少咖啡名店都做了这类手帕或者咖啡联名，放在店里销售（01—02）。店内橱窗也是 MIA MIA 合作艺术家作品的展示场。这是一个来自澳大利亚的艺术家的作品（03）。

01

02

03

MIA MIA 的官网还有"HELLO!! HIGASHINAGASAKI（东长崎）"系列专栏，主要介绍附近有意思的店铺，Vaughan 想在此分享街区的好东西。理惠更是在 YouTube 上开设了一档叫"MIA MIA talk"的视频节目，邀请了自己在建筑界的好友来聊与街区相关的话题。

理惠的建筑事务所就在离咖啡店步行约 3 分钟的地方，门口放着供社区居民自由取用的换书箱，还开辟了一小块菜田——这都成了让人们停下来交流的理由与话题。

周末的下午，住在附近的老人、带着孩子的妈妈，还有从稍远地方的年轻人纷纷来到 MIA MIA，点上一杯咖啡享受悠闲时光。在这家店，他们甚至愿意褪下"羞涩的日本人"这一刻板印象，开怀大笑，与陌生人搭话交谈。兴起时，Vaughan 还会把音响音量开到最大——这在其他担心扰民的咖啡店可很难见到，但没人投诉 MIA MIA。

Vaughan 和理惠认为的好咖啡店似乎已经实现了：这里欢迎所有人来，来到这里的人也都会被 MIA MIA 的热情感染。它俨然成了这片街区的庇护所。店中央长桌上的两位客人刚通过 Vaughan 介绍认识，正在热络地交谈着。 Ⓜ

MIA MIA 放在店内销售的东长崎街区地图，囊括了周边挖掘的各种小店。
illustrator/山本ひかる（Yamamoto Hikaru）

PART 5 冲出家门：谁在塑造第三空间

(Case 8)
还记得吗？温暖的便利店之光

text / 董思哲

便利店如何走进我们的生活？
你又为什么会习惯了便利店的服务？

在每一个疲惫的深夜，便利店可能是让人们从压力中短暂抽离的地标一样的存在。

PART 5 冲出家门：谁在塑造第三空间

总是满满当当的便利店货架让人们可以迅速解决生活需求，一些便利店品牌也推出了统一包装的预制菜，迅速获得了工薪族的支持（01）。7-ELEVEn 最早在便利店引入了饭团这种日本传统食物，它使用特殊的包装构造将海苔与米饭隔开，保证海苔酥脆不粘腻；顺着引导撕开，可以不弄脏手就用海苔包住饭团（02）。

01

雷·奥尔登堡（Ray Oldenburg）认为，第三空间应该是随时可以进入、易于停留、令人放松的，它会平等对待每个人，甚至可以给你家的感觉。

毫无疑问，这些特点，便利店全部拥有。不论通勤途中，还是深夜酒后，不管是想快速填饱肚子，还是想从工作、社交压力中短暂抽离，街角的那间便利店总向你敞开大门。

很多都市人已经习惯了每天拥有便利店的生活，习惯了 24 小时营业，货架上总有新鲜的面包和便当，琐碎的生活需求能在柜台一次性解决。而谈起这套早已被我们习惯的服务模式，一定绕不开 7-ELEVEn。

7-ELEVEn 品牌由美国南方制冰公司（The Southland Ice Corporation）创立，品牌名源于它的营业时间——早上 7 点至晚上 11 点。20 世纪 70 年代，日本百货公司伊藤洋华堂的董事铃木敏文在美国考察时偶遇了 7-ELEVEn 门店，他惊讶于

02

这种货品种类多、占地面积小的连锁零售业态，并决定将其引入日本。

1974年5月，7-ELEVEn在东京丰州开出了在日本的第一家门店。由此开始，这家企业在日本市场做出的多次创新逐渐塑造了我们所熟悉的日式便利店的模样。

改变从食物开始。7-ELEVEn是最早推出饭团的便利店品牌。1978年，饭团这种日本传统食物被正式摆上了7-ELEVEn的货架。而此前，铃木敏文想在便利店销售饭团的想法遭到过周围人的质疑，反对者的理由是，在日本人的传统生活习惯中，饭团都是在自己家里制作的，为什么要去便利店购买？而铃木敏文坚持认为，如果便利店提供的产品能更方便地维持日本人的生活习惯，一定会得到顾客的支持。

为了让饭团有更好的口感，7-ELEVEn设计了一种新的包装方式：用一层薄膜将饭团外部包裹的海苔和内部的米饭隔开，消

PART 5 冲出家门：谁在塑造第三空间

费者在打开饭团包装时能够连带着把这层薄膜抽走。这种包装让海苔在被打开时还能保持酥脆的口感。同时，20 世纪 70 年代的日本正处在经济高速增长期，更多的上班族、更快的生活节奏带来了更多和方便食品有关的需求。自此，饭团逐渐成了 7-ELEVEn 的畅销品，也进而成了日本便利店货架上的标配。

除了饭团，便当、关东煮、新鲜面包等今天在便利店常见的食品品类，也由 7-ELEVEn 在 20 世纪七八十年代最先引入店内。生活服务方面，7-ELEVEn 在 1987 年推出了代收水、电、话费等公共服务，又在 2001 年把 ATM 搬入了便利店。而在后端，7-ELEVEn 也最先通过改革配送系统、引入 POS 系统（Point of Sale 销售时点情报系统），大幅提高了便利店的货物配送和订单管理的效率。

今天，7-ELEVEn 在日本的母公司 7&i 控股（Seven & i Holdings）已经收购了最初创立品牌的美国公司，在全球拥有超过 7 万家门店，成为全球门店数最多的连锁便利店品牌。而在日本本土，便利店"三巨头"的另外两家——全家与罗森——也在新领域竞争不断，比如预制小菜、现场油炸食品、咖啡等。

在不少国家和地区，日系便利店占有着较大的市场份额，比如在泰国、中国台湾，7-ELEVEn 是当地门店数量最多的便利店品牌。在全球人均便利店数量最多的韩国，如今市场占有率第一的品牌 CU 的老板，也曾做过全家便利店在韩国的特许经营。而在中国内地，各地区的本土便利店品牌则有更高的市场占有率，比如遍布广东省的美宜佳、成都的红旗连锁和舞东风、北京起家的便利蜂等。

总的来说，在亚洲，往往能从占据主导地位的连锁便利店看到一些日系便利店的要素：占据门店上方的醒目灯牌、标准化的门店布局、重视食品销售与研发等。

而走出亚洲，在欧洲和美国的一些地区，满足城市居民生活需求的可能是另一种形式的店铺。

在德国首都柏林，如果想在深夜买东西，遍布街巷的 Späti 或许可以满足你。这是一种面积不大的杂货店，除了香烟、杂货、零食，它的货架和地上总会堆满各色的啤酒。"Späti"一词是 Spätkauf 的缩写，源自民主德国的词语 Spätverkaufsstellen，意思是开到很晚的商店，主要面向夜里轮班的民主德国工人。1990 年民主德国和联邦德国合并后，这种形式的店铺开始遍布整个柏林。现在，柏林有约 1000 家 Späti。

由于德国的法定营业时间限制，柏林多数商店都只能在周一到周六的上午至晚上 8 点营业。Späti 是为数不多的被允许在深夜开放的业态。而在以电子音乐俱乐部和啤酒闻名的柏林，这种宽松的营业时间让 Späti 可以成为人们喝酒和放松的据点。很多 Späti 门口都会摆放几张桌椅，在柏林年轻人的生活方式里，你可以在去俱乐部之前先在这里把自己灌醉，也可以就在店门口和朋友欢聚。

在纽约，人们喜欢 Bodega。

"Bodega"是一个西班牙语词语，意思是酒窖。而在纽约，Bodega 是一种遍布街头的杂货店，通常营业至深夜，供应各种生活

在亚洲，连锁便利店往往有一些日系便利店的标准化要素：门头灯牌、如出一辙的布局、重视食品销售与研发等（01）。Spätkauf/Späti 没有标准化的外观，看起来更像类似"杂货店"（02）。在德国，Spätkauf/Späti 是类似亚洲便利店一样的存在。有些店常在门口放一些桌椅，让人们可以坐下或者聚聚（03）。

PART 5 冲出家门：谁在塑造第三空间

物品和现制食品——最有代表性的就是三明治。

Bodega 在纽约的兴起可以追溯到 20 世纪中叶。第二次世界大战后，大量波多黎各移民涌入纽约寻找就业机会，在他们聚集的西班牙裔社区，这种名为 Bodega 的杂货店开始出现。直到现在，纽约的 Bodega 仍主要由波多黎各裔和多米尼加裔为代表的西班牙裔经营。

今天，纽约有 1 万多家 Bodega。与其他类型的商店相比，它们销售的商品并没有什么特别之处。纽约人喜欢 Bodega，主要来自它长期扎根社区形成的亲切感。对社区居民来说，一家街角的 Bodega 可以成为他们每日闲谈的据点，柜台后的老板往往认识每一个熟客。用"Bodega 和小企

纽约人喜欢 Bodega，主要来自它长期扎根社区形成的亲切感。老板和客人随时都能聊上两句（01—02）。

业协会"（Bodega and Small Business Association）创始人弗朗西斯科·马尔特（Francisco Marte）的话来说，它是"家的延伸"。

人们去 Bodega 的理由也可能是猫。是的，很多 Bodega 都会养猫，人们对这些猫咪的喜爱甚至形成了一种文化现象，他们有了自己专门的名字——就叫"Bodega cat"。爱好者们还为这些猫开设了专门的社交网络账号。

2017 年，两名前 Google 员工推出了一款以 Bodega 为名、以猫头造型为图标的购物 App。它的服务模式是在各种空间设置小型货柜，货柜里存放着适合所在场景的产品，用户可以通过 App 找到距离自己最近的货柜，下单后直接在对应的货柜提货。简单来说，就是一款互联网版自动贩卖机。

然而一经推出，这款 App 就在社交网络收到大量批评，除了质疑商业模式本身外，更多的批评声是针对它使用了 Bodega 的名字却没有提供有人情味的服务："这些方盒子不提供碎乳酪，所以它们不能被称为 Bodega"，"我其实还挺喜欢那些对我凶凶的杂货店老板"，"Bodega 是小社区的中心，一个可以让你在买杂货的同时和邻居联络感情的地方，另外，在这个愚蠢的 App 里，我也找不到猫咪和 1 美元的咖啡"。

为此，这款 App 的设计者不得不发布了一篇致歉的文章，并在上线的第二年将 App 更名。

不论你是否认同这些反对声，它至少是个佐证，似乎在提醒我们，在线上购物越发发达的今天，我们依然需要那个令人放松的、永远向你敞开门的小商店。Ⓜ

PART 5 冲出家门：谁在塑造第三空间

{Case 9}
分开一些，生活会更好吗？

text／曹中　photo／伊藤忠都市开发

在公寓同层，开发商给了个新提案。你会将什么功能装入这个"分离空间"？

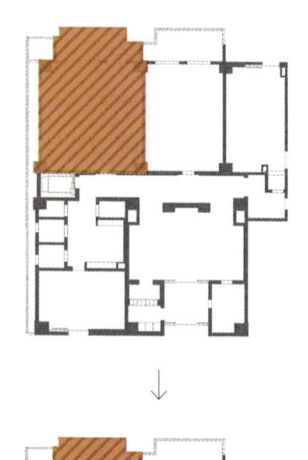

"+HANARE"模块概念图

住宅开发商在常规公寓住宅基础上，搭配一块"分离"的小空间打包销售。

"+HANARE"预想 CG 图：可以用来工作，也可以用作兴趣空间。

居家远程开会时,"猫主子"或者孩子的突然登场,虽然会让大家会心一笑,但当事人恐怕有些尴尬,他不得不迅速从"职场"回到"家庭",和大家说声抱歉。

日本住房交易网站 SUUMO 调查过日本关东地区的居家办公情况。结果显示,2020 年 4 月中旬,47% 的受访者或多或少地在远程办公,这比前一年 11 月的结果高出了 30 个百分点。其中超过七成是在 2020 年 3 月学校停课,或 4 月日本政府发布"紧急事态宣言"之后才开始居家远程办公的。

突如其来的居家办公,给很多人的既有生活方式带来了挑战。前述调查显示,有 6 岁以下孩子的受访家庭中,46% 的受访者希望"有能边工作边看着孩子的空间",28% 的受访者"想要能一个人集中精神的地方"。而且他们在这两个领域体现的需求,远超家里没有低龄儿童的家庭。而总体调查中针对空间最强烈的需求则是,没有专用于工作的空间(33%)。

日本的房产开发商"伊藤忠都市开发"(后文简称伊藤忠)捕捉到了这种需求,把办公空间搬到了住户的家门口。他们在自己的高端公寓品牌"CREVIA"下策划了名为"+HANARE"的住房产品。"HANARE"是日文中"分离"一词的读音。顾名思义,他们要把一套房子的空间拆开来卖。拆出来的是大约 3 平方米的房间,和住宅主体空间一般在同一层,但各有入口。住户可以把这里当作办公室,也可以摆一些健身器材,或作为自己的兴趣空间——即便是公寓楼的一角,人们也希望房间要足够有个性。

早在 2018 年,伊藤忠就推出过名为"HITO-TUBO"的个性化空间定制服务。

"HITO-TUBO"是日本计量单位"一坪"的意思,约等于 3.3 平方米。伊藤忠曾在"CREVIA 池袋 West"项目的部分房型中加入了一个可定制的小房间。当时,用户可以根据自己的需要,要求伊藤忠来改造这一坪的空间。

2020 年 9 月,伊藤忠公布了第一批带有"+HANARE"房型模块的公寓。"CREVIA 山吹神乐坂"是其中之一。它坐落在东京江户川桥地铁站的旁边,离池袋只有三站远。

"+HANARE"均位于公寓一层,其中有三间和住宅主体配套出售,另外一间是可以让公寓住户共用的办公空间。它们的面积在 3.5 平方米左右。官网显示,2022 年 8 月时,"CREVIA 山吹神乐坂"里有两间"+HANARE"已经售出。他们分别属于 101 号和 201 号住户。剩余的一间"+HANARE"为朝北的两室一厅,带上外面的小房间面积共为 57.5 平方米,总价 7890 万日元(约合 387 万元人民币)。

目前,"+HANARE"模块仍然是伊藤忠新开发的"CREVIA"住宅项目中的可选配置之一。对开发商来说,它可以充分活用项目里的零散空间。对住户们来说,这意味着以"家"为中心的新生活方式开始了各种在空间上的延展。人们会习惯这种新的住宅思路吗?Ⓝ

06 PART
社区的力量

218	[Case 10] 大鱼营造：我们如何做社区营造
244	[Case 11] 新社区设计：成都巷子里如何营造社区空间
258	李迪华：设计师不是社区改造的引领者

PART 6 社区的力量

(Case 10)
大鱼营造：我们如何做社区营造

text / 顾笑吟　photo / 大鱼营造

对社区居民来说，参与社区是一种投资，投的是自己的时间，用来规划未来社区给自己的空间和舞台。那么对社区营造组织来说，如何让社区营造可持续地发展下去？

在很多传统观念里，社区活动向来是以老年人参与为主。上海社区营造组织"大鱼营造"却擅长吸引年轻人，这让他们受到颇多关注。有人评价他们是当下社区营造圈的"网红"。但在大鱼营造联合创始人何嘉看来，社区营造组织需要一个"最终消灭自己"的理念。他们正在探索如何把推动社区发展的舞台和主体还给居民。

Q = 未来预想图（Dream Labo）
H = 何嘉，大鱼营造联合创始人

Q：经历过疫情封控，很多人知道了"自治"的概念，也开始更多地关注"社区"。中国城市的社区到底是什么样的状态？这两年疫情之下，有没有什么新的理解？

H： 以上海为例，我理解在《上海市 2035 城市总体规划（2017—2035年）》出台之前，是一线城市快速扩张造城的阶段，如今进入"存量更新"阶段（基于既有的空间、社区资产更新），社区随之在经历一个从快速瓦解到慢慢重塑的过程。

在大城市，人们尤其是年轻人更相信契约、更依赖互联网、流动性来把事办成，个体有能力，也有更多选择和自由，基于稳定的邻里地缘和"靠熟人好办事儿"的黏稠的社区关系在自然瓦解。但疫情之后，大家发现与周边的关系又更有必要了。很多人在疫情中感到，邻里变熟，其实也挺好，比如一些相互善意的举动：你家没有葱，我家没有可乐，相互能交换，邻里间的连接因为疫情又有了。

大鱼营造联合创始人何嘉，他和他的伙伴们在做各种"社区试验"，让社区营造可持续地发展下去。

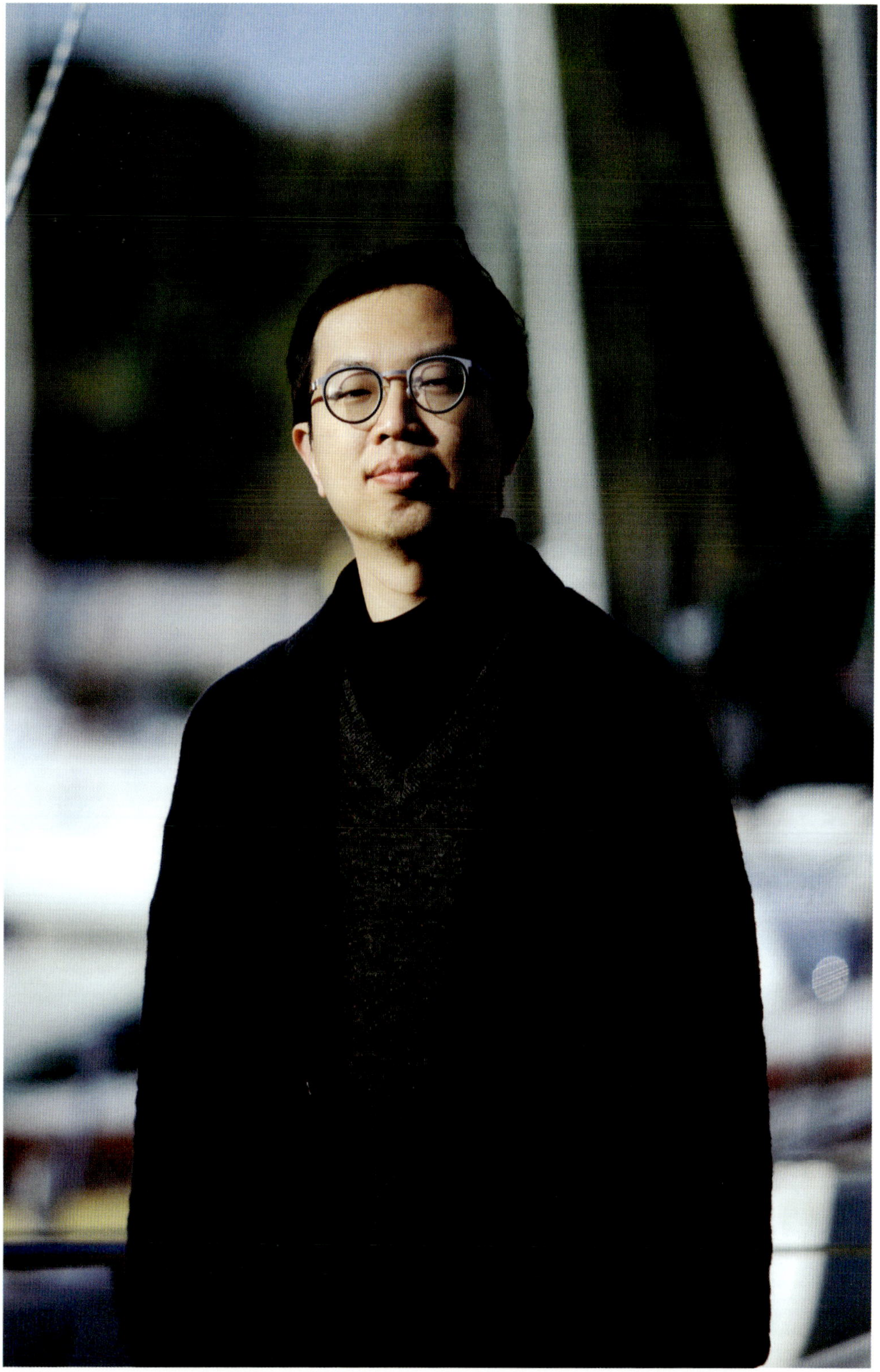

PART 6 社区的力量

在城市更新的背景下，不论是否有疫情，"社区"都已经是一个热词，且疫情加速了人们对社区重新认知的进程。疫情让人们变得不得不和社区发生关系，大家一下子被拉齐了，原来是原子化，现在被划成了一个个管理单元，社区网格和自治组织的属性变得很明显，又回到了很早之前的状态——社区中人与人因为共同的身份，通过共同的经历而相识。

因疫情与社区建立的关系是偶然的。解封后，很多人立刻选择退回原状，跟大家不再往来。但也有很多人意识到，社区中邻里之间的关系很重要。关系变好了，对社区里的各个主体都好。这种互惠互利的关系就跟空气和水一样，是一种公共资产。

人们认可与人为善，但从私心上，希望最好别人先对自己表达善意。疫情期间，人们需要共渡难关、守望相助，所以有一些人开始主动迈了这一步，对他人表达善意。从这个角度看，疫情给社区营造带来一定的机会，让社区的凝聚力在短期内更强了，我们现在思考的是怎么让这件事持续开展下去。

在政策上，2015年上海发布的"一号课题"聚焦加强基层社区治理创新，强调基层政府职能的变化，社区居委会能力的提升，这些都是在政策上明显推动社区发展的趋势。接下来几年又有"15分钟社区生活圈"规划等新行动、新计划。

疫情是对上海基层社区治理效能的一种检验。有的社区在过去真实地推动开展自治，就往往展现出更明显的韧性——比如更快地形成社区志愿响应，多元主体更多调集资源、组织起来共同应对疫情。而有的社区过去只有表面的自治，或原本就挤压了很多治理张力，在疫情期间，担子乃至责任就大，这些都压在了基层政府和居委会身上。因此，社区互助网络有没有形成，对疫情挑战的应对能力是一个很显性的影响因素。

Q: 大鱼营造扎根服务上海市长宁区的新华路社区有5年了，刚刚你提到这波疫情来的时候，有自治力好的社区，也有不好的，新华社区属于哪一类？

H: 新华在街区范围内是有民间响应的。当时120救护车的资源极为紧张，也没有网约车、出租车，但对于有化疗、血透、孕检等需求的家庭来说，不去就医就可能危及生命。在全面封控后的第六天，新华路街区通过微信社群组成了覆盖17个居委会、120人的志愿者车队，负责运送做血透、放化疗的病友以及孕妇就医。50天时间内运送了250组家庭，其中见证了5个孩子的新生，经历了2位长者的离世，也紧急送过外伤患者，等等，有很多精彩的故事。

01

02

大鱼营造主办的新华·第五季美好社区节引入了市集,摊主们是新华社区居民或在社区创业的店主(01—02)。

我们真切地感受到,要是人们在平时对社区有认知、有联系,那么在疫情期间,就会有"我要出力救社区"的想法。如果平时就觉得这事是政府该干的,大家就会很依赖政府来做所有的事情。一种状况是,政府之前也做了很多漂漂亮亮的社区改造,出了一堆广告和宣传,但实际上没有真的让居民对这个事产生认同。当疫情来临时,居民就觉得这个事应该由政府来做。之前表面功夫做了那么多,那在疫情期间,政府就应该接着干,没有人会去响应。

因此,日常持续的社区参与,能够带来人与人之间的信任关系。这就是为何我们要做社区治理,让大家参与进来,提升社区韧性。有了通过社区营造构筑的信任关系,才会发生善意、有创造力的行动。

更好的社区,是大家有一个共同的愿景,渐渐形成复杂关系下利益的平衡。政府和居民都能承担起各自的责任,政府能提供一个舞台,让大家有一个展现和主动创造的机会。美好的生活不是靠宣传与商业广告来定义,每个人的美好生活都应当由他们自己来定义。很多并非能够靠政府供给或者商业消费带来的,需要自己选择和创造。

Q:居民渴望从社区治理中获得什么?经过疫情,他们又有什么新需求?

H:我觉得绝大多数居民对于"社区治理"这四个字,在疫情之前没有很好的认知,这还是个相对专业的术语。**我理解的社区治理,简单来说就是不同的社区主体(居委会、居民、业主、租户、小店、公司等)之间一起参与、协商、决策、行动的机制和过程。**

居民是社区的核心主体,但这种主体性时常没有体现,有时是居民主动放弃

PART 6 社区的力量

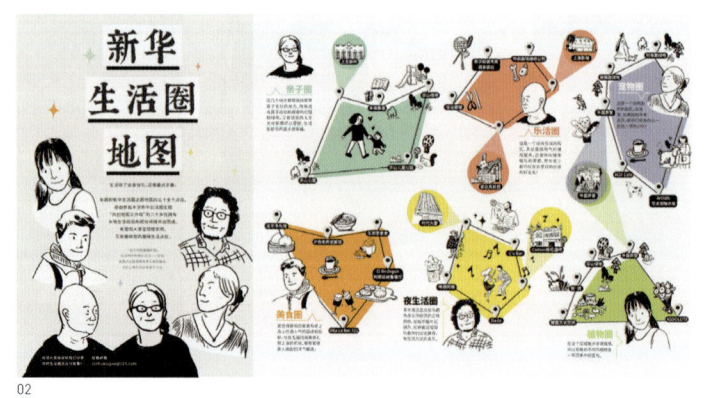

了主体性,有时是没有适合的渠道和计划参与。在当下的趋势下,将社区居民的主体性还权、赋能给居民,人民城市人民建,强调的就是这一点。

社区的主体还包括很多其他的社区成员、利益相关方,比如社区里的小店。平时很多年轻人很依赖网购,长者家庭线下消费比较多,疫情期间,长者学会了网购,而很多年轻人找到了与身边小店的关联,社区小店通过他们的渠道也能给周边居民带来一些帮助,新的社区互助关系出现了。疫情后,很多年轻人又开始关注起身边小店的生存状态。

传统社区治理的三驾马车是居委会、业委会、物业公司。但这三驾马车的覆盖人群,以及参与治理的能力常常是不足的。在疫情期间,如果三驾马车不运作,那这个小区肯定会很惨。而疫情期间应对不错的小区,肯定又不只有三驾马车,同时有很强的社区自治组织:志愿者、互助社群、社区团长等。很多老居民楼的楼组长都是老年人。老年人都不太会用微信,于是出现了很多年轻人去做代理楼组长,这些都是社区自治的新角色、新成员。但是很遗憾,疫情之后,这些新主体很多又慢慢散掉了。

我们都希望疫情之后社区不要退回原点。要让社区的黏性、连接的网络、多元主体参与的深度,能够向上爬坡,螺旋式上升。在这个过程中,一定要关注内生动力的可持续性。否则,居民就会越来越依赖政府。

再如社区更新,如果居民只是享用结果,而不参与过程,当某个设施出现损坏,他们就会期待政府再来接着修。但随着公共资产的不断积累,政府的财政不能反复地去无限托底这些公益福祉类的社区更新,一定要转向由在地

住在新华社区的居民创作了街区刊物《新华录》。第五期《新华录》以"韧性社区"为主题,从社群、商业、空间等方面探讨如何通过日常行为增强街区的韧性(01—02)。

主体共同运营维护。

Q：你们曾经提到，2022 年在上海建立"新华·社区营造中心"是你们做过最具挑战性的项目，为什么？现在还这么认为吗？

H："社造中心"触达的议题是我们所有项目中最深的。大鱼营造的创始人多数有专业设计背景，所以一开始的课题是如何让我们的专业下沉，能够服务社区和身边的人，让福祉产生更大价值。

参与式设计也经历了一些变化。一开始是" Design for people "，即为大家做设计。设计师还是自上而下的视角：他把姿态放低，去聆听大家的需求，做出一个设计。这其实没给社区带来主体性更高的提升，大家会觉得自己是被服务的，有的人还会上瘾这种服务。结果是，设计师其实没有真正仔细地去聆听，慢慢偏离了议题，问题其实并没有办法靠设计解决。明明是政府出钱为社区做好事，但结果经常是好事不叫好。

让主体性提升的参与式设计是" Design with people "，就是和社区里的人一起做设计。上海市民政局 2022 年推出"参与式社区规划导则"，就是将社区规划的制定过程视作一种全过程人民民主的治理过程，而不仅仅是更多形式化的调研，但产出还是设计师原本习惯的那样。

规划师、设计师需要抛掉过去先入为主的经验，和社区结合在一起，为了大家的共同利益一起去做设计。实际上这对设计师的能力提出了更高要求。

我们第一年干的就是从"为大家做设计"到"和大家一起做设计"，后来我们强烈感受到，设计改造了房子、花园，但这只是社区生命周期里很短暂的瞬间，这个周期里的参与仍然是片段和片面的，那么然后呢？这涉及社区愿景的不断凝聚、社区需求的不断共商、社区网络的不断编织、社区计划的不断迭代，还有对于在地主体的不断赋能，以及后期如何由在地的力量把项目继续运营下去。

我们很快意识到参与式设计推动的项目还需要继续拉长，迈向全过程的社区发展和营造。让一个系统计划串起一个个的项目，带动社区螺旋上升。

持续社区营造延伸到很多持续的行动，包括面向不同对象的街区走访活动、和社区成员共创街区杂志、共同举办一场社区节、举办在地的原创作品大赛、街坊市集等，这些都是营造社区的软性载体，通过这些行动，编织社区互信、互助的网络不断被建立。新的行动也越来越容易在这个土壤上发生。

PART 6 社区的力量

社区营造有一个挺"奇葩"的终极目标——最终"消灭"自己。社区内生动力想要发展起来，社区营造者就需要适时后撤，把舞台还给居民。如果居民感受到参与有正向反馈，感受到自己的发声和行动给自己和社区都带来了好处，他对于社区的认同感就有可能不断加强，并愿意更积极地投入行动，才有进一步可能借由社区，让人生价值、工作、家庭平衡相容。社区营造最终是一个支持体系，支持人们通过主动参与创造自己的社区"附近"*，成为更好的自己。

新华·社造中心就是支持社区营造持续于在地发生的枢纽公共空间，政策、资金、专家、行动者、社群网络，各类资源在社区营造中心交织。它采用的是政府搭台，在地社区枢纽组织负责筹备和运营，加上高校、基金会、法治顾问多方共建的联协模式。为社区和社群提供持续交流、协商、共学、共创、实践的多种场景。

在这个由各类场景集聚的中心里，还插入了很多支持性的模块，如行动孵化的"一平米行动项目"、支持社区社会创业的"自带桌计划"、呈现在地手作的"格子铺"，还有社群共享食堂等。这是上海第一个社区营造中心，也是不断探索中的一个模型，是一个很复杂的体系。我们研究了世界各地很多案例，可以找一部分来借鉴，但必须基于上海的政策引导、社区状态、需求去筹建。我的畅想是未来每个支持社区参与的社区都可以有最适合自己形式的社区营造中心，这是一个创造和承载新的关系的新空间类型。

Q：这个社造中心在资金方面，全是民间筹集的？

H：这里的资金是多种主体、多方筹集的。这条弄堂在其历史发展中，有缘起厂区变迁修建的一些临时建筑，随着临时规划许可证过期，这里的建筑处于"无证"状态。权责处于灰色地带导致资金难以投入。保留而不作为违章建筑拆除，必须要通过政府搭建平台，形成政府、房东、社区社会组织等主体联合投入的框架。在这个过程中，大鱼营造扮演了主要规划、筹资、运营的组织者角色。政府出资负责了弄堂公共环境的基础构筑，大鱼负责向社会资金筹款改造社区营造中心主体建筑和室内空间，还包括引入公益基金会捐赠活动场地与设施等。

我们也在设想企业资金及更多社会化运作推动其他几栋建筑的共建框架，这特别需要政府政策的支持和多元主体合意的达成，这部分是巨大的挑战。但多方共建有巨大的意义，通过社区共建，而非完全依赖一方的框架，让多元主体带来多元价值，这样离社区营造的目标才能越来越接近。

Q：民间资本来自哪里？

大鱼营造成立了一个社区营造中心，其硬件改造和房租均由民间筹集，何嘉认为，它保留了赋权给社区共建的机会（01—04）。

*附近

指的是彼此支持的各种设施、空间与服务。

01

02

03

04

H: 目前的民间资金很大一部分来自大鱼营造自身,包括大鱼营造机构的资金,还有核心成员的出资。我们非常希望能够在社区积累到一定阶段,能够塑造这样一个公共场所,同时大鱼营造也需要探索向社区在地枢纽型组织转型。但因为疫情,政府业务的现金流遇到困难,我们机构现在也处境艰难。这直接造成改造不断延期。

但我们认为,无论如何都要与社区边互动、边建造,所以没有等钱都花完、空间都建成,就启动了运营。比如在共创空间的"自带桌计划",我们就坦诚建造需要更多资金。但在这个过渡阶段,我们也希望大家能用很低的成本进驻这个位于上海市长宁区新华路345弄的社造中心,每人每月支付345元空间服务费,就可以成为这里的第一批工友。我们的伙伴用了非常接地气的设计风格,传达希望招募更多社群伙伴的理念。

这个过程我们都是第一次经历,之前没有任何一个模式能够直接套用到这栋楼里。我们也正在向基金会和希望合作的企业筹集共建,如果都凑齐再

PART 6 社区的力量

社区营造中心推出"自带桌"计划,设置了共享办公空间。

开动可能就太晚了,所以钱是一点点筹到的,社区营造中心也是一点儿一点儿成长起来的。

Q: 那么社造中心遇到过哪些挑战?

H: 资金是一个首要问题,大鱼营造是一个草根社会组织,属于非营利机构,没有固定的托底性收入。这意味着我们需要通过可持续的业务模式,不以营利为目的地创造社会价值,但同时自身需要获取支持组织和伙伴良性发展的收入。所以对于社造中心这样的多元价值产出的项目就一定要多途径筹款。

这就需要搭建一个可被理解的价值链条,并搭建多途径筹款的机制:政府持续支持社会组织,提供依托社区营造中心开展软性活动的经费,如社区节一类;我们与基金会合作搭建了公募筹款的专项基金,让来到社造中心的人可以以捐款方式支持这里的行动者;这些都有透明的财务监管机制;这儿也在与企业合作,包括企业的社会责任合作;同时这里也有日常运营的收入,如分时共享的场地服务等。

就内部来说,挑战也来自能力。我们自己是第一次尝试这样的空间类型,运营的模式是新的,很多内容的产品和场景也是新的。社区本身属于系统性复杂,但技术性并不低,难度是如何控制成本,利用社会资源把事做成,并同时赋能于社区。我们遇到一些潜在的合作方,还是会感受到专业者的傲慢。他们认为社区里的项目技术难度都很低,所以希望留下自己了不起的作品,却不会持续地投入进来，与在地发生关系，去构建"闭环"的体系。

大鱼营造的伙伴们都需要理解跨界协作的方式，与不同的、适合的协作者合作，并厘清基于人为核心的规律与脉络，去接触社会学、人类学，去做服务和体验设计，研究人群画像、在地文化还有社会治理，跟政府、社区里的"刺头"处理好关系。这些都不是一个传统的团队能胜任的。

社区设计师从空间的设计转到关系的设计，这涉及不同主体为何能坐到一起聊同一件事，涵盖了立项、计划、协商、筹集资源、执行、后期运维等全过程。大鱼营造有一个全流程方法论，还有工具包，但是并不意味着它可以随便套用，在不同的社区状态下，每个社区适合的行动路径很不一样，具体内容的重点也不一样。我们除了服务新华路街道，也服务别的社区。新华已经开始探索各种各样的机制创新了，而有的社区还在探索社区里不同阶层的人怎么融合的问题，还处于非常基本的信任建立、矛盾化解的阶段。

许多个体不参与社区、对社区不抱有期待，这中间有一个参与成本的考量因素。如果花钱就能把事儿解决，就不会想要靠社区黏嗒嗒、要处理人与人关系的方式解决。如果年轻人在网上能认识新朋友，可以流动性很强地到处参与趣缘活动，为什么非要跑到社区里？——这就是一个成本的判断，还有对于收获的预期。

但是，如果我们能够提供一个在附近就能够探索人生可能性的地方，找到跟自己有相似兴趣与行动想法的朋友，找到创新实践的机会甚至创业的契机，那毫无疑问在社区行动的成本更低，社区的资源更可共享，他们在社区积累的社会关系和信任对他们的生活回馈更直接，如此，他们就会越来越多地参与社区活动。

社区和个体永远是双向互动的，所以我们觉得社区营造要塑造的一定是人的关系，一种互信关系，我们做的所有的事，包括改造空间、运营场所、做活动，都是手段和载体，目标都是让社区成为社区。社区营造，我们的理解就是字面意思——营造一个社区，让社区形成更好的生活圈和社会关系网络。

Q: 怎么理解社造中心是一个支持体系？

H: 社造中心有一部分是服务新华社区的，它是一个地方生态系统，通过呈现社区已有的资源、社群、项目，促进人与人的连接、合作，鼓励行动。

这还是一个共学系统，针对社区居民，包括怎么从零基础开始跟社区变熟，

PART 6 社区的力量

如何用参与式的方法为社区提案。我们还通过"一平米行动"这样的支持性项目，支持社区的行动者运用设计思维从发现问题、确定议题，到和伙伴组队做一个提案，再到筹款、落地践行。

对于全上海，乃至全国的社区营造行动者而言，我们希望在社造中心嵌入呈现行动案例与经验、工具包、书籍的展示空间，通过做社区营造的研学、展示，提供低成本的联合办公工位，让自主学习和行动的起步变得更容易。

社造中心还提供更专业系统的 培力*课程，如面向社区规划师、社区工作者的创造营，邀请各领域专家、高校形成社区发展议题的系统性培训阵地，还有在地社区小商业的运营者、社会创业者，他们可以通过社区营造中心，找到直接触达社区的接口，通过社群营造的方式，将社区融入其事业。

包括社区营造中心本身，以及大鱼营造的团队，也希望自我"赋能"，围绕社造中心形成一个更可持续的业务模式闭环。

Q：社造中心最终想达到一个什么样的愿景？

H：让每个人都能找到最合适的方式去营造他们自己的社区。

社区营造领域有一句口号：让社区营造变为一种生活方式。大鱼营造希望逐渐从一个纯服务型的机构向创发与赋能的枢纽型的机构转型，因为我们意识到**当下行业的最大瓶颈，是相对于真实的基于人的社区发展需求，社区营造的人才成长与支持机制严重不足。**我们看到社区营造的新行动者、新机构出现了，但还没有出现足够多能深度剖析、能从中梳理出评估真实效能的标准案例。缺乏标准，导致未突破初期影响力瓶颈的机构很难接触到可让机构良性运转的项目，也没有足够深度，绝大部分社区营造止于初步的设想和快闪式的一两次行动。

大鱼营造的团队里有空间设计师、社会工作者、创新运营者、媒体传播者等角色。我们按照社区营造的实践探索慢慢生长出这样一个跨专业的团队画像。这使得大鱼营造能够产出很多创新的案例，但同时需要承担较高的创新、议题研发成本。

这对于更多的社区而言是难以复制的。而将跨专业创新的成本与能力剥离，其实不同社区最需要的是形成其各自社区的在地组织，包括参与式的组织者、空间或社群的运营者、孵化自组织的社区工作者这一类定位的角色。他们在一个相对可控的成本下，持续深耕、陪伴社区发展，自己也得到

💡

*培力

培养人们自主决定社区相关事务的能力，也有人称之为赋能。

社区的回馈、提升了生活的幸福感，这是我们看到的世界范围内比较常见的社区营造者画像，在国内，这也许可以成为一种职业角色。

这就意味着我们需要把社区营造的知识体系、底层逻辑，尽可能生产为知识，形成"傻瓜指南"，同时应该避免故作专业，让人觉得零门槛也能试试。每个人的行动都需要从小做起，不断获得正向反馈，社区也一样，需要不断的正向行动来建立信任，由此建立信心，可能这件事就能成为他的事业。

这慢慢会过渡到一个"街区创生"的愿景。"创生"，创的可持续性，是通过持续的营造，磨合出一个多元主体共益的协作框架和运营机制，在这个机制框架下，社区的内生动力、资金、文化都更可持续。我们希望社造中心能够走到街区创生这一步，只有这样我觉得才算是闭环。单纯依赖政府，或者单纯依赖资本、服务市场，或者单纯做慈善，都不可能实现好的社区发展。只有各个主体各自回到各自的位置，一起共建社区，责任也共担，获得的利益和诉求能够被包容，成果能够被共享，这是一个相对完美的愿景。

Q：政府仍然是你们最主要的资金来源，跟政府这个甲方的关系有什么具体的变化吗？

H：是越来越紧密的关系。因为我们在本地，持续开展社区营造的工作也比较系统，政府本身就是一个大系统，我们的工作越系统，就会发现结合点越来越多。社区治理、社区活力、社区文化、社区的全年龄友好建设、社区更新与改造，都在产生合作。

同时，我们觉得社会组织的自主性非常重要，政府给予我们资金支持，我们需要与政府一起去支持社区、支持人，这部分目标是统一的。我们也认为，不是所有政府让我们去干的事都要去干，否则社会组织的主体性就模糊了。我们把自己定位为在很多利益相关方之间的协作者，这种主体身份始终不变，我们不去跟政府争，不去跟商业争，更不会跟居民争，大鱼营造就是一个相对中立的社会组织。国外有很多社区发展组织，政府是付年费的，这些组织就是被"包养"的，去做社区黏性和认同感。国内还没有这样的模式，现在在国内基本是项目制，比如做一个社区节，政府会支付服务费，这对于营造的延续性依然有挑战。

Q：政府在社区治理上都在意哪些东西？近年来有什么变化？

H：政府在意居民的满意度。我觉得最大的变化就是从管理到治理，并提出

PART 6 社区的力量

01

追求"高效能治理"。从自上而下,到多主体一起来做。从治理的角度来看,上海很多地方也在不同的阶段,但我们看到的共性趋势是:以前重视纯硬件的改造到现在软件和硬件并行;从注重长什么样,到现在更注重内容、全过程;还有更关注可持续的运营机制。

Q:这里的软件、硬件具体是指什么?

H: 软件包括社区党建、社区治理、社区服务、社区文化等,这些跟人怎样使用,与体验、服务、关系有关。硬件包括城市的管理与环境的美化,空间与设施,比如拆除违建筑、房屋修缮、绿化市容、空间载体等。过去有很长一段时间,从老旧社区改造的项目中,政府已经意识到单纯做硬件是不够的,必须软件和硬件同步做。比如加装电梯,如果大家不签字,电梯是装不起来的。这时就出现了专门做加装电梯协商和协调的社会组织,这变成了社区治理工作的重要内容,就是让大家一起好好开会把电梯装上。

长宁区"一街一品"的项目,目标不再是要改造多少个老旧小区,而是变成了一个个开放性课题,都是各街道主动申请,按课题启动的。像新华今年的课题就是如何打造一个社区营造中心。这个项目硬件改造已经完成了,那么靠社会资金能撬动带动多少,是这个项目的重要指标。钱不能都是政府出,如果能够让企业或者公益基金会出钱,那么这个项目就加分了。这个课题就是如何让社区营造中心的机制、服务、内容得以成立。

再如,有的社区课题就更大了。我们当时做过仙霞路街道的"闲下来合作社"项目。这个社区有一个三年行动计划,课题是仙霞路上这个大的居民区

02　　　　　　　　　　　　　　　03

大鱼营造在上海仙霞路街道尝试了"闲下来合作社"项目，其中根据居民建议，改造了一个闲置防空洞，并尝试引入了一个"社区主理人共建计划"，调动居民主动参与空间的日常运营和维护（01—03）。

如何做改造。这个改造要投很多钱，如果不做公众参与，不让老百姓参与进来，不创造一些新的自治空间，那花在这个项目硬件上的钱会非常浪费。

因此我们第一年的计划就是带动这个小区里的人去做参与式的规划，这是个服务，不光是设计。我们做了大量参与式的工作，同时做改造不是说全都改了，我们先做一些触点式的空间，比如我们把半地下的自行车棚改造成了一个小型的议事厅，后面很多参与式的讨论都在那里发生。

第一年我们就盖了个小房子，先让社区看到了一个积极变化，让大家有些正向反馈，然后我们再去讨论整个社区的系统规划，比如停车位的梳理、绿化改动、一些零零碎碎空间如何化整为零，变成一个主题的空间、老人的活动场地、孩子的场地、社区服务的场地如何规划。这个项目大概花了大半年的时间，全都在做公众参与，所以这跟一个设计院来了，做了几次座谈会，把施工图画了，然后开始一通改造，是完全不一样的。

第二年我们把规划方案交接给一个设计院深化施工。同时又跟进了一个新的项目，是居民自己提出来的，他们说社区最大的资源是有一个防空洞，这个防空洞有 1000 多平方米，闲置了十几年，就是堆杂物。政府也意识到了，觉得这个空间很好，但这么大的资源怎么用，它不在政府的服务体系内，不是养老、医疗的空间，也不是严格意义上的文化空间——没有人把文化空间放在防空洞里，所以政府也不知道怎么归类。他们在这个项目上没有太多的钱，也不想按照现有的体系去运营它。我们就针对这个项目再去做体验、服务、参与式设计，并引入了主理人机制，让主理人进入社区，做各种各样的活动，让他们自治地运营这个地下空间，我们把这个项目称为"闲下来合

PART 6 社区的力量

作社"。

在这个项目里,从传统的修缮、硬件管理到软性的社区治理,再到社区营造,它会有个空间载体,但是目标是不一样的,这个项目的目标是在第三年时,怎么让社区形成持续的内生活力,让社区里的人自己运营自己的社区空间,这是一个新的目标。没有运营,硬件改造就是花架子。

政府以推动治理创新为目标,挑战在于社区有没有足够的时间、耐心、方法,最重要的是土壤。政府有很重要的责任,不能只把钱花在表面工程上。看上去好像做得很漂亮,实际上没有人去。培育土壤,赋权、赋能居民持续共同营造社区。这跟政府一年一年的项目节奏是完全不一样的,社区需要不断地正向反馈,不断螺旋上升。

Q:政府对待社区微更新的理解和态度有什么改变吗?

H:我觉得从大拆大建到变成微更新还是很好的。微更新是针灸式的,以前花几千万元修大型综合场馆,现在可以花同样的钱,做几十个微小但更分散、更贴近居民日常、可触发更多活力的点,它给社区带来的改变会很不一样。

微更新会发现小惊喜、小改变,对于触点式的改造,居民的感受度很高,花的钱也不多,而且可逆。城市、社区是有机的,一个有机体慢慢让组织生长,细胞更迭。针灸式微更新,只是一个针孔大小,但是激活的是周边的脉络。

当然不同的地方响应程度很不一样。有的地方可能还是自己编个故事就结束了,有的地方还是希望参与微更新的整个过程:前期参与、自己动手去搭、后期运营。

刘悦来老师代表的四叶草堂团队做了几百个社区花园,是一个系统的参与和赋能过程。通过景观的共治,推动看似微小却重大的改变。

Q:在城市更新领域,政府未必是专业的管理者,你们如何真正把握到他们的需求?怎么说服政府达成共识的?

H:我觉得,千万不要变成"用建筑师的专业视角去说服一个治理的决策者"。因为社区有多重目标,有美学上好不好看的目标,有是否做到了兼顾、解决矛盾的目标,还有很多跟人的成长、治理相关的目标。政府也知道有多重目标,但很少有一个主体能处理所有事,政府其实也在学习。

在这个过程中，不是说我们要教政府，而是我们要把社区里的各方都当作理解社区多元主体的角色。政府的角色有两个：政策支持和资金支持。社区规划师得理解多元主体，以及政府的体系和需求。如果我们用一个倾听、合作、共创的方式去沟通，就没有那么难去赢得支持。

政府实际上希望的是一个更系统的策略，因为他是一个社区整体发展的决策者，他不是工程管理的决策者，不是一个专业的监工，他对社区发展的所有意见都是从系统出发的。我们做社区发展时，其实也是看社区的共同未来，从这个角度与政府探讨行动方向。同时，政府也不是我们唯一要协调和要满足的利益相关方，政府也要面对一大堆的利益相关方，如果我们站在政府的角度去考虑，就会发现双方的共同点其实很多。

Q：有学者认为，社会组织在社区文化建设中充当的是政府的第二只手，很大程度上为完成管理任务而利用，缺乏自主性，你怎么看？

H：我们有能站在政府角度考虑问题的能力，但是我们做的判断是站在社会组织角度的。社区营造组织需要一个相对"无我"的状态，尽管我们有时干得还不错，弄得很显性化，但其实我们并不愿意站在核心的位置。我觉得一个好的社区营造机构，是做一个倾听者、协动者、赋能者。从这个角度，我觉得满不满足政府，不是唯一的目标，不只是要满足政府，我们也要帮助政府服务好居民——政府的服务对象，对接各种各样的问题，也避免政府陷在自己的认知局限里。

政府自然也有认知的局限，在跟政府探讨这个项目怎么做更好的时候，我们要一起去突破认知局限。采用的方式就是参与式的方法，比如政府要服务居民，我们就用参与式的方法对接居民。我们前置效果，让效果被测试。真正地理解政府服务要达到的目的，我们让这个目的通过参与把假设变成验证。

我们做"闲下来合作社"项目，开始就做测试型的活动。空间没改造好，我们就做了一个"好邻居日"，通过共建伙伴召集到 30 组年轻人到地下室去认领空间，用一个周末的时间做了一个快闪活动，去验证这个项目的可行性，包括社区居民是不是接纳这个活动、有没有反感、是否有矛盾，一两百人的规模，这个地下空间能不能承载下来。如果没有这些作为依据，就让政府作决策，他可能会说，这个地下空间年轻人过去，社区里肯定会有矛盾的，那这个事就结束了。

Q：所以你们的提案通常还是比较容易通过的？

PART 6 社区的力量

H: 我们去提案，工作计划里有很多参与式，居民是不是喜欢，愿景通过一次次的活动呈现出来，很多矛盾也暴露出来了，我们把这些东西作为一个真实的依据去跟政府讨论，大家基于这些验证进行讨论，而不是凭空想象、主观臆断。参与式有重要的作用，我们让决策变得有依据了。

政府非常支持全过程参与式的方式。这一方面是一种还权，同时我们发现有时政府也问不出真问题，因为他也没有真正对人群有深入沉浸的洞察。这点我感触很深，政府和设计师都比较容易先入为主，比如讨论空间会陷入是不是不够活泼、不够"网红"的纠结，但是这个地方未必需要一个活泼的网红设计，这是个基于他个人的假设性的评判。

我们认为一定要通过深度调研与洞察再定义行动对应的课题，这个课题一定是通过公众参与的，有参与式调研的基础。比如，做"闲下来合作社"项目时，我们的课题是：一个消极的地下防空洞的闲置资产如何通过带动青年社群，以自组织的方式入驻并持续激活社区。

之所以确定这个课题，是因为我们通过调研社区已有设施，在人群调研、观察的过程中作出了这个假设，然后通过参与式调研，比如在广场上办一场音乐会来吸引年轻人，并在周边竖起互动展板。我们会提出"家里没法实现，但如果在家门口有一个这样的空间就太好了？"之类的开放式问题，这些问题是激发居民自主行动的，而不是简单地问大家想要什么，同时也包括探讨运营、收费、持续创造这些话题等。

为了让大家关注到这个地方，项目组组织孩子一起在防空洞入口的墙面涂鸦，让这个空间变得引人注目。在这个过程中，一开始我们有一个策略判断，再慢慢明确课题、挖掘功能需求，然后设计和测试，这让我们越来越明确项目应该做成什么样。这是一种主动式提案，带着策略、改造方案、运营方案与机制去跟政府提案，所以我们的提案达成合意的概率都比较大。

Q: 社区项目往往牵扯到多个利益相关方，矛盾应该还是经常存在，大家在意的东西不一样，对于矛盾的解决，你们有什么新想法吗？

H: 不同课题，立场不同。就福祉类改造的项目，比如要改造一个活动场地，这个活动场地旁边就有一栋离得最近的居民楼，哪怕里面的居民只是小区居民的三千分之一，他们也是关键的相关方，他们提的想法就得听，因为在这个项目里他们是直接利益相关方。

我们有越来越多的项目是激活式的创新项目。比如"一平米行动"计划——

在"一平米行动"计划里,大鱼营造设立了工作坊,让居民们自己发现议题,然后做出提案,并共创行动。

让居民自己发现议题、产生提案、共创行动,真正给社区带来改变。主动报名计划的居民想做一件什么样的事,我们来支持他做,但有一个环节——我们会和他们讨论怎样跟社区建立关系,去平衡这个事情落地有可能产生的矛盾。这个过程也是对社区居民的一种"赋能",让他们意识到社区不是他自己的,找到群体的公共利益并用创新的方式行动,会产生更大的价值。

我们也针对性地设计了参与式社区规划的工具包游戏,通过角色卡、资源卡、议题卡等引导居民提案。

Q:在处理矛盾的过程中,有哪些是你们坚持的,又有哪些是可以妥协的?

H:我们坚持公众参与,并一直因地制宜地策划公众参与这个环节,让居民的主体性得到发挥。如果有个项目是纯改造,政府觉得公众参与太麻烦了,不想做公众参与,那我们就可能不会接这个项目,我们不合适做这类项目。

Q:在社区营造上,如果一直往精致化的方向发展,很可能会变得"士绅化",有没有考虑到这方面的问题?

H:精致并不是社区营造的目标,因此社区营造应该是不会带来士绅化的,带来士绅化的主要是城市更新。

PART 6 社区的力量

其代表是随着资本投入更新，租金与消费越来越高，驱离了原有的在地生态和烟火气。比如原来这个地方一平方米的租金是 3 元 / 天，然后做了一次城市更新，房东投资了 2000 万元，他希望 3 年把 2000 万元收回来，那租金就要涨到 10 元 / 平方米·天。从 3 元 / 天的租金涨到 10 元 / 天，原有的业态势必更换为所谓更"高端"的业态。但这些所谓更高端的业态，未必会带来社区在地居民生活幸福感的提升。从另外一个角度来说，这一类**网红式城市更新带来的消费吸引的是外来的目的性消费，收益的资金也会流向资本，而非留在社区。**

我们不反对城市更新，但我们坚信城市更新可以更根植在地，并且一定会有更好的成效。在新华我们发现，随着城市更新，不少业态已经消失了，我们的社区曾经有一个特别棒的裁缝店，简直是一个海派服饰的博物馆，以前这个店的租金是每平方米 3~4 元 / 天，开了十几年。但当对面造了一个商业办公综合体，这直接导致它对面一排底商的租金翻倍，当他的沿街铺子房租涨到 8 元 / 平方米·天，就无法再坚持下去了。

Q：能活下来的业态似乎不多？

H： 除了前面说的裁缝店，很多其他的社区小商业也被清理了。我们最珍惜的社区商业，是其客户和其本身服务辐射的范围也就在社区身边，这样的小店店主可能也是本地居民，他的上下游供应和消费也不远。对于这种烟火气小店而言，资金、资源、人脉都在社区在地流动，并维持相对较低的成本，他们也愿意持续对社区反哺。

在这种稳定的友好关系下，街区自身独特的内容能慢慢沉淀下来，有味道的街区一定是逐渐生长出来的。而整体更新租金翻番，就导致小店纵有大量的情感和无形资产难以割舍，也坚持不下去了。

餐饮店是能活得下去的，因为他们流水更高，最主要的成本不是租金。还有一种就是网红店、精品店能适应高租金成本。他们的客群并不在社区，而是要吸引全市的对应消费人群过来，但单次消费体验完了之后，黏性很低。社区店靠不断的复购，网红店依靠的是传播和流量，需要快速回收。因此网红店会带来不断地更新，更新一轮租金也常常跟着涨一轮。房东乐享其成，但对于居民来说，网红店距离他们太远。

Q：那么社区营造能抵抗士绅化吗？

H： 目前国内的社区营造其实能力有限，抵抗不了士绅化。但社造中心也提供了另外一种可能，即不必打造昂贵的壳子，用有创造力的方式去连接社群、塑造黏性，让一些流失的亲情和低成本互惠互利的合作仍可在社区发生，或许也是一种可持续的模型。

另外，通过社区营造的行动，让在地小商户的主体性得到体现。在新华形成了一个小商户联盟，他们通过参与各类社区活动，与社区慢慢连成一个网络。他们联合推出街坊的促销、推广活动；疫情期间，新华的很多小店在利用其渠道给社区供给物资，同时也实现了一定程度的自救。而社区社群也与社区店形成了良性的关系，比如社区里的年轻人，会发起连接小店、发现小店、推广小店的"造点烟火气"行动。

Q：现在参与你们社区活动的主要是哪几类人群？

H： 我们希望面向所有人，而目前最积极参与的，基本是想在社区创造价值的年轻人群体以及亲子家庭。这些人群是用了几年时间，用共创的方式慢慢累积起来的。他们主动加入街坊微信群，然后逐渐地人拉人，自然形成一个个社群。

我们发现，通过社区营造的方式持续留下来参与的人主要分为两类：**一类是希望自己跟上海这座城市建立更深锚点的年轻人，包括租户、沪漂、创意工作者、社会创新的小伙伴、合作主义者；另一类是亲子家庭，他们有自己的工作，事业相对稳定，为了下一代的成长环境，想看看能为孩子做点什么，为了人生价值和可能性，探索自己还能干点什么。** 目前人群比例大多是集中在 20～50 岁，20 岁以下、50 岁以上人群参与社区的比例也有，但主动性强的就少一些了。

Q：你们最想触达哪些人？

H： 我们做社区活动，目标人群其实没有明确的年龄分类。比起简单只是让更多的人参与，我们更想尝试让社区的参与阶梯变得更深。我们意识到如果只是表层参与，但他没有真实参与议题的协商和行动，那往往不会带来改变。

福祉类改造的项目，我们认为应参与尽参与。所有人都主体平等，因为这是公共福祉。而创生类的项目，目的是激发这个地方的活力和社区居民的主体性，他们得自己想参与进来。所有想参与的人，他们是意识到这个事跟他们有关。所以让参与的形式变得有趣，议题来自更精准的真问题非常重要。

我们让大家一起通过街区探访、地图共创等方式重新认识社区，讨论社区

PART 6 社区的力量

对于这里的人而言到底意味着什么，大家的愿景是否有共性和交集。对当下有一个相对共性的认知之后，再通过工作坊形成社区群体的提案，再与更多相关方探讨哪些是真实可行的，再找到资金和专业助力，使行动达成。这是参与越来越深的过程。最终通过社区共同庆祝，社区的整体参与度就提升了。

这可能是年轻人和家长会更愿意参与这一类全过程行动的原因，他们对社区发展的未来有期待。从某种角度来说，**参与社区是一种投资，投入自己的时间，找到自己与社区的关联，亲手塑造对群体都有益的社区，同时给自己和下一代创造空间和舞台**。我们很想触达这部分人。同时还有一些弱势群体，如老年人、幼儿、残疾人等，这些也是政府主要关注的服务目标。针对这部分人群，我依然相信可以用赋能的方式，而非纯粹服务的方式去触达。

Q：你们现在营造收入的 80% 来自街道与社区的服务采购，20% 来自基金会、企业和其他机构参访费用等，是否担心过于单一的资金来源的风险太大，现在有想到什么好办法吗？

H：非常担心。单纯依赖一方的业务模型是很脆弱的。2022 年 3 月到 8 月，因为政府的主要任务都在抗疫，我们的现金流就基本断了。所以我们想社造中心能够持续地支持干我们想干的那些事，包括我们想做研究、做调研、与社区建立关系、不断编织社区的熟人网络。我们希望能够通过空间运营、共享空间、社区咖啡，来获取多元的造血收入。但是我们做这些肯定不是商业的做法，服务费会更低，然后里面会有更多的创新、定向的支持。

日本地方创生领域代表人物木下齐（Kinoshita Hitoshi）曾非常直白地说：依赖政府托底的补助金就是"毒药"，一旦吃上瘾了，机构容易对这件事到底有没有符合居民和用户的需求丧失判断力，就觉得做得挺好的，但其实他们并没有提供好的产品。他举了个例子，很多日本地方有非物质文化遗产，他曾吃过一个超级难吃的饼，但是政府为了把这个饼留下来，就会补贴很多钱，但提振很有限，因为实在太难吃了。

政府是社会福祉的基本保障，起的是托底作用，这在中国国情下可能尤为凸显。而在人人主动创造美好生活的新时期，是不能靠政府托底的，社区营造一定要多元力量发挥作用，同时一定要发挥不亚于市场能够供给的创新力，甚至可能要比市场更加创新，才能吸引年轻人参与建设社区。

"依赖政府托底的补助金就是'毒药'，一旦吃上瘾了，机构容易对这件事到底有没有符合居民和用户的需求丧失判断力。政府是社会福祉的基本保障，起的是托底作用，而在人人主动创造美好生活的新时期，是不能靠政府托底的。"

我们希望 2023 年来自政府的资金比例从 90% 降到 70%，然后慢慢地，最好政府的比例是 50%，20%～30% 的收入来自运营自我造血，还有剩下是与基金会和企业品牌合作的收入。

Q："闲下来合作社"这个项目，也是你们在独立运营方向的一种尝试，政府在前期投入一定的资金用于闲置空间的改造，大鱼营造负责空间的运营。这个项目现在进展如何了？有探索出可盈利可持续的业务模式吗？

H："闲下来合作社" 从 2022 年开始没有拿政府的钱了，现在是一个可以刚刚平衡的状态。

这个项目里有两类人的典型需求：一类是家的延伸，居民在家实现不了的事，可以在社区实现，比如想要一个兴趣俱乐部、一个暗房，或者一个录音棚，他在家没有条件，但如果家门口就有，他不用特别穿衣打扮就能去了。还有一类是年轻人，就是斜杠创业者，他想要做一个跟社区有关的创业项目或者创新行动，比如拍一个社区的纪录片、做环保时尚、社区体育，或是社区公益、艺术类的项目，可能需要一个空间来办一些活动，或做一个低成本的展览，社区的空间如果开放，他们就更容易开始行动。

于是就有了"闲下来合作社"。当时有了这个课题之后，政府明确的是，唯一能销售经营的就是毛毛咖啡——一个由残联认定的智力有障碍的年轻人做的手冲咖啡，空间其他收入只能来自服务或公益筹款。因此"闲下来合作社"的成本结构很清晰：水电费、物业管理费、人员投入等，一个月接近 2 万元。

空间需要有一个带动大家的主要运营者，类似大管家的角色，做运营的统筹、接待参访、组织共治会议、统一宣传等。其他的主理人，他们入驻这里，有自己的主导权开展活动，同时大家众筹管理费，社区内部的居民主理人每月需要缴纳 800 元管理费，外面来的主理人是每月 1200 元。账务对于主理人的共治委员会是公开的，这就解决了日常的基本运维问题，同时他们还为社区带来联合活动与服务，比如共同举办市集等。

Q：你觉得 "闲下来合作社"这个项目目前最大的阻碍在哪里？

H："闲下来合作社" 项目的目标就是要测试那个地方能不能靠社区自己的力量运营。最大的阻碍不是政府不让商业化，而是主理人的自治共治机制。

这里依靠主理人间的共治、共享机制来运营（自组织化）。它不是一个公司，没有人有义务为别人做托底的事。我们在遴选主理人时，在合约里约定

PART 6 社区的力量

了入驻的标准义务，比如一定要参与主理人会议，承担管理费共筹的资金，并每个月至少为社区做一次开放性活动。但其实并没有特别强的约束，在一个半熟不熟的"自组织化"状态下，有主理人的内驱力不一定保持在一个高水平，但他也不一定愿意搬走。主理人之间的关系即使一开始特别好，也可能会发生矛盾。所以我们会发现它存在着一个挺明显的瓶颈期，热心的人会很热心，而觉得没达到预期的人参与度会下降。有人会撤出，当然也有人想进来。

这个项目现在已经有了独立的品牌，我们也希望它变得越来越独立。你看我有点"变态"，大多数机构都希望资源垄断在自己手里，我们是觉得能后撤时就应该主动后撤。不是说我们不管，尽管这个项目的政府资金已经结束了，我们还在给这个项目的伙伴发工资，让他持续负责项目，同时，一定要坚持塑造这个项目自己的主体性，他们的主体性越强，越会为自己负责。如今"闲下来合作社"已经在注册自己的社会组织。

"闲下来合作社"对我们有很大意义。这是一个持续的试验：社区通过主理人模式自治共治，是有机会把这个空间运营下来的。它给我们带来非常多的品牌影响，也给我们带来空间，我们想要支持更多行动者，那儿是一个很好的阵地。

还有一个好消息是，据说 2023 年"人防办"开放了更多的小微商业运营的准入，比如裁缝、理发、维修，都能够入住这些人防工程。所以，希望获得更好的政策支持，就是要先做起来！

Q：在社区空间运营上，如果想要把这个空间做得特别好玩，是为了社区服务，还是为了吸引流量而服务？如果想吸引外部的人更多地来拜访，本社区的居民未必能得到最大的恩惠，他们的居住体验会受到影响？

H：好玩很重要。**要让社区里的人参与越来越深，就得首先让他觉得这事有趣。社区营造，是"地缘"+"趣缘"。它不应太炫酷，精力全花在抓人眼球上，要恰到好处的有趣，又符合社区当下议题。**

我们目前还是很强调在地主体性，基本没有为了吸引外部流量而做过努力。"闲下来合作社"跟"小红书"合作时，空间达到过一天 2000 人的拜访量，但这是小概率事件。那次活动我们一开始其实挺担心，但社区反馈挺不错："原来我们社区还可以这样！"那几天，小区的居民呼朋唤友地让大家来看，"我们小区有小红书"——他们觉得是件很自豪的事情。当然他们也知道这是个临时的活动。

01

02

03

04

大鱼营造社造中心外部是一个公共空间，平时可以让人们休息落脚，也可以用来组织各种社区活动（01—04）。

Q：你觉得一个理想形态的社会组织是什么样的？

H： 第一，使命驱动，很清晰地知道自己追求的是什么。第二，保持独立，不过分依赖某一个资方。第三，开放创新，它能够有一定创变的能力。

Q：疫情让很多社会创新组织面临更巨大的挑战，即便如此，你们想坚持下去的动力是什么？

H： 使命未达。

大鱼营造希望每个人都能成为社区的设计师，成为生活的设计师。在新华社区，人人共创的愿景是朝着这个方向在迈进的。但是我觉这个目标还没有达成，社造中心如果模式很成熟，能够良性运营，我觉得差不多这个模式就清楚了。

在这之前，还差"一口气"。不管是政府、企业还是社会组织，很多人知道大鱼营造，但我们自己也还没有运转很好，尤其是 2022 年，现金流很不健康，整体模式不可持续。当然有疫情的原因，也有我们主动为社造中心投资，又遇到复杂推进挑战的原因。同时，我们看到整个社区营造行业里面并没有形成一个特别好的人才培育、支持好的案例涌现的机制和土壤。感觉整个行业方兴未艾，需求巨大，但状况并不好。

大鱼的伙伴们现在依然在不停地反思和探索。我觉得根源在于**整个组织想要很系统性地创新地解决社会问题的愿望，和这个团队的当下能力还不匹配。因为研发和创新都需要成本，我们是非营利机构，还是需要维持当下的生存。**这实际上比商业创业更难，周期也一定更长。商业往往需要聚焦一个产品，不停地去卖，不断地扩大生产，社区营造不能这样，它是小的、系统的、长期的，当然这不意味着里面没有产品化逻辑，也有工作方法、工具包，验证过的空间运营模式，比如社区营造中心、"闲下来合作社"完全可以作为产品，去到新的社区复制，这不仅是空间品牌，还蕴含着治理与运营的机制，还有社会工作的行动路径。这跟卖一辆车、一个包的逻辑很不一样。

Q：除了政府，你们在跟企业合作上有哪些进展？

H：现在有做一些企业合作，比如地产社区的社区营造、青年公寓的社区营造等。

社区营造前两年在企业端很多还停留在品牌公关的层面，如今已经有很多企业意识到社区营造是真实的刚需。比如社区商业、地产社区营造、青年公寓项目等，社区营造让居民、消费者、租户形成社群，黏性更高，不仅带来更丰富的内容、更强的活力，对于运营也有很好的反哺。

社区营造通过持续发起参与式的行动激发社群的内生动力，因此越来越被企业需要。但市场运营与社会工作的底层逻辑也有很多不同。有企业会提出："要不然你们来帮我们干"，尽管企业有更多资金和人力，但往往并不会很轻易成立一个社群营造部门，也会顾虑社造的成效是相对长期的，KPI（绩效）比较难以保证，就会犹豫不决。

我们对探索与企业合作社区营造很感兴趣，但需要在底层逻辑上先达成共识，企业做社区营造的真正目标是什么？我们在为谁赋能，赋能什么？外来的专业营造者比较适合作为支持者，在地的物业、运营主体角色一定要参与，否则黏性会积累在外来社群营造者的身上，如果服务结束了，这个关键社群节点的撤出也会造成社群倒退。

我们相信每个人都可以用合适的方式参与社区营造，当然也包括商业。关键是找到最适合的联动社群参与的方式，并行动——持续不断地行动。

大鱼营造联合创始团队,从左至右依次是:罗赛、何嘉、武欣、尤扬、金静。

Q: 你们未来想重点做哪些方面的工作?

H: 第一是社造中心模式的探索;第二是支持基于社区场景的青年社会创新,用创新的方法,来解决社区、社会问题,比如环保类的行动、创新教育相关的活动等,社区是非常好的实践土壤;第三是数字化在社造上的应用。

Q: 你们最想得到什么样的支持?

H: 短期内就是现金流的问题,长期就是搭建支持社区的生态。政府应当是社区生态的带头搭建方,需要通过政策引领出一个好的生态,搭建支持民间参与的平台;居委会应该做好居民自治组织;社会组织有专业的引导、协作、组织能力,把大家的不同身份黏合在一起;基金会要搭建筹款生态;企业承担社会责任,做一些基于社区共同利益的商业向善行动。

生态就是你中有我、我中有你,彼此有机地生长在一起的那种关系。不同主体之间各居其位、各尽其责,形成一个共益机制,让社区的价值、利益共同体能够形成,使社区营造可持续地滚动发生,这就是生态。Ⓜ

PART 6 社区的力量

(Case 11)
新社区设计：
成都巷子里如何
营造社区空间

text／徐子淇

既不想被外来人口的使用习惯同化导致地域发展士绅化，也要和既有社区业态同步发展，符合居民需求，还要考虑资金问题与质量管控。如何破解这些社区空间营造过程的大难题？

01

02

photo／一介

在城市里许多年，有定点定线的生活路径，即便是每天经过的商铺，也谈不上亲密。怎么看，都好像是"局外人"；怎么看，好像城市都不会待你如"自己人"。

这种疏离感是成都市玉林东路社区党委书记杨金惠自多年来试图打破的僵局。一个社区里的空间如何才能具备公共性和社会性，让居民在里面感到熟悉又自如？位于玉林三巷的"巷子里"，是杨金惠尝试回答这个问题的第一个落地试验。

玉林街道位于成都市武侯区，延伸覆盖 15 个社区。20 世纪 80 年代，玉林曾是成都最时髦的街区，作为成都第一批建设的商品安置房区域，拥有完善的服务设施配套、宜居

在设计"巷子里"公共空间时，张唐将建筑面向街景的一侧设计为全透明的玻璃，在建筑外围添置了一圈木廊椅，细节处也遵循了无障碍设计规范。她希望每个人都可以舒适地使用这些空间，既有交流的场所，也有独处之地（01—04）。

PART 6 社区的力量

的街道尺度和居住院落。从那时起，沿街涵盖衣食住行功能的店铺，就已经开始和居民们建立起联系。20 世纪 90 年代，不少艺术家"抱团"居住在这里，形成了一股"亚文化圈"氛围；延续到今天，各类文艺气息也有迹可循。

杨金惠工作的玉林东路社区正是玉林街道的 1/15，现住有 6700 户居民。社区党群服务中心（以下简称"服务中心"）位于社区的几何中心，为居民提供公共服务和活动空间：一楼是社区公共接待大厅，同时也是陈列着保温壶、老式缝纫机等居民旧物的生活博物馆。二、三楼是舞蹈教室、音乐教室等各种公共活动空间。

紧邻社区广场和各种社区小店，玉林远近闻名的菜市场离这里也不过 200 米。女贞树底下随地就座下棋的大爷，婆婆两三一起在广场上跳跳舞、压压腿，小孩跟跄着啃着鸡爪跟在大人的身后回家……这里是玉林东路社区最日常的街景。

由于服务中心内部仅有楼梯，不利于腿脚不方便的老人或残障人士使用，2016 年，杨金惠萌生了改造社区公共空间的想法：可以拓宽服务中心一楼，让空间与隔壁的社区广场功能得到衔接；另外，服务中心的背面有一片约 150 平方米的长条形闲置用地，可以把它当作社区公共用地来改造。

起初，为了让专业力量介入，杨金惠邀请了许多高校和专业机构来尝试做调研和设计。但在社区征集居民意见的"坝坝会"上，居民们却不同意专家规划的提案。最初的方案更多针对建筑形态的变化，但实际使用功能并无太大改变。对于这样"图其表"且需投入大量资金的改造提案，居民并不接受。

01

"如果拥有专业能力且热爱社区的人们，能结合对社区客观的分析和居民的真实需求，提出一套切实可行的方案，我们愿意提供改造资金，一起来实践。"2018 年，杨金惠以 "一个社区书记的梦想"为主题，开始在成都本地报纸和玉林街道的新媒体平台上招募社区规划师。

张唐由此和玉林东路社区以及杨金惠相识。张唐在东京大学读建筑学期间，曾休学一年，创立了以建筑设计为主的多学科创意机构—— 一介工作室。在离玉林不远处的锦绣街，还曾运营过一家小有名气的小型美术馆兼咖啡店，内部空间也是她自己设计的。2017 年毕业后她回到成都，顺着招募信息来到玉东，却并没有拿到一份建筑标书或常规合同。杨金惠只简单说了一句，"你去和广场上的婆婆爷爷吹哈垮垮（聊会

02

photo／一介

巷子里的受众群，既有社区居民，也有外来拜访人群。它在尝试一种融合型的实践，没有被驱逐的人（01—04）。

photo／一介

杨金惠
成都市玉林东路社区党委书记

💡

如何让有能力的人，去发现并运用资源，"还有很长一段路要走"。

张唐
一介创始人，主持建筑师

💡

"残障友好指的是，任何人使用这个空间都能收放自如，不会引起侧目，可以大方和旁人交谈，也能舒服地独处。"

03

photo／一介

04

photo／一介

247

PART 6 社区的力量

儿天）"。张唐陆陆续续去聊了 3 个月。

"社区好难做啊！"张唐感叹说。这个项目没有明确的客户画像，也没有明确的任务书。唯一的目标是广义的"好"，但"怎么好"，谁也没有答案。虽然玉东的招募信息完美符合了当时张唐寻找项目的关键词：老社区和公共建筑，但如何认知和定义社区的"老"和建筑的"公共"，花了她长达 6 个月的时间。但也正是张唐反复推敲和端详社区的模样，让杨金惠确信，这是一个能够真正为玉东创造社区空间的设计师。

调查过程中，张唐一直在踌躇切入的角度。杨金惠建议张唐以"残障友好"为切入口试试看。玉东社区居民中，老年人口占 21%，还有大约 250 位残障人士，算老龄化较高和弱势群体数量较多的社区。"'残障友好'指的是任何人使用这个空间都能收放自如，不会引起侧目，可以大方和旁人交谈，也能舒服地独处。"张唐这样定义"全民友好"。

在残障友好设施领域，政府发布的《无障碍设计规范》已有一套完善模版，比如盲文标示、方便轮椅的缓坡入口等。除了这些基础设施，张唐还留意到了存在心理障碍的人群。社区调查结果显示，这些残障人士在使用社区大楼时，不愿意上楼，也不愿意特意进入某一个房间或脱离平日熟悉的活动空间。

因此，如果服务中心一楼的活动空间能向公共街道一侧延展，让居民闲逛时能很自然留意到这里，并且"顺便"走进来、体验这个空间，就能化解有心理障碍的人群"刻意"使用公共空间的困扰。

在张唐的计划里，她要在服务中心后方空地建一个既有室内、室外空间，又有连接这两处、界限不那么分明的房子。它的南侧入口和东面都紧邻公共街道，北面出口则直达社区广场，而西面跟服务中心只有一墙之隔。张唐将建筑面向街景的一侧设计为全透明的玻璃，挑高顶部，另外，围绕这里原有的一棵女贞树，在建筑外围添置了一圈座面深度约 60 厘米的木廊椅，让居民们可以随时休憩。

计划成型后，项目资金筹措成了令人头疼的问题。杨金惠最初从成都市武侯区残疾人委员会拿到初始基金 30 万元。张唐明确提出，最终造价会远远超出这个数目，因此和杨金惠协商按建筑工程、内部装修来分批签合同。杨金惠则负责在这个过程中去争取更多资金。

在签订完第一个 30 万元的工程合同后，后续的项目书和资金都还未有明确保障。张唐不得不反复斟酌建筑材料的成本支出。每个建筑零件的功能性、使用成本以及最终的呈现效果能否尽可能贴近原本设想，都需一一考量。

另外，杨金惠也承受着压力。按照惯例，想要得到资金支持，杨金惠需要向管理部门汇报，这个在建的"社区公共空间"是什么，以及具体的实施方案和步骤。但杨金惠明白，如果每次一五一十汇报，很可能会得不到理解，甚至有各种"需矫正"的反馈。而来自社区外主观视角的"修正"，很可能会让巷子里这个社区公共空间失去原生力和生命力。她需要守住巷子里这个"秘密"，从政府其他公共投资项目里筹钱填补差价，同时，为张唐争取更多的时间和资金。

到项目完工时，巷子里这个 150 平方米的空间总共花费了将近 70 万元的成本。

01

02　photo／一介

03　photo／一介

04　photo／一介

在设计和修建期，杨金惠和张唐已经开始协商这个空间的运营和使用了。仅在玉林，就有多种社区空间运营方式：有的是社区将闲置空房委托给中间方先策划、定位好空间功能和调性，然后招租，由商铺自己承担店铺的运营及设计费用，但这些商铺不提供公共服务；有的是玉林街道或武侯区整体规划了具体点位，邀请有名气的店铺或组织直接进驻社区，并以抵兑租金或每年支付服务费的方式，让这些店铺定期提供社区公益服务或举办公共活动；还有的是社区了解到已在驻地运营的非营利性社区公益组织，和它们合作开展一些社区议题相关的公共项目。

但巷子里很特殊——它由玉东社区居委会（以下简称"居委会"）和一介共同孵化。在如何运营上，张唐的既有经验起到了一定地作用。

巷子里的展览也由一介企划和执行。因为巷子里的社区公共属性，展览也会更加本地化，也会有有意愿表达的本地居民参展（01—04）。

PART 6 社区的力量

张唐在运营之前自己的"一介gallery"时,兼顾了美术馆和咖啡馆的功能。其中,美术馆主要用于孵化年轻本土艺术家,让他们能有一个平台展示作品和表达想法。

张唐在巷子里这个空间延续了展览功能。玉东的社区定位中包含艺术文化,却缺乏公共艺术空间。"展览是一个适应性很强的平台行为,能有传播和留下痕迹的特质。"张唐说,"它不是单向输出,而是一个提供交流分享和对话的场所。"

因为巷子里的社区公共属性,展览也会更加本地化。张唐他们既会根据社区的主题更换展览内容,同时也让有意愿表达的本地居民参展。社区展览留下的部分物品和装置,还可以放在社区党群服务中心里的生活博物馆,成为社区居民共同生活和记忆的一部分。住在这个社区的陈强是个磁带收藏爱好者,他就把自己的磁带藏品在巷子里做了一次分享会,后来还在社区集市上摆摊卖过自己的收藏。

另外,张唐也决定把咖啡经验搬过来。在玉东社区做背景调查时,张唐发现,玉东有许多流动人口都是年轻人,但社区中心"15分钟步行圈"以内,虽有不少适合老年人活动的公共设施和场所,却没有什么新兴的能吸引年轻人消费的地方。因为没有配套公共服务设施,年轻人在社区公共场所中被动消失了。而咖啡店不仅可以提供受年轻人欢迎的日常消费饮品,其空间载体也适合巷子里的物理条件——简单且不需要额外设备,适合用来维系空间的基本运营。

由此,张唐提出了展览加咖啡的组合,以广泛吸引社区的各种居民与外部拜访者。基于一介过去的经营特色和知名度,杨金惠决定把巷子里的运营交由张唐负责。但居委会依然保持着和巷子里的紧密联系:居委

photo/一介

巷子里咖啡厅的员工们,从左至右分别是白帆、李梅、周月佳。

会主要负责和居民沟通，宣传公共活动，同时负责空间需要承担的社会角色。一介则更面向市场，负责品牌与活动策划，以及空间的日常维护。

2020年5月8日，巷子里正式开始营业。为了让外界和玉东社区居民快速意识并熟悉这个巷子深处的新空间，一介在第一年邀请了成都10家独立咖啡馆入驻巷子里，以快闪形式每月一换。这些独立咖啡品牌有各自的理念，也都有一定知名度，因此吸引着外来人群拜访这里。

在一介线上各个平台以及居委会工作人员的积极推广下，巷子里逐渐成了玉林居民们日常生活的一部分。同时，这个越来越热闹的临街开放空间，也让越来越多碰巧造访玉林的人们好奇驻足，走进来一探究竟。

频繁举办的各式活动增强了巷子里的知名度。一年之后，巷子里的客流量已趋于稳定。张唐决定不再轮番邀请其他商家，而是完全由一介的内部人员来运营。巷子里咖啡厅的工作并不轻松，需要从每天上午10点30分营业至傍晚6点30分，到2022年9月为止，换过三任店长、两轮全职咖啡师。

2021年7月，在先前的常驻咖啡师离职后，一介有了邀请社区居民一起来运营的想法。他们在招聘简章中写道，欢迎"想成为咖啡师又零经验的应聘者，入职即提供免费的专业咖啡师培训课程"。

两名社区居民来申请了职位，一位是退休大学老师李梅，另一位是失聪人士白帆。在接受了第三方机构两个月的咖啡师专业培训课程后，他们分别成了巷子里的店长和常驻咖啡师。张唐说，一般咖啡师的流动性会比较大，一般1～3年就会有轮换。来自社区的居民成为员工，会让咖啡厅的运营相对更稳定。

目前，巷子里咖啡厅由一名店长、一名常驻咖啡师和两位兼职咖啡师组成；而展览和日常活动的策划和执行，则由一介品牌部和建筑部的10人团队共同负责。

咖啡厅和展览厅都无须向社区办事处支付租金，办事处也不会从运营收益中提取分成。一介运营咖啡厅时，直接物料成本占总营收的三至四成，月营收在3万~5万元，但疫情对生意颇有影响，他们几乎只能维持基本的收支平衡。

至于展览运营，一介将巷子里的展览划分为三部分——一介小展、艺术家个展和商业展览，通过收取场地租借费用和周边售卖分成获得收入。如果是商业展和商业拍摄，租借方需要按时段支付一定费用。如果是一介小展，艺术家虽无须支付场地费用，但艺术品运输、策展和撤展的费用则由艺术家自行负担。所有展览周边销售收入中，一介会提取三成作为收益。

巷子里的外来人群和社区人群，自然也会有使用冲突的时候。居委会和一介达成了共识：巷子里的公共性优先于商业性。在这个社区，居民的日常生活习惯与外来人群的拜访时段形成了错峰。工作日的上午，老年人们会走出来使用露台的侧边，或压腿或下棋；下午，这些婆婆爷爷就会钻入社区里其他麻将馆或者茶馆，巷子里则迎来了喝咖啡或者办公的人群。而到了傍晚6点以后，咖啡店营业时间结束，巷子里又回给社区，放学回家的小孩穿梭在廊道里嬉戏。

到了周末，一旦巷子里的商业功能和社区组

PART 6 社区的力量

织的公共活动撞日程时,会优先展开社区活动,同时,也尽量让社区活动和商业活动的时段错开。

对张唐与杨金惠来说,巷子里是一个连接居民、社区商业、地区活力的起点。他们也在探索更多连接整个社区网络的新试验。

2020年12月底,为帮助恢复受疫情影响的社区商业,以巷子里为基地,一介牵头做了场名为"玉林东路串串"的商居联盟活动,为拉近和居民、商家,以及对社区文化感兴趣的人之间的距离,他们还在微信平台上创建了"张孃"这个微信客服账号和一个名叫"玉林东路串串"的公众号。

在四川话里,张孃这个称呼就像是个邻居阿姨的名字。账号负责人张艳想借助这种传播方式打破陌生感。

一介使用这个账号,招募了退休阿姨、社工、来玉林务工的年轻人等8组最能代表玉东社区身份的普通人,让他们每人选出自己光顾频率最高的四五家店铺,规划出自己的玉林日常散步路径,并通过视频或照片的方式记录下来,再放在"玉林东路串串"的微信公众号上。

来到玉东的人们可以不只因为巷子里这样一个静态空间来"打卡",他们也能用这8条游线,作为他们来玉林闲逛时的地图。一介邀请了这些被"青睐"的商家来到巷子里,向居民与拜访者分享自己的店铺往事。此外,一介还利用办事处提供的项目基金,制作了这些商铺的消费优惠券,在社区市集和社区活动上发放给居民或活动参与者。一介希望通过这种形式,鼓励大家多去社区商铺消费,和商店店主们建立起联系。

photo/一介

在玉林社区做了11年餐饮生意的"皇城坝坝牛肉面"也是这个活动的参与店家之一,收到了将近2000元的项目基金,作为顾客的兑换优惠券。因为快餐式餐饮,顾客的平均客单价很低,就算用掉所有消费券,活动带来的额外收益也不多。但店主唐昭毅表示,他很愿意参与这样为社区举办的活动,"生于斯长于斯,对于社区好的东西,我们作为商家积极参与,对大家都有好处"。

此外,以巷子里为基地空间,平日里各种不定期的社区市集、社区怀旧沙龙或社区共享厨房,都吸引着居民和各样人群时常光顾这里。如今的巷子里像一个社区客厅:晚上路过的人停下来坐在长椅上刷会儿手机,白天

巷子里的公共空间会举办各类活动，图为成都巴扬艺术团在巷子里一周年聚会上演出。

2021年6月，张唐将服务中心和巷子里西侧的隔墙打通，开辟了一扇小门，这样，除了南北两个出入口，居民们也可以通过服务中心一楼的侧门随意进出巷子里建筑空间。到了2022年8月，紧邻巷子里北出口的社区广场南侧已经添加了社区小舞台，巷子里东侧沿街配套用房的室内装修和立面改造也开始逐步施工。

玉东园二期和三期项目涉及室内设计、景观设计与街道设计，所以，张唐要接触的团队，不仅包括第三方施工队，还包括政府公共部门。对她来说，这些新项目比巷子里这个单体建筑设计更具挑战性。

"玉东的社区营造走出了自己的路子。"上海社区营造组织四叶草堂联合创始人、同济大学建筑与城市规划学院景观学副教授刘悦来说，一介成了玉东社区的驻场伙伴，"他们这种方式的好处是点到面的逐步拓展，能在玉东社区形成一套系统的实践。"刘悦来研究社区营造已有二十余年，他表示这个项目未来会涉及公共部门及多方利益参与，需要不断磨合以找到新的平衡协作模式。

张唐也在试图找到方向："每个参与方首先需保证自己领域内的专业度，才能更好地在这个灵活框架下一起找到比较好的平衡点。"

在周边施工的师傅休息时也会在这小憩，来服务中心办事或交流的叔叔阿姨们也会聚集在这里聊会儿天。

基于对公共空间功能的探索，巷子里获得了2020年公共建筑·空间类的日本优良设计奖（GOOD DESIGN Award 2020），以及2021年公共空间类的台北设计奖。

这些成绩对张唐的项目是个积极的反馈。居委会同意进一步改造社区广场、办事处大厅和周边配套用房，统称"玉东园改造升级项目"。其中巷子里被划归为一期项目，接下来要做的配套改造则是二期和三期，也交给张唐设计，并由一介负责部分空间的运营。

虽然社区仍然存在很多问题，但对杨金惠来说，如何让有能力的人去发现并运用资源，"还有很长一段路要走"。

PART 6 社区的力量

photo / 四叶草堂

Q = 未来预想图（Dream Labo）
L = 刘悦来，同济大学建筑与城市规划学院景观学副教授，上海社区营造组织四叶草堂联合创始人

Q & A

巷子里这类社区营造实践有什么价值？好的社区营造应该是什么样的？我们采访了同济大学建筑与城市规划学院景观学副教授刘悦来，他分享了自己的实践经验。

Q：在社区营造实践的过程中，常常会有几个矛盾，比如，社区里的公共空间到底为本地居民服务，还是为外来人群服务？单纯的外观或内部设计改造，会不会促进社区的士绅化，最终驱逐本地居民？因为资金问题常常会导致运营方陷入两难，那此时社区营造到底是提供公共服务还是商业服务？……这些问题似乎在目前的很多项目实践里都没有得到解决。你觉得问题在哪儿？

L：巷子里空间很小，参观容量有限，来的人很可能只是短暂的停留。再加上展览和咖啡并非本地原先存在的业态，肯定早期主要是吸引外面的人来。但社区营造是一个动态发展的过程，时间是很重要的检验标准，需要一段时间来做数据的收集和验证。空间运营前期很可能是外部流量前来使用，但到一定阶段客流量就会趋于稳定。除此之外，空间的运营者也需要不断地保证空间的活跃性，高频地组织活动，让居民意识到这个空间长期的活跃性和存在性。不断曝光在居民的视野里，本地居民才能参与到社区营造中去。

Q：社区和外部人流的冲突是普遍存在的吗？你认为怎么才能平衡

好社区的公共性和商业性？

L：其实社区和外部人流的影响是相互的。比如本地居民创造了东西，也希望获得广泛的认可，社区和外部人的关系就可以是积极的。双方会在不断的交流和相处中，自然地找到一种相处的规则。

而且公民需要意识到，保质保量的公共服务就是需要资金成本的，而非持续免费供应的。以前政府主导社区营造的时候，因为有资金支持所以免费供应；而当一介这样的社会机构来承担社区运营这个角色的时候，他们当然需要动力来保持不断积极地输出，而这个动力就是钱。

解决这个问题的一个方式就是财务公开化、透明化。巷子里本身空间不大，而且承担一个非营利性的社区公共空间角色，财务本身并不复杂。如果能让居民了解到这个空间的运营成本，平常为组织活动所付出的资金和人力成本，让居民了解到社区营造这件事所需要承担的责任和付出的精力，就能让运营者和社区使用者更好地信任一介，在资金上也更好协商。

Q：现在玉东社区的公共空间改造（广场、街道、办事处）也交由一介设计，并且负责部分空间的运营。你觉得这对于社区和一介来说

PART 6 社区的力量

01 photo/四叶草堂

有什么意义？他们会遇到怎样的困难，又该如何解决？

L： 在我认知的概念中，社区营造是专业团队在社区中培养他们自己的凝聚力。当社区在培育下能自发形成一种能持续自我供血的机制时，专业团队就是时候撤出了。也就是说，做社区营造的平台售卖的是一种服务和咨询。以创智农园（注：四叶草堂曾主导的一个社区项目）为例，我们会培养当地的社区主理人，加深居民和在地化的联系。当这些主理人有能力有序管理社区并持续想出新点子时，我们的团队就会退出。

但一介这样的机构在社区做的事有所不同。一介是玉林的深度驻地合作伙伴，现在负责玉东社区多个公共空间的设计和运营。他们长期驻扎、工作在玉东，和社区及居民搭建了长期良好的信任关系，走的是从一而终的路子。他们这种方式的好处是从点到面的逐步拓展，能在玉东社区形成一套系统的实践。

社区和一介的合作关系在未来可能会发生变化。社区营造作为非营

02　　　　　　　　　　　　　　　　　　　　　　　photo／四叶草堂

四叶草堂主导的创智农园项目是一个位于上海开放街区的社区花园，以都市农耕体验为主题，分设四块可供市民参与互动的农艺场地。它走的是另一个运营模式：培养当地的社区主理人，加深居民和在地化的联系。当这些主理人有能力有序管理社区并持续想出新点子时，四叶草堂的团队就会退出（01—02）。

利性公共服务，对于一介更多是品牌性行为，帮助他们能接触到其他的资本和项目。挑战在于，当这个团队在行业内有更大话语权，能够接触到其他更雄厚的资金时，是否能依然对玉东社区持续保持投入精力和人力，社区是否依然能保证和一介一呼即应的模式。

Q：基于以往的研究和你的观察，你认为好的社区营造应该是怎样的？

L：社区营造应该强调本地化，辅助当地力量的发育，也就是community empowerment。而初始运营社区营造的团体在培养好当地力量后就应该撤出，而不是无限量地提供服务。虽然说平台或机构能够保证有质量地产出，但也会失去一种自下而上的生命力。所以社区营造应该做的是培养社区里已有的人才、资源，让"乌合之众"变为社区自组织化的、能理性思考的社区。比如台湾地区的桃米村就是一个比较好的社区营造的案例。一是他们能为当地居民创造新的就业岗位，二是让当地居民自发地形成了 NGO（Non-Governmental Organizations，非政府组织）。Ⓜ

PART 6 社区的力量

李迪华：
设计师不是
社区改造的引领者

text / 唐慧　photo / 李迪华

对规划、设计专业的从业者来说，交流永远是最基础、最重要的学问。

李迪华是一位生态学者，也是位"不务正业"的景观设计学者。他的注意力不在那些"主流""前沿"的景观设计项目，而是关注老旧小区的人行道是否平整、隔离墩的高矮粗细、街边绿化的植物种类或小区的停车位。

他曾在信息分享平台"一席"发表过一篇名为《与人为敌的人居环境》的演讲，批评中国城市社区建设过程中忽视个人便利和舒适的细节。李迪华日常的教学工作，也是带领学生深入他供职的北京大学周边的老校住宅区，与居民交谈，试图改善小区里多年积累下的公共空间缺陷——有时候，他的工作看上去更像一位居委会或街道的工作人员，而不是一位建筑与景观设计学院的学者。但这是他追求的工作状态，李迪华对自己有一个学术要求，就是只研究和关注真实生活世界的问题。他认为自己和学生在面对重要但被人忽视的问题：什么样的家和社区，能真正给人更好的生活。

北京大学建筑与景观设计学院副院长李迪华习惯在日常生活中发现城市中"与人为敌"的设计。其中一种典型案例是仿古建筑设计（01—02），这种设计无法满足无障碍的需求；另一个案例是目前流行的隔离柱（03），它的原意是阻挡机动车进入人行道，但实际上使轮椅和婴儿车也难以通行；汀步是社区中常见的绿地步道设计（04），但却是最危险的铺装，它看似美观，却违反人类的行走习惯，很容易让人摔倒。

01

02

03

04

PART 6 社区的力量

Q = 未来预想图（Dream Labo）
L = 李迪华，北京大学建筑与景观设计学院副院长

Q: 中国语境下的"社区"是什么概念？

L: 学术界对于"社区"有很明确的定义："聚居在一定地域范围内的人们组成的社会生活共同体"。在中国，社区一度和行政意义上的"街道"同义，后来我们发现街道的概念好像太大了，所以现在实践中讲的社区，一般是一个居委会的范围。

但我觉得当我们讨论社区参与时，没必要过分纠结概念。比如在中国城市的背景下，社区就是小区围墙作为边界的一个利益共同体，因为围墙之内，人与人之间的关系是最密切的，彼此的利益关系最丰富也最直接。

Q: 你花了很多精力来改善老旧小区的设计。它们具体有哪些问题？

L: 我现在主要的工作对象是老旧小区，在这里，老年人出行安全与便利可能是最急切的事情。过去这些小区的楼没有电梯，小区建设时也没有无障碍设施，这甚至对老年人的生命安全都有很大影响。

我前不久带着学生参与改造一个 20 世纪 80 年代末建造的老旧小区。之前，小区道路破损严重，每年都会有老年人摔倒、摔伤。我们通过各方努力争取到一笔资金来对其进行改造，我想借这个修路的机会，把居民入户的无障碍问题连带一起解决。

但是最后我放弃了。因为这个小区每个单元门洞的建筑设计都不一样。除了入户有高差以外，每一个单元门里边还会有一级或两级台阶的高差，甚至居民家里的房间内还有高差；进入居民家中，房间之间还有小高差。所以，即使解决了公共空间的高差问题，室内的问题一时也解决不了。对老人来说，无障碍是一个从内到外的整体问题。这么多琐碎问题，每个改造都需要额外一笔资金，总资金却非常有限。

另外一个非常迫切的问题是居民的阳光权利。中国可能是世界上最重视居民阳光权利的，制定并执行着全世界几乎最严苛的建筑间距日照控制指标。但与此矛盾的是：为了追求高绿地率以及居民有种树的习惯，很多老旧小区的大树遮天蔽日，一层居民家庭采光和通风基本上全年都受影响。

阳光对人的身心健康很重要，尤其对老年人而言，阳光还能帮助他们规范作息，提升他们到户外活动、社交的频率，减少和延缓认知症发生。所以老旧小区的设计改造有一个非常迫切的问题，就是要砍掉遮挡阳光和有安全隐患的树，要确保一楼的居民能够全年晒到太阳。我们遇到的现实挑战是，一楼的老人强烈要求砍树，而三楼的老人却强烈反对。曾经碰到一个老人说："原本推开窗看到的是绿色，现在看到的是对面阳台上的裤衩。"有时是一楼种树的居民强烈不同意砍树，三楼居民担心安全问题迫切要求砍树。当然，更加复杂的问题，即便是楼上楼下居民都同意砍树，绿化主管部门仍然可能不同意。貌似简单的问题，在居住小区没有一个是简单的。

所以这两个问题都很迫切，但实际解决起来挑战很大。

01

李迪华和学生参与的北京畅春园小区改造项目。

改造前，小区部分楼栋的出入口由于先前外装电梯的施工，导致路面由多种材料拼接，且高低不平（01）。

改造后，出入口变得平整，且与人行步道相连，提升了无障碍出行的水平（02）。

02

PART 6 社区的力量

01

同样在畅春园改造项目里，
改造前机动车道直接与绿化相连，表面上提升了小区环境，但实际上居民（尤其是老人）行走很不方便（01）。
改造后，一部分绿地被移除，改为人行步道，机动车道和步道也尽可能确保没有高低差，以降低步行风险（02）。

02

Q：那你能具体做什么？

L： 如果是局外人，确实很难介入。我比较幸运能够有一个身份：北京市海淀区责任规划师的高校合伙人。他们每年会给我很少量的活动经费，没有具体的成果要求。比如说北大所在的燕园街道有七个老旧小区，我带学生们把这些小区作为研究对象，去尝试解决问题。现在学校周边的六个社区，我们已经参与改造了两个。

当然过程是很难的，比较欣喜的一点是跟街道合作得特别好，可能是问题太迫切了。有的事情街道想做却一直有阻力，很难说服居民。但我们和街道一起开居民座谈会，一方面增加了专业的视角和内容，另一方面街道跟老人们相处得一直很不错，可能第一次不同意，然后第二次再讨论就松动了。

Q：能不能举一个具体的案例？

L： 比如畅春园小区改造中，希望能够解决老人们通行的便利问题，我们想把小区里临路的一条绿篱去掉。这一想法立刻遭到一部分居民的强烈反对，他们觉得绿化非常重要。一般这种情况下我们的工作就终止了，推行不下去了。

但要改善步行环境，我们想给老年人修专用的步行道，发现不去掉那个绿篱空间就不够，人车冲突就没有办法解决。同时小区里内涝积水非常严重，它的雨水系统需要改造，这是居民非常关切的问题。

我继续提出来，去掉一米宽的绿化带，节省出来的空间一半用来拓宽人行步道，一半用来做渗滞雨水的植草沟。拿着这个方案再和居民交流，几次之后，不同意见减少了，

方案能够推行下去了。

改造完成后，我在这个小区遇到一位老先生。他说："小李，你什么时候把这个绿篱种回来？"这说明还是有反对意见。再过了几个月，又遇见老先生，他正和老伴一起在小区草地里拍照。看到我，他挺开心的地说："小李，没这个绿篱也挺好的。原本人都被绿篱挡住了，现在可以走进草地拍照了。"

所以我觉得社区参与非常重要的就是不能着急，能做多少先做多少，然后留出足够的时间让居民去改变自己的观念。我做完畅春园这个项目后，北大其他居住小区就有了参照。那些小区的老师们常跟街道干部说：我们要求不高，改成跟畅春园一样就行。

Q：你的专业是景观设计，一般我们认为这个工作主要是面向土地和建筑的，主要是和"物"打交道，但你现在做的事情更多是和居民打交道，为什么会"不务正业"？

L： 我有一个朋友，最大的梦想就是在北京买房。2007年，他就在北京研究干什么来钱快，后来把目标定在楼盘销售。他怎么成为售楼员呢？他先去看楼盘，研究学习住房的质量、户型之后，他发现当时市面上楼房的户型设计都不符合人的真实生活需求。有了这个发现后，他就开始研究房屋装修，看怎么通过装修让房子更合理。掌握了一些门道，他就去卖房。客人来了，首先一个所有人都会问的问题，你们这个楼盘好不好？别人都会说好，但他会说这个户型怎么怎么不好。客户就很奇怪你怎么拆自己的台。他说你可以去看别的楼盘，都跟这个一样的毛病。但如果您买我们这个小区的楼，我可以义务指导您装修。过了几天，有客户回来了。他还做实习生的时候，一天最多卖

PART 6 社区的力量

李迪华团队在畅春园小区的改造中设置了一个微型广场,并且配上座椅,目标是增加居民(尤其是老年人)的室外活动,提高其晒太阳的频率。

掉 14 套房子。

从这个故事里可以看到今天室内和室外居住环境的问题，其实并不复杂，没有什么专业背景的人都能看懂。但就是这么长时间没有人在意，没有人想到去改变，这才是问题。

这里的背景是，过去 30 年我们基本上就是在建新城、盖房子、卖房子，把我们城市建得更大一些，楼房盖得更高一些，灯光尽可能多一些。很少有人去想怎样把我们的城市设计得更加便利、舒适、宜人，怎样把我们的房子设计得更安全、舒适、便利。

对此，我一直持批判的态度。我的眼里永远只看到个体怎么走路、怎么出行、怎么去养自己的家人。所以对规划、设计专业的从业者来说，交流永远是最基础、最重要的学问。这也是为什么我做项目会以社区参与为核心。

Q：听上去，设计师是要扮演一个引领者的角色，带领社区的改善？

L：设计师不是天然的引领者，只有知道"如何把事情做到更好"时才能担当这样的角色。社区参与有一个基本问题：谁才是社区的主人？当然是居民，而且是每个居民，不是居委会、街道，更不是设计师。设计师的第一个专业角色是用专业的方式去和社区居民达成共识。

设计师提出的方案不是突破口。真正的突破口是每一位居民有参与社区工作的意愿，有期待无障碍社区环境的心声。每一个人都要对自己需要什么样的环境、什么样的生活有自己的看法。这个看法可能是千差

万别的，但什么时候他不再从众，不再对别人言听计从，而是有自己的独立判断，这个问题就会有突破口，慢慢地共识就会聚集起来。

Q：很多做社区参与的设计师也会提到居民的共识，但实际操作中好像也会遇到很多挫折，会有无力感。

L：挫折和困难很正常，所以下一个突破口就是专业的事情交给专业的人去做。但它的前提还是居民社区意识的觉醒，只有觉醒了，才会去在乎什么是好的，什么是不好的，才会感受到专业的价值。

从这个角度看，我觉得专业人士其实不应该有无力感。社区参与的第一条原则是吸引更多的人参与。由此延伸到第二条原则：一件事即便一个人能做好，也要邀请十个人一起来做，要把这种成就感传递给所有的人。专业人士产生的这种无力感大多是因为沟通受挫，社区改造想一蹴而就是不可能的。

我很喜欢一句格言：这个世界即便只有一个人在听你说，你也必须跟他对话（If there is only one person who is listening to you, that's the one you have to talk to）。这才是设计师的现代精神。Ⓜ

07 PART

被塑造的社区

| 268 | [Case 12]（甲方）社区更新者——下北泽翻新计划 |
| 281 | [Case 13]（乙方）社区保卫者——高圆寺守护计划 |

PART/7 被塑造的社区

photo / Fabian Ong

〖Case 12〗

〔甲方〕

社区更新者——下北泽翻新计划

text / 程绚 陈紫雨

古着、小剧场、个性小店构成了下北泽的街道气质。

下北泽街区正在迎来新的变化,
主导再开发的两家开发商
选择了深入街区的开发运营策略。

photo／Fabian Ong

PART 7 被塑造的社区

东京从来不缺好逛的街区，但下北泽绝对是其中最有个性的街区之一。生活信息媒体 Time Out 在 2019 年评选出的"全球前五十大最酷街景"中，下北泽位列第二，仅次于葡萄牙里斯本。

它的文化关键词之一是"古着"。下北泽车站出来就是几条纵横交错的商业街，穿过商业街往里走就是成片的住宅区。1960 年前后，下北泽附近新设了不少大学，越来越多的年轻人在这里住下，这里也聚集了一堆面向年轻人的音乐、服饰店铺。泡沫经济后，日本的古着市场迅速增长。面临资源短缺的日本人将衣服、家具等生活用品拿到北泽交易，越来越多的进口商品也吸引着年轻人将目光投向古着。狭窄的巷子里遍布不同风格的古着店，走在街上的都是衣着时尚复古的年轻人。

下北泽也是东京"小剧场"亚文化的代表地，数十间小剧场、艺廊、live house 藏在街巷里。不少民间团体和个人都在这里自发组织一些演艺活动。这些艺术家们也吸引着相同爱好的一群人：周末的下北泽街上总能看到人们排着长队，等着进剧场看演出。

不仅如此，咖喱饭餐厅、专做拿铁的咖啡馆、布满绿植的杂货铺，更多小店的店主们，通过店铺与陈列展示着他们的喜好与选品，构成了这个地区的多样化商业形态。

然而，在大多数东京人眼中，下北泽似乎只属于那群有个性的年轻人。日本房地产网站 SUMMO 每年发表的"首都圈内最想居住的地方排名"里，下北泽的排名从 2012 年的第 4 位跌到了 2021 年的第 54 位。下北泽所在的世田谷区一带的房租普遍偏高，再加上互联网发展引起 CD 市场衰退，最近的年轻人也不太像之前那样追求个性化的穿着，这都导致下北泽的吸引力有所下降。

下北泽是两条电车线路——小田急电铁的小田原线与京王电铁的井之头线的交会站。2003 年，东京都开始全面实施"连续立体交叉工程"交通改造，将铁路埋到地下或者架上高架，与地上道路形成交叉。这项工程可以让从前被铁路切割的城市空间恢复成整体，也可以让城市交通更顺畅，而穿过下北泽的小田原线和井之头线就在这项工程列表里。

随着两条线路立体交叉工程的启动，小田急电铁和京王电铁都在下北泽车站附近开始了街区再开发。2019 年以来，两家铁路公司在下北泽的再开发项目逐渐落地、开业。离下北泽车站不远处突然多了好几处新设施——车站内商业综合体、小型商业街区、青年公寓、空地广场、托儿所、温泉酒店等，这些设施和原来的小店一起，构成了新的下北泽。

来访下北泽的人也不再只是那群逛古着店、看剧的年轻人，中年人、带着小孩的家庭等族群也逐渐增多，这片街区的多样性正在增加。

另外，也有人质疑这次街区再开发的效果。有不少人认为，再开发后的下北泽失去了原来自然的混杂感，变成了一片刻意造出来的人工街区。

2003 年，以小田原线的立体交叉工程为契机，世田谷区政府宣布了大规模的下北泽再开发计划：一部分是将约 1.7 千米的小田原线埋到地下，实现双轨增加客容量；另一部分是在下北泽车站前修一处巴士回车场，以及一条宽 26 米的道路——"补助第 54 号线"，来加强下北泽与附近地区的交通联系，完善车站周边的防灾功能。

然而，这次再开发计划引起了居民极大的不满。小田原线地下化后，原本是电车线路的地面就空了出来，小田急电铁可以在这些地块开发新的用途。居民担心，小田急电铁会大规模翻新街区，从而破坏街道本来的样子。

最关键的反对意见还是在是否修建"补助第 54 号线"。这条路会横穿商店街，将下北泽一切为二，还会毁掉这里的两处剧场。不仅如此，因为道路够宽，满足消防需求，这条路周边的建筑高度限制将提升至 60 米，也就是 19 层楼的高度。这也意味着，未来车站周围很可能会建起一幢幢高楼。

这时，下北泽所在的世田谷区新区长保坂展人的上任，让紧张气氛稍有缓和。他开始和居民交流，并举办居民参与的"北泽设计会议"，收集他们对再开发的意见。经过 5 年的交涉，道路诉讼案于 2016 年得到和解。保坂展人承诺："补助第 54 号线"这条路会往"对步行者友好"的方向修改，也会和小田急电铁协商小田原线地下化之后的空间开发计划，将其开发成居民能使用的公共空间。

小田原线地下化完工后，小田急电铁内部也迎来了再开发的关键人物。地区事业创造部新任课长桥本崇上任后，开始积极与居民交流，快速推进了铁道地上部分的再开发。最终，世田谷区政府、小田急电铁和反对派居民一起，就小田急电铁的地上部分的再开发计划达成了一致。

在小田原线地下化的同时，京王电铁也在立体交叉工程上做了一个大动作。因为地形原因，他们将穿过下北泽的井之头线的铁道架到了高架上，从而让井之头线到另一条电车线——京王线的换乘动线更加顺畅。工程完成后，为了利用铁道高架化后空出的地面空间，京王电铁也加入了这场街区再开发活动。

两家铁路公司都试图在车站附近的生活圈上下功夫，增加乘客量的同时，也提升沿线土地的价值。但因为下北泽本身强烈的文化特性，双方都在接受日本建筑媒体《新建筑》采访时表示：这是一个很难"再开发"的地方。

在日本，铁道公司常常是一个综合了交通、百货、房地产开发等多种业态的商业集团。铁路综合开发商的典型再开发方式是：拆除自己在原有街区所有的旧建筑，引入全国连锁品牌以及自家公司旗下的业态，以保证足够的收益。小田急电铁和京王电铁过去都采用过类似的做法。

而在下北泽这轮开发中，小田急电铁和京王电铁都选择了"本地化街区再开发"的方式——在建设符合当地需求的设施的同时，支援当地居民、商户开展事业，举办活动。这样的开发方式，可以保留下北泽的当地特色，也一定程度上提高了当地居民的接受度和积极性。

同时，开发商也必须更加深入街区，推动后续的一系列街区建设。虽然反对的声音没有完全消失，但开发初期，当桥本崇与当地居民沟通时，他发现开始有人感谢他听取自己的意见。而在小田急电铁开发之后才正式启动再开发的京王电铁则表示，已经没有受到太多来自当地居民的阻碍。

PART 7 被塑造的社区

下北線路街

小田急电铁在下北泽拥有 13 个零散地块,合计约 2.75 万平方米。它在下北泽采取"支援型开发"思路,整个开发计划里,包含广场、商业设施、住宿设施、托儿所等 13 处设施。

❼ SHIMOKITA COLLEGE
居住型教育设施

❺ 世田谷代田 仁慈保幼园
保育设施和社区集会场所

❻ BONUS TRACK
支援个人商户的长屋

❸ CAFÉ KALDINO
实验厨房和咖啡厅

❹ 温泉旅馆 由缘别邸 代田
市中心的温泉旅馆

❷ 世田谷代田 Campus
饮食文化社区

❶ Resia 代田 Terrace
排屋公寓

世田谷代田站

reload
聚集个性小店的商业区

东北泽站

MUSTARD™ HOTEL SHIMOKITAZAWA
都市型旅馆

SHIMOKITAEKIUE
车站商业设施

ADRIFT
提供演出的咖啡厅

下北泽站

下北线路街 空地
集合与活动场所/广场公园

NANSEI PLUS
提供各种社区生活方式的设施，下北园艺部据点所在

01
小田急电铁的"社区支援计划"

小田急电铁和世田谷区的关系要追溯到 90 多年前。1927 年小田原急行铁道公司（小田急电铁前身）在开通小田原线之时，就收购了世田谷区这些沿线土地的产权。

而在这次与居民漫长的交涉过程中，他们认识了更多本地人，更了解这片街区。"下北线路街"是这次开发的名称，以"支援型开发"为主题，让居民成为经营主体，小田急电铁退后成为辅助角色，开发建设居民需要的设施。

PART 7 被塑造的社区

"下北线路街"的所有设施在 2022 年 5 月全面竣工开业。整条线路里包含广场、商业设施、住宿设施、托儿所等 13 处设施。这些设施大多分布在住宅区内，横跨了小田原线世田谷代田、下北泽、东北泽三个相连车站。

在项目最初的开发阶段，他们在下北泽走街串巷，和当地居民沟通超过了 200 次，与附近许多人聊过"这条街上还需要些什么""我们需要怎么做"这样的话题。"我们通过和附近的人对话来建立对每个区域的印象。"桥本崇参考了每个区域居民的意见、需求以及当地风俗文化来做整体布局。

下北泽区域没有好的住宿，小田急就在这里建起了一座温泉旅馆。在吸引外部观光者的同时，旅馆也针对当地居民提供不住宿、仅泡澡的温泉服务。下北泽所在的世田谷区的另一大问题是托儿所少，很多儿童即使申请

桥本崇（Hashimoto Takashi）
小田急电铁社区营造事业本部
地区事业创造部课长

💡

"我们通过和附近的人对话来建立每个区域的印象。"

下北泽再开发过程

1946	1964	2003	2006	2011
快速道路"辅助 54 号线"计划发布	为缓解乘车拥挤，小田急铁道双轨计划发布	小田急线铁路地下化、下北泽车站前巴士回车场、"辅助 54 号线"计划再次发布	居民反对运动：对快速道路计划提出行政诉讼	保坂展人当选东京世田谷区区长

资料来源：根据公开资料整理。

也没法立刻入园。小田急和世田谷区政府在下北泽车站附近合作建了托儿所,托儿所里有一个社区空间和画廊,这里也会和其他设施合作举办园艺体验等儿童街区活动。

"我们也会担心因为开发过度而影响街区原本的样貌。"同是小田急地区事业创造部的立山仁章对未来预想图说。在立山仁章的眼中,下北泽之所以有个性,是因为这里私人经营的店铺类型很丰富,聚集在这里开店的人做着自己喜欢的事。然而近年来因为连锁店增多,租金上涨,想做些有趣事情的人却负担不起租金。他们决定,在这次开发中为此类人提供支援。

这种"支援"体现在了"下北线路街"的多个项目里。BONUS TRACK 和 reload 两处商业设施里引入了各类年轻新潮的店铺,还不时举办新鲜有趣的市集、木工等活动。开业之后,他们也吸引了大批年轻人的目光,各类创业者在此相聚,现在还推出了自己的播客。

这一切都是因为桥本崇做了一个很大的让步,可以支持预算不足但创意十足的商家前来开店。BONUS TRACK 的月租金约 15 万日元(约合 7400 元人民币),这几乎是下北泽地区月均店租的一半。小田急电铁委托的运营方"散步社"提前采访了有意向的商家,确定他们可以承担的大概成本,再算出租金,最终倒推得出了建筑建设预算。

离 BONUS TRACK 不远的 reload 里,桥本崇也和运营方"株式会社 GREENING"签订了相关协议。GREENING 会设置小面积的店铺,以较为划算的租金来招募经营者,部分铺子的月租金只需要约 20 万日元(约合 9850 元人民币)。

除了支援店家,支持当地居民做点生意,也

2013	2014	2016	2019	2022
小田急线铁路工程地下化完工	一年一次的"北泽设计会议"开始,主要收集居民对再开发的意见	道路诉讼和解,同年,以居民为中心提升下北泽魅力的"北泽 PR 战略会议"开始 京王井之头线铁道高架桥化部分完工,为期 3 年的实验型活动广场"下北 KEIJI"开业	世田谷区政府、小田急电铁、京王电铁举办发布会,公开发表下北泽的再开发计划。下北线路街的第一处设施——空地广场开业	京王的"MIKAN 下北"开业,小田急的"下北线路街"所有设施开业。世田谷区政府在第 8 次"北泽设计会议"对外发布了下北泽站前广场的设计

PART 7 被塑造的社区

02

photo／京王电铁

02

　　铁道高架桥化后，京王电铁在桥下建起了一处集商业、办公为一体的综合设施——"MIKAN 下北"（01），引入茑屋书店作为更多人进入下北泽的窗口。里面还推出了针对个人和初创公司的共享办公空间"SYCL"（02）。

　　这个设施的前身是京王电铁在下北泽建设的一个实验型活动广场——"下北 KEIJI"（03）。2016 年，京王电铁在完成部分高架化工程后，在空出来的一块地上建造了一个约 200 平方米的广场，由运营公司"公共 R 不动产"负责运营，使用期限是三年。市集、电影、演出，这里总是不缺丰富的活动。菊池祥子也从"下北 KEIJI"发现，在下北泽根本不用充分策划活动内容，这里的人总会有各种各样的想法。"下北 KEIJI"的形式也给了小田急电铁启发，才有了"下北线路街"第一个项目空地广场的诞生。

是桥本崇一直想做的事。"下北线路街"最先开业的空地广场里设有租赁厨房、店铺等,想开店的居民可以来这里完成心愿。

下北泽的绿化问题一直是居民关心的重点。"下北园艺部"是小田急电铁委托社区营造公司 FOLK 带领当地关心绿化事业的人自发形成的社群。后来他们成立了一个公司,现有 97 人。"下北园艺部"主要的业务来源还是小田急电铁,他们会管理"下北线路街"部分设施的绿地,也会和其他设施一起在下北泽区域做一些园艺活动。2022 年春天,他们在下北泽车站附近开出了自己的据点,还成立了园艺学校,对外教授园艺知识。

"支援型开发"并不是一件高收益的事情。截至目前,小田急电铁在下北泽地区 13 个项目里收益最高的,依然是小田原线下北泽车站内的商业设施——"下北 Ekiue"。这是一处以连锁餐饮店为主的商场,也是小田急电铁常做的开发类型。但小田急似乎对新尝试的项目有足够的耐心,"我们的合同是 20 年,20 年的时间足以让我们在社区里扎根,可以再去探究是否有别的收益模式。"立山仁章对未来预想图说。

02
京王电铁的"办公试验"

与在下北泽拥有 13 个零散地块合计约 2.75 万平方米的小田急电铁相比,京王电铁只有下北泽车站旁一处约 2400 平方米的空间可以用于再开发,没有多个项目让它做不同的尝试。

铁道高架桥化后,它们在桥下建起了一处集商业、办公为一体的综合设施——

photo / 京王电铁

03　photo / Fabian Ong

PART 7 被塑造的社区

"MIKAN 下北"。虽然经营主体还是京王,但以办公为切入点来做区域互动,这家公司的意思是,先把有意思的人聚集起来,收集好玩的点子,再迈入本地化开发。如何在保证租金收益的同时,用新的方式来焕发铁路沿线的活力,是京王电铁做"MIKAN 下北"项目时的难题。

"这里几乎没有办公区域!"菊池祥子和团队成员发现了这个突破口。菊池祥子是京王电铁开发推进部课长。她通过调查发现,除了来下北泽游玩的人以外,这里还有很多从事音乐、戏剧等工作的人,以及一些正在创业的公司。"我们打算用共享办公的形式来收集一些有趣好玩的点子,与小型企业一起联手,探索铁路沿线的魅力。"她补充道。

菊池祥子邀请了一家专门做办公空间企划、运营的公司 hitokara media,一起在"MIKAN 下北"里推出了共享办公空间"SYCL by KEIO"(Shimokita Yellow Creative Lounge by KEIO)。他们把目标客户集中在个人和初创公司上。2022 年 3 月开业至年底,入驻人数已超过 160 人,大多是从事创意工作的个人或者小公司。

"MIKAN 下北"可以直译为"未完成,下北","未完成"正是这里的主题。每个入驻这里的店铺里都能策划出可以做试验的部分,尝试一些新的探索。

比起单纯的办公空间,京王电铁似乎想把 SYCL 当作一个社区来运营。SYCL 有一个共享网站,会员可以看到所有入会者的信息。为了增加街区交流,他们在开业前就开始在 SYCL 里定期举办讨论会——"下北泽妄想会议"。会议上,"MIKAN 下北"的商户、SYCL 的入驻者以及下北泽街区的人都会聚集到这里,讨论对活动的畅想。

"我们想通过'下北泽妄想会议'的形式,把这里的人逐渐连接起来。"菊池祥子告诉未来预想图。开在"MIKAN 下北"里的古着集合店"东洋百货店"的官网,就是其中一个办公入驻者设计的;SYCL 楼下的茑屋书店里,也设置了办公会员的"选书展览角"。商家们也通过"下北泽妄想会议"变得更加亲近,菊池祥子想在这里还原下北泽的地区氛围,"营造像商业街一样的邻里感"。

东洋百货店是一家已经在下北泽开了 18 年的老店,第一家店也在离车站不远的商业街里。新店还是一家古着集合店,和以前那间透露着"懂的人入"风格的店铺不同,新店更干净明亮,这也降低了那些不熟悉它的客人拜访时的心理压力。

"这里(下北泽)无论是卖东西的商店还是餐厅,都是针对年轻人的,居住环境并不适合带小孩的家庭,有些人已经搬走了。我家附近的小学也废弃了好几所,可见下北泽的人口正在逐渐减少。"东洋百货店店长小清水克典想要在这里做一些新尝试,举办不同的活动来吸引不同年龄段的人。

这家店也是"MIKAN 下北"里两家本地店铺之一,另一家是已经开店 30 年的酒吧 FAIRGROUND。为了保证收益,菊池祥子利用京王的资源,在"MIKAN 下北"引入了部分连锁店。在基本只有独立书店的下北泽,她引入了日本的人气连锁书店——茑屋书店,来作为更多人进入下北泽的窗口。

作为街区试验的一部分,茑屋书店将下北泽杂货铺"notebooks"的杂货放在店里销

菊池祥子（Kikuchi Shoko）
京王电铁开发推进部课长

💡
"我们打算用共享办公的形式来收集一些有趣好玩的点子，与小型企业一起联手，探索铁路沿线的魅力。"

售。书店里还设置了共享客厅兼办公空间，里面配有轻食以及办公桌、插座、WiFi 等设施。客人可以按小时来租借空间自由使用，也可以举办各类活动。

"以前的下北泽更像一个观光地，来这里观光打卡的人居多。最近，越来越多住在当地的人都出现（在街区）了，我经常看到推着婴儿车的一家三口来这里散步。"菊池祥子对"MIKAN 下北"的成果似乎很满意。

——

世田谷区政府、小田急电铁、京王电铁、居民一起规划着下北泽的未来。从 2014 年开始的"北泽设计会议"，每年都会召开一次。2022 年的会议上，世田谷区政府对外公布了下北泽站前广场（包含巴士回车场）的设计方案。而根据世田谷区政府官网发布的信息来看，曾经搁置的"定时炸弹"——连接站前广场的道路"补助第 54 号线"的建设也提上了日程，并计划于 2028 年完工。但这一次，因为小田急电铁和京王电铁的再开发已经拓宽了部分道路，"补助第 54 号线"有机会结合现有场地重新规划路线。

经过大规模开发后的下北泽，似乎比以前更加宜居了，周末散步闲逛的人也变多了。有人喜欢新的下北泽，也有人怀念曾经脏乱的下北泽。这里曾承载着太多人的青春记忆：即便没什么钱，也能来这里感受热血、追求梦想。他们在社交网络上回忆起那些逝去的时光：曾和朋友流连在脏兮兮的小馆子里，或是在夜半无人的街道上突然弹起吉他，最终感慨地说，"我们的时代已经过去了"。但也有新一代人，在这里找到了承载新梦想的机会。Ⓜ

PART 7 被塑造的社区

01

02

03

04

[Case 13]

[乙方]
社区保卫者
——高圆寺守护计划

text/陈紫雨

高圆寺地区的居民有自己对社区文化的高度认同：一个哪怕乱一点也不要经历城市更新的家园。

photo/陈紫雨　05　photo/陈紫雨

以高圆寺车站为中心，数百家私人小店蔓延构成周围13条商业街，向整个区域延伸。混杂着不同业态店家的杂居楼也时常在这里出现，为近邻们提供各种服务。人们可以不顾那些所谓的"守则"，从白天就坐下来开始喝酒聊天（04—05）。夜幕降临，这些街区更是聚集更多人群，气氛变得热闹起来（01—03）。

PART 7 被塑造的社区

在城市改造、建筑更迭换新的过程中,许多古老的商业形态也渐渐消失,成为城市的记忆。横丁、商业街就是其中之一。

横丁和商业街都颇有日本城市风格的旧日景象:人们簇拥在狭窄的小巷里,履行着一个心照不宣的约定:"下班后去那儿喝一杯吧。"各种横丁里的小居酒屋,也是日本上班族们下班后放松的首选之地。至于商业街,大多出现在便利的交通枢纽附近,由杂货店、水果店、纪念品店、居酒屋等多种类型店铺杂糅构成。这些个人经营的店铺面积都不大,店主们忙前忙后,亲自招呼着店里的生意。

最繁华的横丁和商业街的区域都有"暗市"(黑市)的影子。这是第二次世界大战结束后日本各地居民自发形成的交易市场,从中诞生了无数民间和个人自主汇集的社区团体。发展至今,横丁与商业街的黄金年代已经过去,那段时间形成的人与人之间亲密的团体关系也随之逐渐消散。

而在东京电车线路"中央线"的高圆寺车站附近,依然保持着几十年前商业街繁盛时期富有人情味的样貌:以高圆寺车站为中心,数百家私人小店蔓延构成周围 13 条商业街,向整个区域延伸。夜幕还没降临,高圆寺小店内外早已聚集了吃饭喝酒的人们。就算互相不认识,他们也能热络地聊起来。日本青年诗人岩仓文也这样描述高圆寺那条名为"纯情商店街"的街道:它不仅仅是友好的地方,也不仅仅是温暖的地方,它是欲望和张扬,是人与人相交会、城市嘈杂的一角。

与东京"整洁而精致"的都市印象相比,高圆寺显得混沌、没有"规则"感。这里随处可见在路上弹唱的乐者,或是站在餐馆前、公园里喝酒聊天的人们。咖啡、古着、live house*、酒吧、地下文化相关的个性小店遍布在那些交错的商业街里。摇滚音乐和多种文化宽容交错的环境、低廉的生活成本,吸引着追逐梦想的年轻人住下。

高圆寺也由此成为音乐和亚文化集合地。上个世纪七八十年代,摇滚和民谣风潮席卷日本,高圆寺涌现出一批音乐咖啡馆、唱片店,那儿也成为爱好者们最早能听到新发行的音乐的地方。日本民谣教父吉田拓郎的歌曲《高圆寺》更将高圆寺的知名度推向全日本。City pop(城市流行)风格的代表歌手之一、当时正值 20 岁的山下达郎,也是通过高圆寺著名的音乐咖啡馆"Movin'"(ムーヴィン)*,辗转结识业界前辈后才得以"出道"。

但东京都政府早有重新开发高圆寺区域的计划,同样在上个世纪七八十年代,政府考虑重修并拓宽高圆寺道路,将高圆寺南口的大路主干道向北延伸,拆除北口著名的"纯情商店街"*和"庚申路商店街",将主干道与早稻田大道连接起来。

这个计划遭到了当地居民的强烈反对,抗议持续了大约 15 年,终于让开发计划在 1998 年被搁置。直到 2016 年,被搁置的道路计划"补助 227 线"中有 4.5 千米路段,被高圆寺所在的杉并区政府重新列在了"优先改善路线"计划之中。

这一次,当地居民仍然不埋单,他们吵吵嚷嚷地,以高圆寺"节日狂欢游街"的方式来表达诉求。在游街队伍里,你甚至可以看到可移动销售的简易居酒屋、DJ 车、摇滚乐手的移动演奏。松本哉是活动的发起人,他

photo／陈紫雨

💡
*live house

高圆寺区域有十几家 live house。其中，Live Music JIROKICHI 是老牌 live house 之一，于 1975 年开业，迄今依然每天都有音乐演出。

photo／陈启岩

💡
*阿波舞

源于日本德岛，是一种于每年盂兰盆节时期，以团体为单位、众人齐跳的乡土艺能舞蹈。高圆寺阿波舞大会规模仅次于德岛阿波舞大会，每年约有 100 万人参加。

💡
*Movin（ムーヴィン）

高圆寺人气音乐咖啡店，20 世纪 70 年代中期，日本音乐人伊藤银次和驹泽裕城在 Movin 听到了山下达郎的自制光盘"ADD SOME MUSIC TO YOUR DAY"，之后他们把山下达郎引荐给"快乐至极"乐队的主唱大泷咏一，从而促成山下达郎的"出道"。Movin 于 1968 年开业，1975 年关店。

photo／陈紫雨

💡
*纯情商店街

高圆寺的主要商店街之一。在高圆寺出生成长的作家祢寝正一以自己年少时的经历为背景，撰写过短篇小说《高圆寺纯情商店街》，其中描述了旧时商店街里和服店、鲜鱼店、干货店等店铺构成的商店街日常景象。这本小说也获得了 1989 年第 101 届直木三十五文学奖。

在高圆寺经营了一家二手家具回收店。在高圆寺，游街活动并不少见，当地传统的"阿波舞"*和各种节日祭典活动也是以这样的形式来呈现的。不过，这些活动还没有得到过什么实际意义上的反馈。

但新一轮的开发计划确实停滞着，迄今没有提上具体日程。虽然 2022 年杉并区新任区长岸本聪子对高圆寺地区的开发持谨慎态度，但依然不能完全消除当地居民对开发计划的担忧。"虽然高圆寺中心地区的开发没有启动，但周边区域——高圆寺靠近中野地区、西荻洼地区的部分道路已经在修整，我们担心属于高圆寺的范围会越来越小。"松本哉告诉未来预想图。他们也用"狂欢"来提醒当地居民不能掉以轻心。

这些居民以自己特有的姿态完成了对开发计划的一次次发声与"消解"，我们与松本哉聊了聊他们的"街区守卫战"。

PART 7 被塑造的社区

01   photo / 松本哉

Q = 未来预想图（Dream Labo）
M = 松本哉（Matsumoto Hajime）

Q: 在你眼里高圆寺是一个什么样的地方，和其他区域有什么不同？

M:（都市）年轻一代大部分是各过各的生活，但高圆寺是一个很特殊的、人与人的联结关系依然十分紧密的区域。东京以前有很多居民自治体，现在（在很多地方），只能在上一辈的叔叔阿姨们或者乡村里看到亲近的邻里街坊关系。但在高圆寺，即使是年轻人之间，都还保持着这样紧密亲近的联系，大家大多住在附近，也都在这里工作，这非常特别，也很有趣。

我是在东京下町*——东边的江东区出生成长的。以前在社区里，街里近邻相互熟识，在街上碰到会很自然地打招呼，遇到麻烦了相互帮助；城市里有很多小路，里面也聚集了很多人，大家在路边一边喝茶一边聊天，现在这样的景象和感觉大多消失了。当我搬到高圆寺的时候，发现这样"下町"的感觉完全还在！感觉非常好。

Q: 我们注意到，2018 年，你们举办了一次反对高圆寺再开发的游街活动，2022 年又办了一次，但再开发计划其实并没有什么新推进。

M: 在 20 世纪 80 年代就有这样的反对活动了。那时，东京都政府动真格地计划启动再开发，遭到了居民的强烈反对，最终暂停

大多数时候，松本哉都会在他的二手家具回收店里（01）。人们参加 2022 年 5 月的"高圆寺不要再开发"活动，移动居酒屋和 DJ 车也出现在了游街的队伍里（02）。

284

02　　　　　　　　　　　　　　　　photo／高圆寺居民由美

了再开发计划。但计划中止并不代表废除，它仅仅是延期，到了成熟的时机会再启动。

但当时，大家认为"原来高圆寺不会再开发了"，事情在那个阶段告了一个段落。直到2018年前后，我们发现高圆寺再开发计划虽在明面上没有启动，但在背后已经开始做一些准备。如果我们不做点什么，任由那些背后的准备工作一直推进，可能会陷入被动。所以在2018年，我们也做了一些回应。当然，现阶段再开发没有正式启动，我们也不想正经严肃地抗议，就以节日狂欢盛典的形式，来表达我们希望"不要再开发的高圆寺"。

Q：2022年的"高圆寺不要再开发"活动有多大规模？

M： 约有1000人参与。活动前，我们几乎每天都边聊天边喝酒，顺带就把活动传播出去了——在高圆寺，爱喝酒的人们有很强的人际关系网络。倒不是为了活动特意去各个店里宣传，就是日常喝酒的时候和大家聊"高圆寺不要再开发"活动的话题，或者在店铺里放一些传单。不止居酒屋，还有各种古着店、唱片店、杂货店，在客人的来来往往之间，我们的活动就被传播出去了。在社交网站上也有一些推广，不过主要还是以"地推"的方式为主。

💡

*下町

日本江户时代（1603—1867）把城市中靠近河岸地势较低的地区称为下町，也指庶民的街道。过去在下町聚集了大量商户、手工业者，从而也形成了许多繁荣的商业街道。

PART 7 被塑造的社区

这也是高圆寺最特别的地方，大家来了都是朋友，也因此而聚集。来高圆寺的人们都很爱这里，如果店铺被拆，大家都会不开心。

Q：这个区域如果重新再开发了，将会发生什么变化？你们想守护的是什么？

M：（最想守护的）还是高圆寺的文化。再开发的话，房租会上涨，街道的气氛也会有很多变化。建高楼大厦时，拥有土地的人们能赚到更多的钱，但是商店街的店主们和租户们没有自己的土地，大家都是花钱租赁店铺。新的商铺建立起来，店铺的租金也会上涨，大家就会不得不离开。

但（更重要的是），这里是完全由商店街组成的区域，还保留着人的聚集和紧密的联系，因此也创造了很多文化。这样的联系在很多地区——比如吉祥寺——都已经基本消失了，这就很可惜。

吉祥寺、新宿、涩谷，这些地方当然也都不错。但如果街区全变成那个样子，不是也很可惜吗？高圆寺本来就是个性很特殊的地方，就把这里留下来不是也很好吗？把特殊的街道变成普通的街道，从文化角度上也很可惜。

现在的很多再开发都没有爱，剥夺了无处可去的人们的"居所"。比如原先宫下公园住着很多流浪者，再开发没有考虑到他们的感受，把他们都驱逐了。那这些没有"家"的人们将要去哪里呢？高圆寺区域虽然没有那么多流浪的人，但也有许多生活拮据的人聚集在车站、公园里吃喝，如果再开发，这些都没有了，他们要去哪呢？

Q：你觉得高圆寺文化有哪些具体的表现形式？

M：我认为包括了当地的音乐、艺术创造，个人店铺也是文化。还有在路上演奏的人们或是在公园里聊天喝酒的人们，大家自由地做自己想做的事情。

Q：我们看到，下北泽原本和高圆寺是气质有些相似的街区，现在下北泽地区基本上被重新开发了，你怎么看下北泽的再开发？

M：下北泽的再开发与其他街区的再开发情况不太一样。那里大量收集、听取了当地人的意见，从这点上看，下北泽的再开发做得不错。但看再开发的结果，下北泽的街区也变得更加整洁和时尚了。

如果是高圆寺的话，这里也住了很多"无所事事"地"游荡"、在城市其他地方无处可去的人们，在高圆寺，他们能找到"家"，快乐地生活。我们不想因为再开发，让这样的人们无处可去。我们也拒绝把下北泽再开发的商业模式搬到高圆寺，下北泽的方式对当地居民来说可能是不错的，但高圆寺有完全不同的情况，街区营造也应该走高圆寺的路线。

Q：你们不喜欢高圆寺的街道变得整洁吗？

M：不喜欢。只要有人聚集，街道就会变得杂乱。并不是说杂乱就是好的，只是毕竟这里有很多老店，要把这里的街道变得整洁就很勉强。"杂乱感"当然也不是指"脏"，而是指街道整体是天然的没有被精心设计过的样子，我们喜欢杂乱无章的感觉。这种无秩序、乱乱的样子，正是高圆寺有魅力的地方。

Q：在研究下北泽再开发时，我们发现，开发商和店家以及当地居民经过深入沟通和交涉，也有专门的公司来负责实际运营。如果有这样的第三方介入交涉、管理和运营，实现居民的诉求，你觉得如何？

M：如果真的能实现的话，不失为一个好方式。不管在哪里，有开发商、运营公司介入社区营造，这个社区之后的样貌就与开发者、运营公司的想法息息相关了，（取决于）这些开发者想做什么样的社区、做怎么样的社区营造。

现在也有很多"假的"社区营造群体，我不认为真正的社区团体能经由人为设计后形成。社区自治体，是在住在当地的人能在这片区域自由生活的基础上形成的。需要尽可能减少"这也不行""那也不行"的规定。规则多了，自由社区的形成会越来越少，社区营造也成为"假的外壳"。

第三方运营如果能尽可能地减少规则，尊重当地人的想法，也许是好的社区营造方式，但大多数开发运营公司对区域有理想中的设计，从而对店铺等有很多规定，我觉得这是"假的"社区营造。

举个例子来说，最近很流行重建以前昭和复古风格的商店街，虽然是以前的风格，但店面都是全新的，店铺的经营也有很多外在的限制和规定，出现一点个性或者奇怪的地方都不行。这样的重建就是假的，也很无趣。

在日本，大家异常地遵守规则，就算自己没有被打扰，如果有人不遵守规则，大家就比较敏感、会生气。我不太喜欢这种文化，也正因为这样，规则越来越多，有些地方变得越来越无趣。

Q：你刚刚也提到希望文化留存、延续，我们不是为再开发辩护，但假设，再开发可以让更多外面的人也注意到高圆寺，让不同类型的人们也来到高圆寺，这会符合居民们的希望吗？

M：从外面来到高圆寺的人本来就非常多，这也是一个"外面的人"很活跃的区域。但和别人去新宿、涩谷，或者最近的下北泽的意义不一样：这些外面的人来到高圆寺，正是因为喜欢老旧的商店街、看奇怪的音乐人和音乐演出。如果在这里再开很多很时尚的店铺或者连锁店，自然吸引喜欢这样类型的人们来。从我的价值观上来看，这并不有趣。喜欢这些的话可以去新宿、涩谷或别的地方，那没有什么不同。

也正因为这里有大片老旧的商业街、古怪的店铺，它也吸引了很多气质相似、有趣的"外面的人"。街区不只是当地人的，也是属于大家的，人们在相互影响。我希望更多有趣的人来这里拜访有趣的店铺。

Q：听起来，高圆寺的文化是让外来者融入的文化。你觉得高圆寺的文化是开放的还是封闭的？

M：这个很难界定，我想封闭的文化占了很大一部分。没有搬过来之前，我不太喜欢高圆寺，原因正是对高圆寺有很"向内"的印象。从外面来看高圆寺，也许是这些感觉："因为是在高圆寺所以开心，其他的一切也就不在意了"，"虽然高圆寺很有趣，但是因为在高圆寺，所以做这些事也没什么了不起的"。但另外，虽然封闭，我也想把这一部分"封闭"的魅力展示出去，所以我们经常邀请外国的客人们来这里，或者去别的街区做演出和交流。Ⓜ

08 PART

发现社区文化

(Case 14) 用一本地方志，探索地方生活的新可能

PART 8 发现社区文化

{Case 14}
用一本地方志，
探索地方生活的新可能

text／唐慧

如何"编辑一个地域"，传递出最野最现代的生活态度？

290

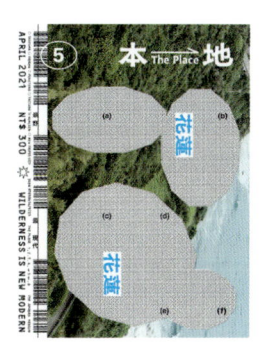

photo / 编集者新闻出版

《本地 The Place》成为一套由不同城市构成的系列书籍,共享同一个价值取向:让读者重新找回对生活的感知能力,重新想象地方生活的可能性。在内容上,每一本地方志都是采编团队亲自前往当地,并将所受的触动盘点、分类和记录的结果。

photo / 黄结影

地方志,一个在当代社会里略显陈旧和落寞的名词。然而,2019 年开始在中国台湾出版的《本地 The Place》系列,打破了许多当地人对地方志的看法。

这是一套以台湾地区不同城市为主题的系列书,它本是台湾文化创意设计博览会(简称"文博会")地方展馆的衍生书籍,最早的《桃园》《台南》《屏东》《台东》4 册,就出自这 4 个展区。后来,每一年的文博会只要有地方馆,几乎都会衍生出一本刊物。截至 2022 年,已经出版了 9 册。

这套书一点也不像印象里古板的"展会读物"。书籍设计轻巧简洁,内容上,则试图跳出传统经济导向的思维去探究地方的本质,透过对当地的感知与记录,挖掘地方文化精神。

"地方"这个概念早已不像从前了。在以前,人们会觉得"地方"带有输给大城市的落后感与陈旧感,但新冠肺炎疫情暴发加上生活压力增大,越来越多的人想要离开大城市,他们开始重新关心自己脚下的土地——不仅在中国台湾地区,很多国家和地区都呈现出这种趋势。

"我们对地方的认识太少,讲到老家,只有乡愁、落寞,没办法积累。"文博会总策展人刘真蓉说。她找到"编集者新闻社"的创办人李取中担任《本地 The Place》的总编辑。李取中创办过《大志杂志》《周刊编集》,他感受到台湾"地方创生"的浪潮,为刊物锚定了精神基调。

他找到几位经验丰富的媒体人担任主编,再由他们寻找合适人选,针对不同地方组成采编团队。在撰写每个分册时,采编团队会到当地待上一两个月,系统性地梳理、编选地方事物。

PART 8 发现社区文化

photo／Ms.kuishinbou

① 纸张：
整本地方志选用了四种不同的纸张。除了封面的铜版纸之外，书中主要选用了蓬松、温软的、没有涂层的书籍纸，传递出人文感，不会轻到没有分量，又不会重到无法带出门。在纪念品或偏商业的单元，采用了一种很薄、有点透光的涂布纸。而最后的编选单元，由于转换到了一种更为个人的视角，使用了更薄一些的书籍纸。这些纸张的变化不仅为阅读增加了一丝趣味，更是文字内容之外的表达途径。图中展现的页面为占比最大、传递蓬松感的书籍纸部分。

photo/编集者新闻出版

② 版块:
每一册地方志都从概论开始,用地图、日历、数据和经济概述迅速勾勒出本地的全景。接着进入"地方事务 Affairs"单元,编辑团队会在这一部分梳理出本地最重要的地理景观和人文景观。有了大致框架之后,再延伸到"经济、商业活动和品牌 Business"、"文化、空间 Culture"、当地的"工艺与设计 Design & Craft"以及"旅行与食物 Travel & Food"等更加微观和聚焦的视角,最后着眼于"当地生活和人 Living & People" 描摹本地风貌。图为《本地 The Place》里的版面。

PART 8 发现社区文化

01

photo/KRIS KANG

02　　　　　　　　　　　　　photo/林科呈

每一册的编辑团队,尤其是主编,对刊物有着决定性的影响。他们大多是有独立操作整本刊物经验的编辑。由于《本地 The Place》系列刊物操作时间通常较短,在选择主编时,除了地缘关系之外,编辑本身的能力是更加重要的考量因素。

嘉义人黄铭彰是最早参与《本地 The Place》的主编之一,也是极少数编辑了两册《本地 The Place》的主编之一。2019 年,他负责为文博会编辑《本地 The Place:屏东》。当时他觉得最难的地方就是与当地"建立双向的联结"。有不少外地人在屏东做生意,他们若只是单纯赚旅游钱,多少会让本地人反感。因此,同为"外地人"的黄铭彰在采编过程中有意识地从本地人的视角出发,捕捉周遭发生的变化。屏东籍的摄影师不仅让采访顺利许多,更帮助他用当地人的眼睛去观看这个地方。

那时他就已经开始自问,如果要做的那册书是家乡嘉义,该怎么去做。编完屏东之后,他参与了很多地方性策展工作。这些经历促使

《本地 The Place》系列的视觉指导是台湾平面设计师叶忠宜。他为每一册设计了图形独特、大胆甚至有些挑衅的封面,也让这一系列地方志呈现出一种新的可能性。嘉义册的封面图片是从嘉义地标射日塔顶端往下拍摄的。传递的意象是,嘉义人在平原生活,但依靠着山林。你猜得出嘉义册的图形设计来源吗(01)?给懂日语的人一个小提醒:嘉农 kano。不过答案并不重要,发挥你的想象给出新的解释吧。黄铭彰担任了《嘉义》与《屏东》两册的主编(02)。

PART 8 发现社区文化

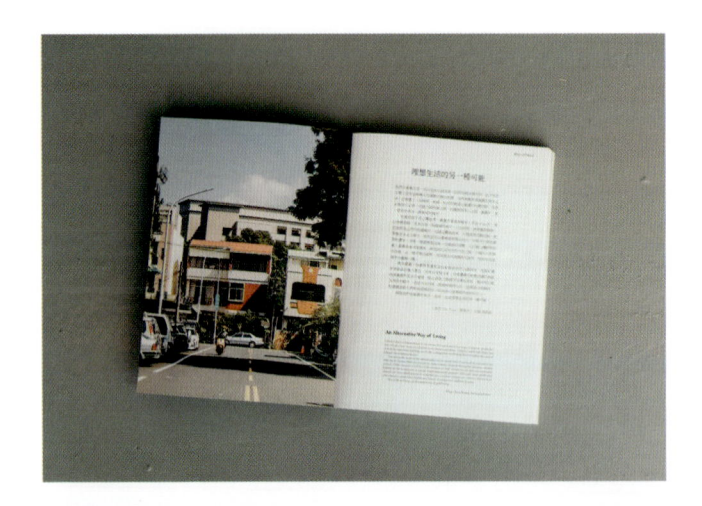

photo／黄铭彰

他自然地把目光投向家乡。

之后，黄铭彰开始有意识地、更频繁地回到嘉义，更关注嘉义的资讯和变化，更深入地了解这个他成长的地方的历史。他曾参与策划 2021 年在嘉义举办的台湾设计展，对他来说，那像是某种阶段性的成果，以策展的方式表达了他心目中理想的嘉义。

"过去人们对理想生活的想象就是去大都市，赚更多钱，想办法力争上游。"但这几年重返家乡，黄铭彰感受到嘉义提供了理想生活的另一种形态。"节奏不必那么快速，规模不必那么庞大，城市不必那么新颖"，比起追求某种极致，嘉义提供了一种"刚刚好的感觉，一种更为中庸的生活态度"。

2022 年 8 月，《本地 The Place: 嘉义》出版。尽管采编时间只有短短两个月，但黄铭彰之前的各种经历，已在某种程度上为这本地方志准备了数年。

这十多年来，黄铭彰一直在外地工作，这让他自己已经兼具本地人与外地人的视角。比起当初作为外地人编辑屏东的不安，黄铭彰对嘉义的熟悉让他轻松地建立起与本地的联结。他将自己长久以来对家乡的重新认识和思考浓缩其中，过往的采编经验也在这一册得到修正和深入。

现在，他反倒觉得一本好的地方志必须兼具本地人与外地人的视野。很多当地人习以为常的事情，只有透过异地的视角去观看，才能察觉它的特殊性。而这特殊的魅力是什么，只有通过"本地"观点才能讲述，只有他们才能洞悉更多的细节：这个城市的天空是什么颜色的？它的气候是怎么样的？人讲话的口音是什么？每天上下班的作息是几点？

《嘉义》这本的采编团队，包括编辑、作者、编译、校对及摄影在内共有 25 人，设计团队有 6 人。团队成员大多不是本地人，但都曾在

黄铭彰希望，读者的阅读体验就好像一个旅人探索地方的体验，地理、气候、文化和历史的梳理使读者追寻集体记忆成为可能，在脑海中将空间的节点与历史的纵深交叠。

PART 8 发现社区文化

这里求学或工作，或多或少是嘉义的"关联人口"。在采编过程中，两种视角彼此挑战，彼此筛选。

《嘉义》传递了大量本地人觉得日常、外地人觉得有趣的"不平凡的平凡"。例如，书中介绍了许多嘉义小吃摊都会摆上一瓶"鸡标辣椒酱"。这种辣椒酱包装老派，只有在老食品杂货行才能买到，是重现嘉义味的重要老酱。还比如书中提及，判断这个人是不是嘉义人，只需看人吃豆花选的基底。嘉义的豆花店，默认的基底是豆浆。

黄铭彰特别希望能为《嘉义》这本带来深度。早在编辑《屏东》时，他就已经意识到文史对于理解地方的重要性。因此花了许多篇幅在"地方事务"单元，梳理屏东的历史如何影响现在，并着重强调自然景观和地理气候对于人文发展的影响，让人们对屏东的认知不再停留于莲雾、灯会和黑鲔鱼等单一的"符号"表象。

编辑嘉义时，他延续了对"地方事务"单元的重视，着重梳理出嘉义三条关键的历史脉络。它们相互交织影响，推动形成了当代的嘉义。

因阿里山林业开发，嘉义成为台湾地区最早建城的地方，早早发展成林业巨都。目前，嘉义仍有超过 6000 栋木造建筑，是全台湾最大的木造城市。林业发展历史不仅影响今天嘉义的城市风貌，更促使当地政府提出木都更新计划，从旧屋维护、木业人才、资金产业、公民教育等各个方面唤醒这座城市的木造 DNA。

独特的地理位置与气候不仅刺激了当地林业的发展，也为画家带来了丰富的自然景观和人文景观。那时的嘉义聚集了一大批文人雅士，数不尽的画会和诗社，孕育了一批对当时文化转型有重要影响的画家，如陈澄波、林玉山等。正如文化研究者陈立柏所说，"画都与木都是一体两面"。这一文艺的脉络也一直影响今天的嘉义，"市立美术馆"、陈澄波文化基金会、嘉义国际管乐节、嘉义国际艺术记录影展，无一不延续了陈澄波等人的思考与实践: 通过艺术与国际联结。

最后一条脉络就是嘉义农林学校棒球队（简称嘉农棒球队）。1931 年，嘉农棒球队夺得日本夏季甲子园棒球大赛的亚军，是当年空前绝后的成绩。这场出乎意料的胜利产生了惊人的效果，许多台湾人因为嘉农才开始认识棒球。这种弱小处境下依然奋起的精神也一直在影响嘉义。直到现在，嘉义地标中央喷水圆环中的雕像依然是嘉农棒球队的投手。

编辑团队将这些连贯的脉络藏在书中，成为理解本地的重要线索。对于黄铭彰来说，空间感对于编辑地方志格外重要。他希望读者的阅读体验就好像是一个旅人探索地方的体验，地理、气候、文化和历史的梳理使读者追寻集体记忆成为可能，在脑海中将空间的节点与历史的纵深交叠。

历史与文化不再是遥远的、陌生的，人们鲜活地生活于其中。《嘉义》为读者采集了众多日常生活中的细微碎片，仿佛一位旅人慢慢走进嘉义深处，探索关于本地的书籍、音乐、电影、建筑、独立书店、咖啡店、纪念品、当地特产，还有本地菜谱。黄铭彰甚至为旅行单元规划了一些"带路"，通过插画的形式，为旅人呈现一张张独特的地图，例如嘉义的深夜去处、必访建筑清单、寻找可以成为"文化资产"的商品等。

对于黄铭彰来说，空间感不仅属于读者，更属于编辑本身。个人身体的主观感受，构成了编辑对本地的认知，也成为他们筛选内容的判断标准之一。那个东西有没有触动人心？假如触动了编辑团队的心，那它就有机会触动读者。编辑在意的，是店家和人物是否与这片土地有深入的联结，是否汲取了在地的养分生长出来，并回馈给所在的社区，联结城市的脉动。

而这种联结本身就是对美好生活的实践。在黄铭彰看来，本地探索就是某种自我价值探索。它关乎一件事情如何回归本质，更关乎一个人怎么样活出他的生命，不受主流世俗价值的影响，发现自己真正想要探寻的东西。这种判断准则是《本地 The Place》的精神底色，也是刊物 slogan "最野最现代"的绝佳呼应。

在《嘉义》的封底，黄铭彰坚持选用了嘉义画家陈澄波的名作《展望诸罗城》来结束对本地的探索。诸罗是嘉义的古名，意思是诸山林立的城市。画中那条东西走向的路至今仍是嘉义的主干道，远方冒着黑烟的烟囱昭示了嘉义从传统农业社会向现代的转型。一百年前，陈澄波在思考嘉义未来应往何处去，却不忘抓住它的历史与根基。

对于黄铭彰来说，这就是嘉义人的精神核心，人们会回看历史，心怀过去，同时也对这座城倾注爱，对这片土地寄予深厚期待。

这份爱与期待，正是探索家、探索本地、探索自我的意义。Ⓜ

图书在版编目（CIP）数据

家的进化论 / 赵慧 主编. — 北京 : 东方出版社，2023.7

ISBN 978-7-5207-3474-5

Ⅰ. ①家… Ⅱ. ①赵… Ⅲ. ①家庭功能－研究 Ⅳ. ①C913.11

中国国家版本馆CIP数据核字（2023）第092839号

家的进化论
（JIA DE JIN HUA LUN）

主　　　编：	赵　慧
出版统筹：	李　斌
责任编辑：	邢　远
责任审校：	张凌云
出　　　版：	东方出版社
发　　　行：	人民东方出版传媒有限公司
地　　　址：	北京市东城区朝阳门内大街166号
邮　　　编：	100010
印　　　制：	北京文昌阁彩色印刷有限责任公司
版　　　次：	2023年7月第1版
印　　　次：	2023年7月第1次印刷
开　　　本：	710毫米×1092毫米　1/16
印　　　张：	19.25
字　　　数：	186千字
书　　　号：	ISBN 978-7-5207-3474-5
定　　　价：	78.00元
发行电话：	(010) 85924663　85924644　85924641

版权所有，违者必究

如有印装质量问题，我社负责调换，请拨打电话：(010) 85924602　85924603

DREAMLABO
未 来 预 想 图